Alpträume

✣ DIE URSPRÜNGE DES HORRORS ✣

CHRISTOPHER FRAYLING

Alpträume

✠ DIE URSPRÜNGE DES HORRORS ✠

AUS DEM ENGLISCHEN VON
SABINE LORENZ UND FELIX SEEWÖSTER

Dem Andenken an Angelo und Theo gewidmet

Dieses Buch erscheint parallel zu der von der BBC produzierten Fernsehserie *Nightmare - The Birth of Horror*.
(Producer/Director Derek Towers. A Wall to Wall Production)
Erstveröffentlichung 1996 bei BBC Books, an imprint of BBC Worldwide Publishing
Titel der Originalausgabe: Nightmare - The Birth of Horror.
© Christopher Frayling 1996
The moral rights of the author have been asserted

Die Deutsche Bibliothek – CIP-Einheitsaufnahme
Frayling, Christopher: Alpträume : die Ursprünge des Horrors / Christopher Frayling.
Aus dem Engl. von Sabine Lorenz und Felix Seewöster. – Köln : vgs, 1996
Einheitssacht.: Nightmare <dt.>
ISBN 3-8025-2303-2

© der deutschsprachigen Ausgabe: vgs verlagsgesellschaft, Köln 1996. Alle Rechte vorbehalten.
Lektorat: Gerhard Lubich, Köln
Design: Martin Hendry
Umschlaggestaltung: Papen Werbeagentur, Köln
Satz: ICS Communications-Service GmbH, Bergisch Gladbach
Druck: Butler & Tanner, Frome; Printed in England
ISBN 3-8025-2303-2

DANKSAGUNG

Mein Dank gilt in erster Linie Derek Towers, dem Producer/Director der BBC-Fernsehserie *Nightmare - The Birth of Horror,* die dieses Buch begleitet. Es ist zu einem großen Teil ihm zu verdanken, daß die Serie nicht wie eine bloße Aneinanderreihung einzelner Folgen, sondern wie eine *Serie* wirkt. Dank auch an Executive producer Alex Graham (von Wall to Wall Television), Production manager Letitia Knigth, Kameramann David South, Tontechniker Anthony Wornum, Kameraassistent Eric Fever und Series co-ordinator Polly Magraw; Monsignore Jolie (im Auftrag der Washer Familie), der es uns freundlicherweise ermöglichte, in der Villa Diodati zu filmen. Catherine Santschi öffnete für uns die Genfer Polizeiakten vom Sommer 1816; Stephen K. Urice und Wendy Van Wyck Good (The Rosenbach Museum and Library in Philadelphia) ermöglichten es uns, das Geheimnis um Bram Stokers Notizen zum *Dracula* im Film zu enthüllen; Jean Pateman erteilte uns die Erlaubnis, im „geschlossenen" Teil des Friedhofs von Highgate zu filmen; und Lord Gowrie, der sich mit „viel Biß" an die Nachforschungen über seinen schurkischen Vorfahren Lord Ruthven, den ersten Vampir in der englischen Literatur, machte. Dank an Robin Smith von der Handschriftenabteilung der National Library von Scotland, der uns half, den lang verschollenen Schatz des Graham Balfour-Archives zu heben. Dracula-Experte Bernard Davies, die Holmes-Spezialisten Peter Blau, Anthony Howlett und Catherine Cooke (von der Marylebone Library) und Karen Chester, Spezialistin für Hunde in der Literatur (von der Poetry Library), halfen mir alle, einige „haarige" Forschungsprobleme zu lösen: Richard Lancelyn Green widmete mir großzügig seine Zeit und informierte mich über die Bedeutung der Fußabdrücke eines gigantischen Hundes. Darüber hinaus danke ich Sheila Ableman, Martha Caute und Deirdre O'Day von BBC Worldwide Publishing; ganz speziellen Dank an Barbara Nash, deren Arbeit als Lektorin für mich besonders inspirierend war. Gill Plummer verarbeitete den Text, der in meiner schwerentzifferbaren Handschrift verfaßt war, mit der ihr eigenen Effizienz, Geschwindigkeit und viel Humor. Danken möchte ich auch meiner Frau Helen, die auf zwei Sommerurlaube verzichtete, und mich in meinem immensen Arbeitsprogramm unterstützte.

Doch größten Dank schulde ich zwei hochgeschätzten, inzwischen verstorbenen Freunden. Theo Brown, die an der Universität von Exeter über britische Folklore forschte, verfügte über ein enzyklopädisches Wissen auf dem Gebiet der „Schwarzen Hunde" und „Eingänge zur anderen Welt" im West Country. Mit der Romanautorin und Literaturwissenschaftlerin Angela Carter hatte ich anregende Gespräche über die „kybernetische Geburt" von Mary Shelleys „Kreatur". Sie fand die Vorstellung, daß ich auf der Suche nach Vampirlegenden durch Transsylvanien reise, derart amüsant, daß sie darüber eine Geschichte schrieb, die in ihrer wunderbaren Sammlung *The Bloody Chamber* erschien. Ihnen beiden, so hoffe ich, hätte dieses Buch gefallen – die Frucht „zahlreicher, langer Gespräche", die wir vor zwanzig Jahren führten. In Folge jener Unterhaltungen schrieb ich Mitte der 70er Jahre an den Rat der Stadt Bath und schlug die Anbringung einer Gedenktafel an dem Haus vor, dessen Adresse ehemals Abbey Churchyard 5 gewesen war: „Hier entstand in den Jahren 1816–1817 Mary Shelleys *Frankenstein*". Doch der Rat ließ sich nicht überzeugen. Jane Austen, Richard Brinsley Sheridan und selbst Georgette Heyer schienen in ihren Augen besser zum Bild der Stadt zu passen: *Frankenstein* konnte dem Image nur schaden. Seitdem sind dank der kreativen Beiträge solcher Autoren wie Angela und der Erkenntnisse der in der Bibliographie aufgeführten Literaturwissenschaftler das Interesse und die Anerkennung der Schauerliteratur weltweit gewachsen. Vielleicht ist jetzt die Zeit gekommen, daß der Rat der Stadt seine Entscheidung noch einmal überdenkt und anerkennt, daß aus Alpträumen große Kunst werden kann.

CHRISTOPHER FRAYLING
Bath, London und Galway, November 1995

FRONTISPIZ: *Der Vampir im Salon. Ein von Max Ernst bearbeiteter Stahlstich aus viktorianischer Zeit.*

Inhalt

1

FRANKENSTEIN 14

2

DRACULA 66

3

DR. JEKYLL UND MR. HYDE 114

4

DER HUND VON BASKERVILLE 162

Prolog:
Der Nachtmahr

Im Frühjahr 1782 stellte der in Zürich geborene Maler Johann Heinrich Füssli in der Royal Academy zu London sein Gemälde *Der Nachtmahr* (auch bekannt als *Der Alp*) aus. Das Bild zeigt ein schlafendes junges Mädchen, auf dessen Bauch ein Inkubus oder Mahr hockt, der den Betrachter anblickt. Durch einen roten Bettvorhang schiebt sich ein blind ins Leere starrender Pferdekopf. Auf einem Holztischchen am Fußende des Lagers befindet sich ein Tablett mit zwei Gläsern sowie ein Spiegel, der das Antlitz des Inkubus reflektieren müßte. Der Spiegel ist jedoch leer.

Füssli, der sich nach seiner Übersiedlung nach England John Fuseli nannte, wurde mit diesem Bild berühmt. Später schrieb er, daß „die Träume einen Bereich der Kunst darstellen, der noch kaum erforscht ist". Man sagte ihm nach, er habe abends rohe Schweineschnitzel gegessen, um sich Alpträume zu verschaffen. Die in den Jahren 1782 bis 1784 nach dem Gemälde angefertigten Stiche verbreiteten das Motiv in ganz Europa, womit Füsslis Meisterwerk zur bekanntesten bildlichen Darstellung des Alptraums wurde.

Als die Universal Studios in Hollywood in den dreißiger Jahren dieses Jahrhunderts ein Bild benötigten, auf dem angsteinflößende nächtliche Heimsuchungen dargestellt werden, kam die Abteilung für Kunst wie selbstverständlich auf Füssli zurück. Noch aktueller ist der Bezug bei dem Schweizer Künstler Hans Rudi Giger, der das Bild Ende der siebziger Jahre für den Film *Alien* verarbeitete. Füsslis *Nachtmahr* ist *Alien,* nur ohne Special Effects.

Der Nachtmahr entstand, noch bevor die Bewegung der Romantik Westeuropa ergriff und an der Schale der vernunftorientierten Zivilisation zu kratzen begann, um „natürliches" Sein oder „reines Gefühl" hervorzubringen, oft auch mit Mitteln des Traumes. Nichtsdestotrotz war den Schriftstellern und Malern des frühen 19. Jahrhunderts das Gemälde wohl vertraut. Einer von ihnen schrieb, daß es „Füssli war, der uns die schemenhaften, nicht greifbaren Phantome, die wie düstere Träume unsere unterdrückten Phantasien beherrschen, real und sichtbar gemacht hat".

*J*ohann Heinrich Füsslis Gemälde Der Nachtmahr, *1782 der Öffentlichkeit vorgestellt, ist ein typisches Beispiel für die Visualisierung von Alpträumen im Zeitalter der Romantik.*

Das Bild war deshalb so faszinierend – und unheimlich –, weil es sich gleichzeitig verschiedener Ebenen bediente. Stuhl und Nachttisch im zeitgenössischen Stil stellten einen Bezug zur damaligen Gegenwart her. Aber im Gegensatz zu den bekannten Traumdarstellungen behandelte das Bild nicht den Traum eines einzelnen Individuums, sondern den Alptraum im allgemeinen. Es war nicht *ein* Alptraum, sondern *der* Alptraum; keine Vision, sondern eine Empfindung.

Die Frau auf dem Bild, das Opfer, schläft leicht nach links gewandt auf dem Rücken. Kopf und Arme hängen vom Bettrand herab, der Inkubus drückt auf ihren Brustkorb – alles Hinweise, rationale, „aufgeklärte" Erklärungen für Alpträume. Dr. John Bond hatte seinen *Essay über den Inkubus oder Nachtmahr* (1753) mit dem Gedanken abgeschlossen:

Gemeinhin bemächtigt sich der Alptraum der Menschen, die auf dem Rücken schlafen, und häufig beginnt er mit furchterregenden Träumen, denen schon

bald schwere Atmung, eine gewaltsame Beengung der Brust und die vollkommene Unfähigkeit, sich aus eigenem Antrieb zu bewegen, folgen.

Als die Romantiker begannen, mittels Träumen einen Zugang zum Dunklen zu
suchen (der deutsche Dichter Novalis beschrieb es mit den Worten: „die Welt
wird Traum; der Traum wird Welt" – man mußte nur rechtzeitig wieder aufwa-
chen, um ein Gedicht über das eben Erlebte zu schreiben), bemühten sie sich
auch – ähnlich wie Füssli –, Alpträume absichtlich herbeizuführen. Southey
benutzte Lachgas, Anne Radcliffe aß spät am Abend schwer verdauliche Speisen,
andere zogen den Verzehr großer Portionen halb rohen Fleisches vor, nachdem
sie längere Zeit rein vegetarisch gelebt hatten. Doch nicht jede dieser Methoden
erzielte den gewünschten Erfolg. Die „romantische Agonie" nahm manchmal
auch die Form ernsthafter Verdauungsprobleme an!

Dr. Bond legte großen Wert darauf, sich von allem zu distanzieren, „das nicht
seriös oder unwahrscheinlich erscheint". So schrieb er in seinem *Essay:* „Daher
habe ich von einer Untersuchung der Ursprünge vieler alter Epitheta und merkwürdiger Namen abgesehen, mit denen gemeinhin diese Unregelmäßigkeit
umschrieben wird: so wie Hexenritt, Zauberdruck, Hexentanz etc."

Füssli dagegen bediente sich in seinem *Nachtmahr* gerade eines solchen „Aberglaubens" – mit dem Mahr, der auf der Brust des Opfers kauert und wie ein
nachdenklicher Penis aussieht, während sich das Mädchen in einer post-koitalen
Pose ausstreckt, oder mit dem wilden, blinden Pferd.

Ein Mahr ist nach Dr. Johnsons *Dictionary* „ein Geist, den die nordische
Mythologie mit Folter oder dem Ersticken eines Schlafenden in Verbindung
bringt". Füssli stellt ihn als eine Mischung aus Gorgonen-Figur und Fruchtbar-
keitsfetisch dar. Das Pferd, ein volkstümliches Symbol der männlichen Sexualität, das zudem oft mit dem Teufel assoziiert wird, ist das Transportmittel des
Mahr und *nicht* der Alptraum selbst.

Die in der englischen Sprache bestehende Verwirrung bei dem Begriff „nightmare", der einmal im Sinne von „Mara" (Mahr, Geist), zum anderen im Sinne
von „mare" (Stute, „Mähre") verstanden wird, scheint in der Tat auf die gedruckten Fassungen von Füsslis Gemälde zurückzugehen. Dem Stich von 1783 sind
einige erklärende Zeilen aus Erasmus Darwins Gedicht *Der Pflanzen Liebe* beigefügt:

> Und weiter auf des NACHTMAHR Rücken
> eilt durch den abendlichen Nebel
> der mißgestalt'ge Unhold durch Moor und Sumpf und See;
> sucht eine liebbesess'ne Jungfrau,
> die unruhig noch im Schlaf sich windet,
> steigt auf, und grinsend setzt er sich auf ihre Brust . . .

> Auf ihrem holden Busen hockt nun der Dämon-Affe,
> hochaufgericht' der fette Leib;
> rollt in den Marmorhöhlen die Gorgonenaugen
> und trinkt mit seinem grausam Ohr ihr zartes Stöhnen.

M ax Klingers Radierung Tote Mutter *von 1898, eine Neuinterpretation von Füsslis* Nachtmahr. *Der Dämon erscheint nun als verwirrtes Kind, das Opfer als Frau auf dem Totenbett.*

ie Hollywood-Version des Frankenstein *(1931) nimmt deutlich Bezug auf Füsslis Gemälde, das auch in der Folge Vorbild für zahlreiche Horrorfilme war.*

In seiner einflußreichen Schrift *Philosophische Untersuchungen über den Ursprung unserer Begriffe vom Erhabenen und Schönen* (1757) hatte Edmund Burke das „Erhabene" – das befriedigendste aller ästhetischen Prinzipien bzw. Erfahrungen – als die Konfrontation mit extremen natürlichen Phänomenen definiert, die im Betrachter Furcht und Schrecken auslösen. Als geeignete Stimuli zählt Burke unter anderem Tempelruinen, düstere Landschaften, wüstes Ödland, dunkle Wälder, böse Tiere, wütende Stürme, klaffende Schluchten und tobende Meere auf. Eine Aufreihung, die sich wie eine Zutatenliste für die Schauerromane seiner Zeit liest.

Füssli hätte dieser Liste zweifellos noch Kobolde und andere legendäre Figuren hinzugefügt. Burke zufolge kam es darauf an, den Schrecken aus dem Gefühl des „dort ende ich, wenn Gott mir nicht gnädig ist" heraus zu erschaffen, sich also mit den *Opfern* von Naturkatastrophen zu identifizieren, um sich bis zum äußersten zu fürchten. Doch als die Romantiker Burkes Gedanken für sich entdeckten und nutzbar machten, indem sie den ethischen Aspekt über Bord warfen und einzig an dem Konzept des Schreckens festhielten, verflachte der Begriff des „Erhabenen" und bezeichnete nur mehr gemeine Dinge, die in Angst und Schrecken zu setzen vermochten. Füssli stand dieser Entwicklung kritisch gegenüber und bemerkte in seiner 5. *Vorlesung über die Malerei* (1802):

> Wir können keine Sympathie empfinden für das, was wir verabscheuen oder verachten, kein Mitleid mit dem, was uns schaudern läßt und Ekel einflößt . . . Zerfleischen ist ansteckend und lenkt die Aversion nicht nur auf den Schlächter, sondern auch auf das Opfer.

Mit anderen Worten, der Zugang zum Schrecken über simplen Schock war in Füsslis Augen weniger wirkungsvoll als der über Schatten, Andeutungen und Symbole. Ein Argument, das heute noch überaus aktuell ist.

Auf der Ebene des Symbolischen ist die weibliche Gestalt in dem *Nachtmahr* eindeutig als Opfer eines der Phantasie entsprungenen sexuellen Eindringlings konzipiert. In Füsslis Bildern finden sich immer wieder Darstellungen muskulöser, überlebensgroßer Männer, häufig in klassischen Posen, sowie unterwürfige oder provokative Frauenfiguren mit ungewöhnlichen Frisuren. Der Betrachter wird in die Rolle eines männlichen Voyeurs gedrängt. Gemäß verschiedener Interpretationen stellt Füsslis *Nachtmahr* das enttäuschte Verlangen nach einer Frau dar, der der Künstler einige Jahre zuvor in Zürich begegnet war (und deren Porträt er auf die Rückseite der Leinwand gemalt hat). Der die Gestalt des Mahrs nicht reflektierende Spiegel deutet darauf hin, daß der Alptraum-Penis der Phantasie des Opfers entspringt, offenbar eine Wunschvorstellung Füsslis. Neben die Dimension des Rationalen, Volkstümlichen und Philosophischen tritt im *Nachtmahr* also – in den Grenzen der Konventionen des ausgehenden 18. Jahrhunderts – auch die des Sexuellen.

Möglicherweise war es dieser Aspekt, der Sigmund Freud an dem Gemälde interessierte. In seinen Schriften blieb es zwar unerwähnt, aber im Wartezimmer seiner Praxis in der Berggasse 19 hing ein Nachdruck von Füsslis Gemälde.

Als Freud die *Traumdeutung* (1901) schrieb, war es bereits aus der Mode gekommen, Alpträume unter dem Gesichtspunkt tatsächlich stattgefundener „Heimsuchungen" zu untersuchen bzw. sie als Resultat von Verdauungsproblemen oder von außen auf den Schlafenden einwirkenden Reizen zu betrachten. Und auch die volkstümlichen, in der Romantik beliebten Erklärungen waren in das Reich der Märchen verwiesen worden.

Freud zufolge sind Träume „Hüter des Schlafs", die nicht realisierte Wünsche des Wachzustandes oder eines unterdrückten Verlangens transportieren, das sich anders nicht Bahn brechen kann. In der Regel sind dies „erotische Wünsche . . . oder sexuelle Begierden", die durch den Freiraum, den der Traum gewährt, in *verschobener* oder *symbolischer* Form Gestalt annehmen. In Alpträumen werden diese Wünsche und Begierden also „in Furcht verwandelt", je verbotener die Begierde, desto größer die Furcht. Später fügte Freud hinzu, daß Alpträume auch der Versuch sein können, im Traum die Kontrolle über Situationen zu gewinnen, als deren Opfer sich der Schlafende im Wachzustand wähnt. Wichtig aber ist in jedem Fall, daß im Alptraum die Schrecken zum Ausdruck kommen, die der Schlafende am meisten fürchtet.

Zeitgleich mit Freuds Forschungen zu Träumen und Traumdeutung arbeitete der deutsche Künstler Max Klinger an seinem bemerkenswerten Bildzyklus *Vom Tode, Zweiter Teil*. Eine der letzten Radierungen des Zyklus ist eine Interpretation von Füsslis *Nachtmahr* unter dem Titel *Tote Mutter* (1898). Es zeigt eine junge Frau auf einer Totenbahre, deren Haar mit Blumen geschmückt ist. Auf ihrem Brustkorb hockt ein kleines Kind, dessen Blick auf den Betrachter gerichtet ist. Durch einen Türbogen ist im Hintergrund ein dunkler Wald und in der Ferne das Meer zu sehen.

Ursprünglich hatte Klinger die Absicht gehabt, dem Kind ein ältliches, dämonenhaftes Antlitz zu verleihen (eine menschliche Version von Füsslis Mahr), was dem Sujet des „Kindes als Mörder" entsprochen hätte. Dann beschloß er, daß das Gesicht des Kindes schön sein mußte, um einen Kontrast zu dem der Mutter zu bilden, das hager und ausgemergelt aussehen sollte. In der endgültigen Fassung des Gemäldes schließlich spiegelt das Gesicht des Kindes Panik wider, während auf dem der Mutter ein tiefer Friede liegt. Das Bild steht unter dem Motto: „Das Individuum stirbt – das Geschlecht lebt". Eine Aussage, die durch den jungen Baum, der direkt hinter dem Kind inmitten der riesigen, alten Bäume des Waldes steht, noch verstärkt wird.

Klingers *Tote Mutter* greift deutlich auf die Malerei der deutschen Romantik des späten 18. und frühen 19. Jahrhunderts zurück: auf Füsslis *Nachtmahr*, die Landschaftsdarstellungen Caspar David Friedrichs und die Naturstudien Philipp Otto Runges. Zugleich aber ist die Darstellung typisch für ihre Entstehungszeit, mit der dem *Fin de Siècle* eigenen obsessiven Thematisierung von Leben und Tod und der Uminterpretation des *Nachtmahr* aus einem psycho-sexuellen Blickwinkel heraus. Die *Tote Mutter* wirkte nachhaltig auf den norwegischen Maler Edvard Munch, der seinerseits das Thema aufgriff und in die Darstellung eines räuberischen Vampirs abänderte.

In Klingers Radierung sehen wir an Stelle der Gorgonen-Figur ein verwirrtes Kind; an Stelle des schlafenden Opfers eine tote Mutter; an Stelle des Pferdes, das seinen Kopf durch den Bettvorhang streckt, schauen wir durch einen Torbogen auf einen Wald. Ist die Mutter bei der Geburt des Kindes gestorben? Oder hat das Kind der Mutter den Lebenssaft ausgesaugt? Oder will uns das Bild zu verstehen geben, daß der Tod der Mutter einfach Teil des natürlichen Kreislaufs ist? Das Individuum stirbt – das Geschlecht lebt. Warum aber ist dann das Gesicht des Kindes von Panik gezeichnet, und warum schaut es uns unverwandt an?

Wie auch immer wir auf diese Radierung reagieren, Füsslis Gemälde, eine Mischung aus aufklärerischem Gedankengut, klassischen Figuren und volkstümlichem Aberglauben, wurde von Max Klinger in ein modernes Bild, das sich mit Begierde, Angst und Biologie auseinandersetzt, umgeformt. Das, was zwischen dem *Nachtmahr* und der *Toten Mutter* liegt, zwischen der Sichtweise des späten 18. Jahrhunderts und der des späten 19. Jahrhunderts – einige Alpträume später –, ist das Thema dieses Buches.

ie Geburt des Schreckens

Das 19. Jahrhundert, vor allem das viktorianische Zeitalter, erlebte die Geburt der großen Schauerromane, die bis auf den heutigen Tag eine wichtige Rolle spielen – in mancher Hinsicht vielleicht sogar eine wichtigere als je zuvor. „Frankenstein-Monster", „vampirähnliche Beziehung", „Jekyll-und-Hyde-Charakter" oder „Baskerville-Hund" sind als geläufige Redensarten sogar in die Sprache eingegangen – ein sicheres Indiz dafür, daß diese Romane Teil der Alltagskultur geworden sind. Damit gehören sie zu den wichtigsten Beiträgen, die britische Autoren des letzten Jahrhunderts zur Massenkultur unserer Tage geleistet haben. Der Begriff „Masse" ist hier wörtlich zu nehmen: Filme, Videos, Bücher, Spielzeug, Computer-Software, Comics, Werbung, Themen-Restaurants – in allen nur erdenkbaren Bereichen sind die Protagonisten dieser Schauergeschichten präsent.

Im Laufe der Zeit sind diese großen Horrorromane ein ums andere Mal um- und weitergeschrieben worden: Die Figur des Frankenstein verschmolz mit seiner Schöpfung zu einem Wesen aus Stahlbolzen, Stichen und Narben; Dracula wurde ein attraktiver Salonlöwe im Smoking; Mr. Hyde machte man zu einem affenähnlichen Geschöpf, das die Slums von Whitechapel in East London unsicher macht; und Sherlock Holmes, mit seinem obligatorischen Jagdhut und der Meerschaumpfeife im Mund, sagt „Elementar, mein lieber Watson" ,wenn er einmal mehr seine Fähigkeit der logischen Schlußfolgerung unter Beweis stellt. Nicht eine dieser Figuren entstammt so dem Original, auf dem sie basiert: In zahlreichen Nachdrucken und Neuauflagen wurden die Geschichten nach und nach umgeschrieben, Leerstellen gefüllt, Handlungsstränge verändert und zur Steigerung der Dramatik Vereinfachungen vorgenommen, um sie der Erfahrung der Moderne „anzupassen".

Die großen Schauerromane begannen als Phantasien im trüben Schein einer Gaslampe. Es waren persönliche Alpträume, erlebt und erzählt von vier sensiblen Individuen. Inzwischen sind sie zu Allgemeingut geworden, das man nicht mehr mit seinen Schöpfern verbindet. Sie haben schon lange die literarische Welt verlassen, zu der sie einst gehörten. Sie werden überall gelesen und untersucht, aus Gründen, die ihre Autoren aller Wahrscheinlichkeit nach weder im Auge hatten noch jemals hätten verstehen können. Und sogar die Bedingungen ihrer Entstehung – die Alpträume selbst – sind inzwischen zum Gegenstand von Mythen und Legendenbildung geworden.

Die Ursprünge dieser Geschichten liegen in den Sagen Griechenlands und Roms, teilweise sind sie sogar noch früher zu suchen. Doch die Geburtsstunde des *modernen* Schreckens ist im Sommer 1816 anzusiedeln. Sie fand vor der friedlichen und gepflegten Kulisse des Genfer Sees statt.

Frankenstein

Ich sah – und zwar mit geschlossenen Augen, aber mit scharfem geistigen Blick – den bleichen Jünger einer unseligen Kunst neben dem Ding knien, das er zusammengesetzt hatte. Ich sah das gräßliche Trugbild eines Menschen ausgestreckt liegen, und dann, auf die Arbeit irgendeiner mächtigen Maschine hin, gab es plötzlich Lebenszeichen von sich und regte sich mit einer ungelenken, kaum lebensähnlichen Bewegung . . . Das Ergebnis seiner Arbeit mußte den Künstler entsetzen; von Grauen gepackt würde er vor dem abscheulichen Werk seiner Hände flüchten. Er würde hoffen, der winzige Lebensfunke, den er ihm eingegeben hatte, würde wieder erlöschen, wenn das Wesen sich selbst überlassen blieb; er würde hoffen, daß dieses Geschöpf mit seiner so unvollkommenen Belebung wieder zu toter Materie zerfiele; und er würde einschlafen im Glauben, das Schweigen des Grabes würde für immer die vergängliche Existenz des gräßlichen Leichnams auslöschen, den er als Wiege des Lebens angesehen hatte. – Er schläft, doch dann wird er geweckt und erblickt das gräßliche Wesen, das an seinem Bett steht, die Bettvorhänge zurückgeschlagen hat und ihn aus gelben, wässrigen Augen nachdenklich-überlegend ansieht.

MARY SHELLEY

Die erste Illustration zum Frankenstein *(1831): Der alptraumhafte Moment, als der entsetzte Wissenschaftler angesichts seiner „Schöpfung" die Flucht ergreift.*

m 13. Mai 1816 quartierten sich Percy Shelley, die achtzehnjährige Mary Wollstonecraft Godwin, ihr fünf Monate alter Sohn William und Marys Stiefschwester Clare Clairmont (die acht Monate jünger war als Mary) bei Monsieur Déjean im noblen Hôtel d'Angleterre unweit Genfs ein. Das Hotel lag am Nordufer des Sees, am Fuß der Alpen. Die Ankömmlinge waren erschöpft. Während der zehntägigen Reise von London hatte Mary fast die ganze Zeit unter See- und Reisekrankheit gelitten.

Das Hôtel d'Angleterre, ein großes, dreistöckiges Steinhaus, lag ein wenig zurückgesetzt vom Seeufer inmitten eines Parks, der sich bis zu der Straße erstreckte, die Genf und Lausanne verbindet. Es stellte eine beliebte Zwischenstation der Engländer dar, die auf ihrer *Grand Tour* den Kontinent bereisten. Zudem war es die erste Kutschenstation außerhalb der düsteren Stadtmauern Genfs, dessen Tore sich abends pünktlich um zehn schlossen.

Das Hauptgebäude des Hotels wurde 1845 abgerissen, an seiner Stelle befindet sich heute das Amt für Garten- und Landschaftsgestaltung der Stadt Genf. Doch an einem noch erhaltenen Pavillon in der Nähe der Straße nach Lausanne findet sich eine Tafel, deren Inschrift an das Hotel und seine berühmten Gäste erinnert: *Ici s'élévait une Hôtelerie où Byron et Shelley . . . ont séjourné autrefois.* Teile des kleinen Hafens, wo Monsieur Déjean Boote vermietete, sind ebenfalls noch vorhanden.

Mary Godwin hatte eine Vorliebe für Seen und Berge. Wie sie sagte, hatte sie die glücklichsten Jahre ihrer Kindheit in den anmutigeren Gegenden Schottlands verlebt. Doch im großen und ganzen zog sie eher sanfte, beruhigende Landschaften vor. Shelley hingegen ergötzte sich an den Extremen und Gefahren des „Erhabenen".

Eine Woche später trafen Lord Byron und sein Reisebegleiter und Leibarzt Dr. John Polidori in Sécheron ein, im Gefolge ein *valet de chambre*, zwei Diener und zwei Kutscher. Byron hatte, bevor er England Ende April verließ, Jane Clairmont (die sich zu dem Zeitpunkt „Clare" nennen ließ) seine Adresse mit „Milord Byron, postlagernd, Genf" angegeben. Ihr war es daraufhin gelungen, Percy Shelley und Mary Godwin dazu zu überreden, nach Genf (und nicht, wie von Shelley ursprünglich geplant, nach Italien) zu reisen. Im April 1816 war Clare – in einer für sie typischen spontanen Anwandlung, die ihr, wie sie später schrieb, zehn Minuten Glück und ein Leben lang Kummer und Schmerz bescherte – Byrons Geliebte geworden.

Dr. Polidori, gerade zwanzig Jahre alt und mit einem frischen Medizinexamen von der University of Edinburgh, war von seinem adligen Auftraggeber engagiert worden, ohne daß dieser ihn zuvor persönlich kennengelernt hatte. Für 500 Guineen sollte er ein veröffentlichungsfähiges Tagebuch über ihre gemeinsamen Abenteuer führen. Polidori notierte also detailgetreu jede Bewegung von Byron und seiner Gesellschaft. Er war, in den Worten seiner Bekannten Harriet Martineau, „ein gutaussehender, leichtsinniger junger Mann". Er selbst hätte sich wohl lieber als Dichter denn als Arzt gesehen. Doch wie sein *Tagebuch* zur Genüge zeigt, war er kein sonderlich talentierter Schriftsteller:

26. Mai – Fuhren zu dem Haus bei Cologny, das Diodati gehörte. Sie verlangen 25 Louis pro Monat . . . Die Aussicht, die man vom Haus aus hat, ist sehr

hübsch; der schöne See; weiter hinten sieht man Genf. Fuhren zurück . . .
27. Mai – . . . LB traf sich mit M Wollstonecraft Godwin, ihrer Schwester
[richtiger: Halbschwester] und Percy Shelley. Ich fuhr mit dem Boot auf den
Genfer See hinaus und ließ mich treiben . . . Zu Abend gegessen; PS, der
Autor von Queen Mab, kam auf Besuch; verschämt, schüchtern, schwindsüchtig; sechsundzwanzig [in Wahrheit nur dreiundzwanzig]; getrennt von seiner
Frau; reist in Begleitung der zwei Töchter von Godwin, die nach seinen Theorien leben [von der Emanzipation der Frau und der offenen Ehe; offenbar hatte
Byron getratscht]; eine ist LBs [Clare Clairmont] . . .

Ein paar Tage später zog die Gesellschaft um Shelley – nun in Begleitung eines
Genfer Kindermädchens – in ein Haus auf der anderen Seite des
Sees, in die Region Montalègre, nordwestlich des Dorfes
Cologny. Es war das kleinere von zwei abgelegenen Häusern,
die einem gewissen M. Jacob Chappuis gehörten. Die kor-
rekte Adresse war „Maison Chappuis, Montalègre", doch
Mary Godwin bezeichnete es nur als „Chapuis". Das
rechteckige, zweistöckige Steinhaus lag inmitten von
Weinbergen in der Nähe der sich in Serpentinen um
den See windenden Straße, die in jenen Tagen noch
nicht direkt am Ufer entlanglief, sondern durch die
Hügel führte. Es hatte einen Zugang zu einem
kleinen Hafen, der Chappuis gehörte. 1883 wurde das
Maison Chappuis abgerissen. Von der ursprünglichen
Anlage sind lediglich noch ein Stall, der zu einem
kleinen Wohnhaus ausgebaut wurde und von der
Straße aus zu sehen ist, ein Keller mit schmiedeeiser-
nem Tor und eine Steintreppe im Garten erhalten. Am
1. Juni schrieb Mary Godwin an ihre Halbschwester
aus „Campagne C, nahe Cologny":

*Ausschnitt aus einem Porträt von Mary
Wollstonecraft Shelley von Richard Rothwell.
Sie heiratete Percy Shelley im Dezember 1816,
zwei Wochen nachdem sie vom Tod der Ehefrau
Shelleys, Harriet, erfahren hatte.*

> Leider genießen wir jetzt nicht mehr jenen strahlen-
> den Himmel, der uns bei unserer Ankunft in diesem
> Land willkommen hieß. Beinahe unablässiger Regen
> zwingt uns, fast die ganze Zeit im Haus zu verbrin-
> gen; doch wenn die Sonne einmal hervorbricht, dann
> mit einer Herrlichkeit und Wärme, wie wir sie aus England nicht gewohnt
> sind. Die Gewitter sind die gewaltigsten und furchtbarsten, die ich je erlebt
> habe. Wir sehen, wie sie von der anderen Seite des Sees zu uns herüberziehen,
> und beobachten die Blitze, die am Himmel in den Wolken spielen, um dann
> in zackigen Formen auf die fichtenbewachsenen Bergrücken des Jura hinunter-
> zuschießen, die dunkel im Schatten der über ihnen schwebenden Wolken
> liegen . . .

Mary Godwin begann allmählich, Shelleys „Vorliebe" für Gewitter zu teilen,
obgleich sie nach wie vor „Sonnenschein und einen leisen Windhauch" bevorzugte. Auch Byron beschäftigte sich damit, die Wirkung der extremen Wetter-

Frankenstein oder der moderne Prometheus

DIE HANDLUNG

Der englische Polarforscher Captain Robert Walton nimmt den Genfer Wissenschaftler Victor Frankenstein an Bord seines Schiffs und hört dessen traurige Lebensgeschichte. Frankenstein hat einen Weg gefunden, tote Materie zum Leben zu erwecken, während er an der Universität Ingolstadt mittelalterliche und moderne Verfahren der Chemie untersuchte. Nachdem er sich von Friedhöfen und aus der Anatomie Körperteile männlicher Leichen beschafft hat, fügt er daraus eine zwei Meter fünfzig große Kreatur zusammen, der er den Lebensfunken einhaucht. Doch der Anblick der „wässerigen Augen" der Kreatur veranlaßt ihn, tief deprimiert, zur Flucht. Der Wissenschaftler bemüht sich, die blasphemische Tat zu vergessen. Aber der gewaltsame Tod seines kleinen Bruders William rückt die Schreckenstat wieder in sein Bewußtsein und macht ihm deutlich, daß das „verhaßte Ungeheuer" immer noch auf freiem Fuß ist. Schließlich begegnen sich Schöpfer und Geschöpf in den Alpen auf dem *Mer de Glace.* Der „Dämon" erzählt von der Ablehnung, die ihm alle Menschen entgegenbringen, die seiner ansichtig werden, sowie von der Ausbildung in Sprache, Literatur und Gefühlen, die er sich durch die Beobachtung einer armen Bauernfamilie und die Lektüre zufällig gefundener Bücher angeeignet hat.

Und er spricht von seiner Sehnsucht nach einem weiblichen Gegenstück, einer Partnerin.

Gegen das Versprechen, daß das Wesen „Europa für immer verläßt", erklärt sich Victor Frankenstein bereit, ihm eine Frau zu erschaffen. Gemeinsam mit seinem guten Freund Henry Clerval reist er auf dem Rhein nach Rotterdam und weiter in den schottischen Norden, um dort das Unternehmen durchzuführen. Aber die Zweifel an seinem Vorhaben werden so groß, daß er die weibliche Schöpfung vernichtet. Der „Dämon" droht ihm daraufhin – „Ich werde dich besuchen in deiner Hochzeitsnacht" – und erwürgt Clerval. Frankenstein wird des Verbrechens angeklagt und entgeht nur knapp einer Verurteilung.

Trotz der Drohung heiratet Frankenstein seine Jugendliebe Elisabeth Lavenza. Sie wird von der Kreatur in ihrem Hochzeitsbett ermordet. Der Wissenschaftler jagt seine Schöpfung quer durch Europa bis zum Schwarzen Meer und weiter über die zugefrorene See zum Nordpol, wo er schließlich an Erschöpfung stirbt, nachdem er seine Geschichte erzählt hat. Die Kreatur, die inzwischen einer Mumie gleicht, erweist ihrem toten Schöpfer die letzte Ehre, um endlich auf einer Eisscholle in die Dunkelheit zu treiben. Captain Walton entschließt sich, seine Forschungsreise abzubrechen und nach England zurückzukehren.

verhältnisse auf seine Gefühlslage zu erkunden. Im dritten Gesang seines epischen Gedichts *Childe Harolds Pilgerfahrt* (92 & 3), an dem er zu dieser Zeit arbeitete, beschreibt er ein Gewitter, das er am 13. Juni beobachtet hatte:

> Der Himmel ist verwandelt! Sturm und Nacht
> Und Dunkel, furchtbar seid ihr von Gewalt,
> Doch schön in eurer Stärke, wie die Pracht
> Des dunklen Frauenaugs.

Lord Byron hatte drei Tage zuvor die Villa Diodati bezogen. Dieses Haus, von Gabriel Diodati im frühen 18. Jahrhundert errichtet und seitdem im Familienbesitz, stand leer: Edward Diodati und einige weitere Mitglieder der Familie lebten in einem kleineren Haus in der Nähe von Cologny und vermieteten die Villa. Heute ist die Villa Diodati unter den herrschaftlichen Villen am Ufer des

Sees die am besten erhaltene. Sie schmückt sich mit einer Tafel, die folgende Inschrift trägt: „Hier schrieb Lord Byron, der englische Dichter . . . den dritten Gesang von *Childe Harolds Pilgerfahrt.*" Byron und seine Begleiter scheinen angenommen zu haben, John Milton habe einst hier gewohnt, was allerdings schon aufgrund der simplen Tatsache unmöglich war, daß es die Villa zu seinen Lebzeiten noch nicht gab.

Anfang Juni bemerkte Clare Clairmont, daß sie schwanger war, wartete allerdings noch eine Weile, bevor sie Byron davon in Kenntnis setzte. Seine Antwort war lediglich: „Ist der Balg von mir?" Unterdessen schlief er weiterhin mit ihr und ließ sie die Abschrift des dritten Gesangs von *Childe Harolds Pilgerfahrt* (den er am 27. Juni abschloß) für den Verleger in London anfertigen.

Mary Godwin kopierte ebenfalls Byrons Verse, was ihr um so mehr Freude zu bereiten schien, als auch sie sich offenbar zu ihm (allerdings nicht zu seinen Manieren) hingezogen fühlte und sich von seiner überwältigenden „intellektuellen Energie" beeindruckt zeigte. Aber den Gerüchten zufolge, die unter den englischen Touristen in Sécheron kursierten, war ihm Mary noch in anderen Dingen zu Diensten!

Als Byron später Clare Clairmont und Percy Shelley verkündete, seine Beziehung zu Clare sei beendet, bat er explizit darum, Mary von dieser Unterredung auszuschließen. Das verwirrte sie zwar, aber überraschte sie nicht, denn seit ihrer ersten Begegnung am 27. Mai hatte Byron mehrfach deutlich gemacht, daß er es vorzog, über wichtige Themen eher mit Männern als mit Frauen zu sprechen.

Auch aus Polidoris Tagebuch geht hervor, daß Byron am liebsten allein mit Shelley aß und sprach – „Zu Abend gegessen mit S . . .", „Besuch bei Shelley . . .", „Daraufhin zu Shelley . . .", „Zu Shelley im Boot gefahren . . ." etc. –, und daß von den Damen erwartet wurde, daß sie sich selbst mit weniger erwachsenen Dingen beschäftigten.

Es war eine neue, unangenehme Erfahrung für Mary Godwin, von diesen intimen *tête-à-tête* ausgeschlossen zu sein. Seit ihren ersten Gesprächen mit Percy Shelley im Juni 1814 – am Grab ihrer Mutter Mary Wollstonecraft auf dem Friedhof von St. Pancras – hatte sie ihre Beziehung als eine Verbindung Gleichberechtigter gesehen, als Aufeinandertreffen gleichgesinnter Individuen, die sich aus freiem Willen dazu entschlossen hatten, ihr Leben gemeinsam außerhalb gesellschaftlicher Konventionen zu führen. Sie war die Tochter der beiden von Shelley am höchsten geachteten politischen Philosophen – „ein Kind der Liebe und des Lichts" nannte er sie – und die gelehrteste Frau, der er je begegnet war.

In ihrem *Tagebuch* vom Oktober 1822 schrieb Mary, daß es Percys Verdienst war, ihre besten Seiten zum Vorschein zu bringen: „Welch ein außerordentliches Geschenk war mir in der Verbindung mit einem Menschen zuteil geworden, dem ich mich ganz öffnen konnte und der mich verstand." Er war der einzige, dem es gelang, dieses Gefühl der Nähe herzustellen. In Gegenwart seiner Freunde fühlte sie sich weit weniger „ungezwungen", und daß er gelegentlich mit ihnen über ihre Beziehung redete, verärgerte sie. Mit anderen Worten, sie hatte ihr Leben ganz auf Shelley ausgerichtet. Daher muß es für sie ein Schock gewesen sein, als sie bemerkte, daß sie von den „nächtlichen Unterhaltungen in

ie Villa Diodati am Genfer See, zu Beginn des 18. Jahrhunderts erbaut. Lord Byron hatte das Anwesen Juni 1816 gemietet.

der Villa Diodati" ausgeschlossen wurde. Diese Tatsache verriet ihr viel über Lord Byron und vielleicht auch ein wenig über Percy Shelley.

Je weiter der Juni des Jahres 1816 fortschritt, desto stärker spürte sie ihre Isolation, das Ausgegrenztwerden von jener „intellektuellen Energie" – und verständlicherweise wuchs auch das Gefühl der Vernachlässigung und ihr Ärger darüber, so viel Zeit allein mit Clare verbringen zu müssen.

D er erste Hinweis auf die Bedingungen, unter denen *Frankenstein* geschrieben wurde, findet sich in Percy Shelleys Vorwort zur ersten (anonym erschienenen) Ausgabe des Romans und ist auf September 1817 datiert. Der Text erweckt den Anschein, als sei er von Mary geschrieben worden, spielt aber zugleich auf subtile Art und Weise ihre Bemühungen (im Vergleich zu denen ihrer beiden weitaus bekannteren Freunde) herunter:

> Soweit es den Autor betrifft, wäre noch von einigem Interesse, daß die im folgenden gebotene Geschichte in eben jener majestätischen Region begonnen wurde, darin die Handlung der Hauptsache nach spielt, und in der Gesellschaft von Freunden, deren Abwesenheit zu bedauern ich nicht aufhören kann. Ich verbrachte nämlich den Sommer 1816 in der Nähe von Genf. Das Wetter war von einer so anhaltenden Kälte und Nässe, daß wir uns allabendlich um das im Kamine lodernde Holzfeuer scharten und uns hin und wieder an deutschen Gespenstergeschichten delektierten, wie sie der Zufall uns in die Hände gespielt. Jene Geschichten erweckten in uns das vergnügliche Begehren, Ähnliches hervorzubringen. So ergab sich's, daß zwei meiner Freunde (deren einer die Feder so meisterlich zu führen versteht, daß eine einzige Erzählung von seiner Hand das Publikum wohl bei weitem stärker anzusprechen vermöchte, als ich selber dies mit allen meinen künftigen Arbeiten hoffen darf) mit mir übereinkamen, jeder für sich eine Geschichte zu schreiben, der eine übernatürliche Begebenheit zugrunde liegen sollte. Indes, über Nacht bekamen wir besseres Wetter. Meine beiden Freunde brachen ohne mich zu einer Reise ins Hochgebirge auf und vergaßen über den großartigen Szenerien, welche dasselbe dem Auge des Wanderers zu bieten hat, vollständig der alten Gespenstervisionen. So ist denn die nachstehende Erzählung die einzige, welche bis zu ihrem Abschlusse gediehen ist.

Eine ausführlichere und in der Folge bekannter gewordene Schilderung findet sich in Mary Shelleys Einleitung zu der Volksausgabe, die 1831 erschien – also vierzehn Jahre, nachdem Shelley sein Vorwort schrieb, und fünfzehn Jahre nach den Ereignissen, die zu beschreiben die Einleitung vorgibt:

> Doch es wurde ein nasser, unfreundlicher Sommer, und endloser Regen zwang uns oft tagelang im Haus zu bleiben. Dabei gerieten wir an ein paar Bände Gespenstergeschichten, die aus dem Deutschen ins Französische übersetzt waren. Sie enthielten unter anderem die „Geschichte eines treulosen Liebhabers", der, als er glaubte, seine Braut zu umarmen, sich in den Armen des bleichen Geistes seiner von ihm verlassenen Geliebten wiederfand. – Eine andere

Geschichte handelte vom sündenbeladenen Gründer eines Geschlechts, den ein Fluch dazu zwang, allen jüngeren Söhnen seines fluchbeladenen Hauses den Todeskuß zu geben, sobald sie ins Alter kamen, in dem sie zu schönen Hoffnungen berechtigten . . . Seit jenen Tagen habe ich diese Geschichten nicht wieder zu sehen bekommen; doch ihre Einzelheiten sind mir noch so frisch im Gedächtnis, als ob ich sie erst gestern gelesen hätte.

„Wir werden auch jeder eine Gespenstergeschichte schreiben", schlug Lord Byron vor, und dieser Vorschlag wurde von uns vieren angenommen. Er, der angesehenste Autor von uns allen, schrieb eine Geschichte, deren Fragment er am Schluß seiner *Mazeppa*-Dichtung brachte. Shelley, der es besser verstand, seine Ideen und Gefühle in strahlende Bilder und in die Musik der melodischen Verse unserer Sprache zu kleiden, als das Räderwerk einer Geschichte zu erfinden, begann trotzdem eine zu schreiben, in der er sich auf Erlebnisse seiner Jugend stützte. Der arme Polidori hatte eine schaudererregende Idee von einer Dame mit einem Totenkopf, die mit dieser Strafe geschlagen war, weil sie durch ein Schlüsselloch gespäht hatte — was sie dabei sah, habe ich vergessen; natürlich etwas sehr Fürchterliches und Schlimmes . . . Angewidert von der platten Prosa, entledigten sich die berühmten Dichter der ihnen unangemessenen Aufgabe nur lustlos.

Ich selbst bemühte mich sehr, mir eine Geschichte einfallen zu lassen — eine Geschichte, die mit denen konkurrieren konnte, die uns zu dieser Aufgabe inspiriert hatten. Eine Geschichte, die die geheimen Ängste unserer Natur ansprach und das Grauen weckte; eine Geschichte, die den Leser fürchten ließ, sich umzusehen, die das Blut erstarren ließ und den Herzschlag zum Jagen brachte. Wenn meine Geschichte diese Bedingungen nicht erfüllte, verdiente sie nicht die Bezeichnung „Gespenstergeschichte". Ich grübelte und dachte hin und her — vergeblich. Ich litt unter meiner Einfallslosigkeit, dem schlimmsten Elend der Autoren, wenn unser angstvolles Flehen immer nur im dumpfen Nichts verhallt. — „Hast du dir schon eine Geschichte ausgedacht?" wurde ich jeden Morgen gefragt, und jeden Morgen mußte ich mit einer demütigenden Verneinung antworten . . .

Lord Byron und Shelley führten viele und lange Gespräche miteinander, wobei ich eine aufmerksame, aber fast schweigsame Zuhörerin war. Während eines dieser Gespräche wurden verschiedene philosophische Theorien diskutiert, unter ihnen auch die Frage nach dem Wesen des Lebens, und ob es je aufgedeckt und mitgeteilt werden könnte. Die beiden sprachen über die Experimente von Dr. Darwin; — es geht hier nicht darum, was dieser wirklich tat oder behauptete, getan zu haben, sondern für meine Geschichte ist es wichtiger, was damals von ihm und seinen Forschungen behauptet wurde: Er habe einen toten Wurm in einem Glas aufbewahrt und durch irgendwelche ungewöhnlichen Mittel dazu gebracht, sich willkürlich zu bewegen. — Aber natürlich könne Leben nicht auf diese Weise gespendet werden. Einen Leichnam könne man vielleicht wiederbeleben, dafür gäbe es Beispiele mit galvanischen Versuchen; vielleicht auch könnten die passenden Einzelteile eines Lebewesens zusammengesetzt und mit der Wärme des Lebens versehen werden. —

Über diesem Gespräch ging die Nacht dahin, und Mitternacht war lange

Chapter 7th

2| 45

It was on a dreary night of November that I beheld ~~the frame on which~~ my man completed; ~~and~~ with an anxiety that almost amounted to agony, I collected instruments of life around me ~~and endeavoured~~ that I might to infuse a spark of being into the lifeless thing that lay at my feet. It was already one in the morning; the rain pattered dismally against the window panes & my candle was nearly burnt out, when by the glimmer of the half-extinguished light I saw the dull yellow eye of the creature open — It breathed hard, and a convulsive motion agitated its limbs.

~~But how~~ ~~How can~~ Now can I describe my emotion at this catastrophe, or how delineate the wretch whom with such infinite pains and care I had endeavoured to form. His limbs were in proportion, and I had selected his features as beautiful. ~~handsome handsome~~ beautiful; Great God! His yellow ~~dun~~ skin scarcely covered the work of muscles and arteries beneath; his hair of a lustrous black, & was flowing and his teeth of a pearly whiteness; but these luxuriances only ~~formed~~ formed a more horrid contrast with his watery eyes that seemed almost of the same colour as the dun white sockets in which they were set,

Die von Mary Godwin geschriebene Manuskriptseite aus dem Frankenstein zeigt, daß die Anfangsworte der „Schöpfungsszene" ursprünglich lauteten: „Es war in einer düsteren Novembernacht . . ."

vorbei, ehe wir uns zur Ruhe begaben. Als ich mich hinlegte, konnte ich weder einschlafen, noch hätte ich behaupten können zu denken . . .

Am folgenden Morgen verkündete ich dann, daß mir eine Geschichte eingefallen sei.

Und am selben Tag noch begann ich die Niederschrift meines Wachtraums mit den Worten: „Es war in einer düsteren Novembernacht . . .“

Zunächst dachte ich nur an eine Kurzgeschichte von wenigen Seiten, doch Shelley drängte mich, die Idee ausführlicher auszuarbeiten. Zwar verdanke ich meinem Mann weder eine Anregung zu irgendeiner Szene noch gar zu einer ganzen Kette von Empfindungen, und doch hätte meine Geschichte ohne seinen Ansporn niemals die Gestalt angenommen, in der sie dann der Welt vorgestellt wurde. – Davon muß ich lediglich das Vorwort ausnehmen; soweit ich mich noch erinnere, hat er es ganz allein geschrieben.

m Anfang all dieser dramatischen Ereignisse hatte die zweibändige Sammlung von Geistergeschichten *Fantasmagoriana ou Recueil d'Histoire d'Apparitions de Spectres, Revenans, etc.* gestanden, aus dem Deutschen ins Französische übersetzt von Jean Baptiste Benoit Eyriès. Ein Exemplar des Buches fand sich in Genf, und Lord Byron las daraus vor, wenn sie alle abends vor dem reich verzierten Kamin saßen. Angeregt durch die zweite Geschichte in der Sammlung schlug er aus einer Laune heraus vor, jeder der Anwesenden solle versuchen, eine eigene Horrorgeschichte zu schreiben: „Jeder muß eine Geschichte erzählen, von Geistern oder etwas Ähnlichem in der Art“, sagt eine der Personen in jener zweiten Geschichte mit dem Titel *Les Portraits de Famille*, „wir haben uns darauf verständigt, daß keiner nach einer rationalen Erklärung suchen wird, selbst wenn diese den Stempel der Wahrheit trüge, denn mit den Erklärungen schwindet der Zauber jeder Geistergeschichte.“

Vergleicht man Polidoris zu jener Zeit geschriebenes *Tagebuch* mit der Schilderung Mary Shelleys, so findet man signifikante Abweichungen in ihrer beider Darstellung der dann folgenden Ereignisse. Marys Text liest sich wesentlich besser. Er ist ein außerordentlich gelungener Aufmacher für das Buch, dem er voransteht, und er baut so etwas wie melodramatische Spannung auf („Hast du dir schon eine Geschichte ausgedacht?“), doch die dort beschriebenen Ereignisse haben sich wohl völlig anders abgespielt.

Sie schreibt, die *Fantasmagoriana* enthielten „die ‚Geschichte eines treulosen Liebhabers‘ . . . eine andere Geschichte handelte vom sündenbeladenen Gründer eines Geschlechts“ – tatsächlich trugen die Geschichten die Titel *La Morte fiancée* und *Les Portraits de Famille*, und Marys Zusammenfassung ihres Inhalts ist nicht ganz korrekt. Interessant ist allerdings, wie sie diese Geschichten erinnert, nämlich a) als eine über einen Mann, der von dem Geist der Frau verfolgt wird, die er verlassen hat, und b) als eine über eine Familie, deren „jüngere Söhne“ zum Sterben verdammt sind. Die Erklärung dürfte in der Tatsache zu suchen sein, daß auf Mary das Schicksal von Harriet Shelley lastete – Percys verlassener Ehefrau –, die sich noch im selben Jahr ertränkte. Zudem wußte sie, wie wir noch sehen werden, aus eigener Erfahrung, was es bedeutete, sein Kind zu verlieren. Offensichtlich hatten diese Geschichten, die „so frisch in meinem Gedächtnis [hafteten], als ob ich sie erst gestern gelesen hätte", den Nerv ihrer eigenen geheimsten Sorgen getroffen, so daß sie sich in der Folge für sie untrennbar miteinander verbanden.

Mary schreibt, sie seien zu viert gewesen – in Wahrheit waren *fünf* Personen zugegen. Wie so oft vergißt Mary, Clare Clairmont zu erwähnen.

„Der arme Polidori hatte eine schaudererregende Idee von einer Dame mit einem Totenkopf . . ." Die Geschichte, die der Arzt tatsächlich erzählte, veröffentlichte er 1819 unter dem Titel *Ernestus Berchtold*. Sie handelt von der Liebe eines Schweizer Patrioten zu einer Dame, die, wie sich herausstellt, seine Schwester ist. Im Vorwort zu der Buchausgabe bezeichnet Polidori die Geschichte als eine, „die ich in Cologny zu schreiben begann, als der Plan zu *Frankenstein* gefaßt wurde". Vielleicht erschien diese Information den Beteiligten zu brisant, da zu der Zeit in England Gerüchte über Byrons inzestuöse Beziehung zu seiner Halbschwester kursierten (die nie bestätigt oder aus der Welt geschafft wurden). Die von Mary erwähnte Geschichte über eine Frau, die durch ein Schlüsselloch Verbotenes beobachtet, wurde aller Wahrscheinlichkeit nach von Clare erzählt.

„Angewidert von der platten Prosa, entledigten sich die berühmten Dichter der ihnen unangemessenen Aufgabe nur lustlos" – tatsächlich dauerte es viel länger, bis Lord Byron und Percy Shelley das Spiel langweilig wurde, als Mary glauben macht. Zudem erweckt sie den Eindruck, als ob ihnen die Vorstellung mißfallen habe, im Haus zu sitzen und zu plaudern (anstatt mit dem Boot das Territorium Rousseaus zu erkunden); im dritten Gesang (98) von *Childe Harolds Pilgerfahrt* dagegen (der etwa zehn Tage nach dem Abend der Geistergeschichten abgeschlossen wurde) drückt Byron das Gefühl aus, daß „Abgeschiedenheit" sie alle zum Nachdenken und Innehalten anregen könne: „in deiner Alpenluft / Find ich wohl heute auch auf meine Weise / Für mein beschauliches Gemüt die rechte Speise". Moores *Letters and Journals* zufolge sagte Byron zu Mary betreffs der Geistergeschichten: „Wir werden unsere beiden zusammen veröffentlichen."

Marys Darstellung dessen, was dann passierte – „Lord Byron und Shelley führten viele und lange Gespräche miteinander, wobei ich eine aufmerksame, aber fast schweigsame Zuhörerin war" –, entspricht wohl nicht ganz den Tatsachen: Tatsächlich fanden diese Gespräche mit großer Wahrscheinlichkeit zwischen *Polidori* und Shelley statt.

Auch die Atmosphäre, die Mary im Zusammenhang mit dem Familienspiel der Geistergeschichten beschwört, scheint weit weniger heiter und verspielt gewesen zu sein, als sie sich in ihrer Erinnerung darstellt. Polidori benahm sich anmaßender denn je. Clare hatte gerade verkündet, daß sie schwanger war. Mary beobachtete mißtrauisch, wieviel Zeit Clare und Percy miteinander verbrachten. Byron, der sich unter Konkurrenzdruck fühlte und schon bei der leisesten Kritik verletzt reagierte, machte immer deutlicher, was er von intellektuellen Frauen hielt. Percy stand unter höchster nervlicher Anspannung. Das Aufeinandertreffen all dieser Faktoren kulminierte, als am Abend des 18. Juni aus dem Gespräch über Gespenster unversehens ein bizarres Selbsterfahrungserlebnis wurde: Die

„ungestüme Schönheit des Terrors" geriet außer Kontrolle. Polidori notierte:

> 18. Juni . . . Shelley und Anhang waren hier . . . Begann mit meiner Gespen-
> stergeschichte nach dem Nachtmahl. Um Mitternacht wurde das Gespräch
> wirklich gespenstisch. L.B. zitierte ein paar Zeilen aus Coleridges *Christabel*
> über die Brüste der Hexe; in der darauffolgenden Stille schrie Shelley plötzlich
> auf und hob die Hände zum Kopf, lief mit einer Kerze aus dem Zimmer.
> Besprenkelte sein Gesicht mit Wasser und gab ihm Äther. Er sah Mrs. S und
> mußte plötzlich an eine Frau denken, von der er gehört hatte, die Augen
> anstelle von Brustwarzen hatte. Die Vorstellung ließ ihn nicht mehr los und
> erschreckte ihn. – Er ist verheiratet. Als er merkte, daß sich einer seiner
> Freunde in seine Frau verliebt hatte, versuchte er mit allen Kräften, sie dazu
> zu bewegen, dessen Liebe zu erwidern. Er ist von Menschen umgeben, die auf
> seine Kosten leben . . .

Die Zeilen aus Coleridges *Christabel,* die Shelley derart aus dem Gleichgewicht
brachten, waren folgende:

> Dann sog sie hörbar laut den Atem ein,
> wie jemand, der vom Schauder zittert,
> löst sie den Gürtel unter ihrer Brust:
> Das Kleid aus Seide und der Unterrock
> fall'n auf die Füße ihr und nun ganz deutlich,
> ist es zu sehen! Der Busen und die halbe Seite,
> schrecklich entstellt und bleich die Haut –
> ein Anblick, den man träumen könnt, doch nicht erzählen!
> Und sie soll schlafen nun – bei Christabel!

Dieses furchterregende Bild, in eins gebracht mit einer Vorstellung, die er
bereits im Kopf hatte, projektierte Shelley auf „Mrs. S".

Ein Jahr zuvor hatte Mary ihm erzählt, daß Coleridge das Bild des „schrecklich entstellten" Busens ursprünglich weitaus konkreter gefaßt hatte, nämlich als
„zwei Augen auf ihren Brüsten". Die Vorstellung hatte Shelley offensichtlich tief
beeindruckt. Und so hob er die Hände zum Kopf, möglicherweise in dem
Glauben, wahnsinnig geworden zu sein, und lief schreiend aus dem Zimmer.
Mary in eine Harpyie verwandelt zu sehen – „schrecklich entstellt und bleich die
Haut", war ihm unerträglich. Hinweise darauf, was Mary von dieser Zuschrei-
bung hielt, finden sich weder in ihren noch in Polidoris Aufzeichnungen. Und
warum Shelley in ihr plötzlich einen „Anblick, den man träumen könnt, doch
nicht erzählen" gesehen hat, bleibt ein Rätsel.

Für die Dauer der Abende, an denen sie sich ihre Geschichten vortrugen,
hatte Polidori allem Anschein nach alle Hände voll zu tun, Shelley mit Äther
oder Laudanum zu versorgen (gegen dessen nervösen Kopfschmerzen und Hyper-
aktivität) und Byron sogenannte „Schwarze Tropfen" zu verabreichen, ein weit-
verbreitetes Mittel, das Opium enthielt. Diese Drogen wurden nicht als
Stimulantien angesehen, sondern als Beruhigungsmittel. An- und Aufregung
gab es bereits zur Genüge.

n der Einleitung zu ihrem Roman externalisiert Mary Godwin dieses außerordentlich gespannte Beziehungsgeflecht und verwandelt es in die bühnenwirksamen Effekte eines neogotischen Melodrams: Regen, Donner und Blitz, Geisterstunden und Geschichten, die „das Blut erstarren ließ[en] und den Herzschlag zum Jagen bracht[en]", den Kuß des Todes und die Frau mit dem Totenkopf.

Kurz bevor sie zu der Beschreibung der Ereignisse des Juni 1816 kommt, gesteht sie, daß sie sich mit den „luftigen Gestalten meiner Vorstellungskraft" wesentlich wohler fühle als bei dem Versuch, das alltägliche Leben der Menschen darzustellen: „Das Leben erschien mir, was mich selbst betraf, als eine banale Angelegenheit." Anstatt Erlebtes in Prosa zu verwandeln, zog sie es ihrer eigenen Aussage nach vor, „wenn ich Luftschlösser baute, in Wachträume eintauchte . . . Meine Träume waren zugleich phantastischer und auch angenehmer . . ."

Darin ist vielleicht auch der *eigentliche* Grund dafür zu sehen, daß sie die Geschichte der Abende, an denen sie sich die Gespenstergeschichten erzählten, in ihrer Einleitung umschrieb. Sie hatte das von schreibenden Frauen erwartete Dekorum zu wahren – Leser der Volksausgabe des *Frankenstein* wären in der Tat zutiefst schockiert gewesen, hätte sie sich als etwas anderes als „eine aufmerksame, aber fast schweigsame Zuhörerin" in derart illustrer männlicher Gesellschaft zu erkennen gegeben. In deren Phantasien einzutauchen und dann darüber zu schreiben, wäre in höchstem Maße unpassend gewesen. Die Ornamentik der Kunst und Literatur der Neogotik – in der sich Sexualität symbolisch in Zugbrücken, Wallgräben und Schlössern ausdrückte – war gerade noch akzeptabel, tatsächlich gemachte Erfahrungen dagegen nicht. Zudem fehlte es ihr an Vertrauen in ihre Fähigkeiten als Schriftstellerin, und möglicherweise stimmte sie sogar mit Shelley darin überein, daß eine Geschichte aus der Feder Byrons „das Publikum wohl bei weitem stärker anzusprechen vermöchte, als ich selber dies mit allen meinen künftigen Arbeiten hoffen darf". Auch wenn es, wie sich aus ihrer Einleitung schließen läßt, mögli-

er radikale Dichter Percy Bysshe Shelley. Nach der Trennung von seiner Frau verbrachte er den Sommer 1816 gemeinsam mit Mary Godwin in Genf.

cherweise besser gewesen wäre, sie hätte dies selbst gesagt, anstatt es Shelley zu überlassen, seine Einschätzung in dem „Vorwort" öffentlich zu machen, das „er ganz allein geschrieben" hatte.

Der Schlüssel ist daher möglicherweise in dem Satz zu suchen: „Das Leben erschien mir, was mich selbst betraf, als eine banale Angelegenheit." Es war alles andere als „banal", wenn es um Byron und Shelley ging. Aber darüber konnte sie unmöglich schreiben. Und es war nicht „banal", soweit es um sie ging. Dennoch – aus einer ganzen Reihe von persönlichen und sozialen Gründen kam es *ihr* so vor.

All das erklärt nicht, warum sie Clare Clairmont und John Polidori bei der Beschreibung der Abende, an denen sie sich Gespenstergeschichten erzählten, vernachlässigt und lapidar beschiedet: „Für meine Leser sind solche Gedanken nicht bestimmt." Vielleicht sah sie sich als Hüterin von Shelleys und Byrons posthumer Reputation. Aber es gibt noch einen anderen Grund, warum sie die Ereignisse umschrieb. Abgesehen davon, daß sie die preiswerte Volksausgabe des *Frankenstein* einer neuen Generation von Lesern verkaufen wollte und dies zu einem Zeitpunkt, an dem sie auf ihre Einkünfte als Schriftstellerin angewiesen war, mußte sie sich jetzt endlich öffentlich zu ihrem „Produkt" bekennen.

Die erste Ausgabe des Romans war anonym erschienen. In der Tat hatte Percy Shelley ihren Schreibstil vor allem im Hinblick auf eine stärkere Betonung der Rhetorik beeinflußt (ob zum Besseren oder Schlechteren, sei dahingestellt). Er hatte die verschiedenen Fassungen des Manuskripts redigiert und die Druckfahnen korrigiert. Manche Leser der ersten Ausgabe hielten dennoch Percy Shelley für den Verfasser des *Frankenstein,* eines Textes, der mit Sicherheit mehr öffentliche Aufmerksamkeit und größere Zustimmung erhielt als alles, was Shelley bis dahin geschrieben hatte. Zu Recht also hatte Mary Shelley den Eindruck, daß es an der Zeit war, ihre Autorschaft klarzustellen. Es ist möglich, daß ihr zu Lebzeiten Shelleys der Mut dazu fehlte.

In der Einleitung wird deutlich, daß in dieser illustren Gesellschaft ein immenser Druck auf ihr lastete. Shelley und Byron wetteiferten miteinander. Byron hatte ihr eine gemeinsame Publikation angeboten – ein phantastisches Angebot für eine junge Autorin. In „die Tochter zweier Personen von beträchtlichem literarischen Ansehen" – Mary Wollstonecraft und William Godwin – wurde die Erwartung gesetzt, eine bedeutende Schriftstellerin zu werden. Doch der Erfolg fiel auch Mary Wollstonecraft Godwin nicht in den Schoß: „In diesen [ersten Schreibversuchen – sie war erst achtzehn] war ich lediglich Nachahmerin und schrieb wie andere, statt den Eingebungen meines Geistes zu folgen." Der Druck wurde noch dadurch erhöht, daß „mein Ehemann . . . von Anfang an darauf bedacht [war], daß ich mich meiner Eltern würdig erweise und mich ins ‚Buch des Ruhmes' eintrage".

Lord Byron dürfte ihren literarischen Ambitionen kaum Aufmerksamkeit geschenkt haben, ob es ihr nun gelang, sich ihrer Eltern würdig zu erweisen oder nicht. Seiner Ansicht nach war sie besser beraten, wenn sie sich auf das Kopieren seines Manuskripts von *Childe Harold* konzentrierte. Shelley hingegen unterstützte sie, so gut er konnte. Doch sein prometheisches Genie wirkte auf sie eher beunruhigend: Was sie von Titanen hielt, die danach trachten, das Feuer aus dem Himmel zu entwenden, ohne die Verantwortung für die Konsequenzen zu übernehmen, machte sie in Charakter und Schicksal des Victor Frankenstein mehr als deutlich. Vielleicht glaubte sie aber auch, daß Shelley sie nur aus Gefälligkeit bei ihrem Roman unterstützte. Er war „stets mit dem größten Ernst und der größten Entschlossenheit darum bemüht, daß ich all meine Talente aufs äußerste entwickelte", doch in ihren Augen ermunterte er sie „nicht so sehr, weil er glaubte, ich könne etwas Bemerkenswertes hervorbringen, sondern weil er selbst beurteilen wollte, ob meine Anlagen so vielversprechend seien, daß sie später Besseres erhoffen ließen". Der Druck, „vielversprechende" Anlagen zu zeigen, löste bei ihr die Angst aus, zu versagen und seinen hohen Erwartungen nicht entsprechen zu können.

Dies war die Atmosphäre, in der Mary, ihrem Bericht über die Ereignisse des Juni 1816 zufolge, darum bemüht war, ihre eigene Stimme zu finden – vor allem, sich eine Geschichte auszudenken, „die mit denen konkurrieren konnte, die uns zu dieser Aufgabe inspiriert hatten". Doch alles, was sie spürte, war die Unfähigkeit, etwas zu erfinden, sie litt unter ihrer „Einfallslosigkeit, dem schlimmsten Elend der Autoren". *Hast du dir schon eine Geschichte ausgedacht?* wurde sie jeden Morgen gefragt. Und jedes Mal war die Antwort „eine demütigende Verneinung".

Endlich, nach einem nächtlichen Gespräch mit Byron und Shelley – in der Logik von Marys Argumentation *mußten* Byron und Shelley beteiligt sein, diese beiden illustren Poeten, die sie von ihren Diskussionen über die „Frage nach dem Wesen des Lebens", die Experimente des Dichters und Naturwissenschaftlers Erasmus Darwin und die Entdeckungen Luigi Galvanis ausgeschlossen hatten –, endlich also hatte sie ihren Wachtraum und wartete, zur Überraschung aller, mit der Kurzgeschichtenfassung des *Frankenstein* auf.

Auch dieser Teil von Marys Schilderung der Ereignisse entspricht nicht den Tatsachen, was allerdings kaum von Bedeutung ist, da es ihr um den Nachweis der Autorschaft geht. Polidoris *Tagebuch* zufolge war Mary mit einiger Sicherheit die *erste* und nicht, wie sie schreibt, die letzte, die ihre Geschichte erzählte. Offensichtlich hatte der Stoff sie schon seit geraumer Zeit beschäftigt. Doch Gestalt gewann er erst durch das Gespräch über das „Wesen des Lebens" zur „Geisterstunde" – ein Gespräch, das endlich ihre Schreibblockade aufhob. Polidori schreibt:

> 15. Juni – . . . Am Abend kamen Shelley etc.; wir sprachen über mein Stück etc., das nichts taugt [Polidori hatte ein Drama mit dem Titel *Cajetan* verfaßt, das bereits für einige Heiterkeit gesorgt hatte]. Später diskutierten Shelley und ich über Grundlagen – ob der Mensch nur ein Instrument ist.
> 16. Juni – Krank. Shelly kam vorbei mit Mrs. S und Miss Clare Claremont. Sie aßen mit uns zu Abend . . .
> 17. Juni – . . . Mit Shelley etc. hier zu Abend gegessen . . . Alle außer mir haben mit ihren Gespenstergeschichten begonnen.

Das Gespräch über „Die Frage nach dem Wesen des Lebens" (oder, in Polidoris Worten, über „Grundlagen – ob der Mensch nur ein Instrument ist") fand also am späten Abend des 15. Juni statt. Zwei Tage später begannen „alle außer mir . . . mit ihren Gespenstergeschichten". Wenn das Gespräch der Auslöser für Marys Wachtraum war, muß sie ihn entweder in der Nacht des 15. oder, was wahrscheinlicher ist, des 16. Juni erlebt haben – der Nacht, in der die Shelleys in der Villa Diodati schliefen. In diesem Fall fielen die Abende, an denen sie sich ihre Gespenstergeschichten erzählten, auf den 17. und 18. Juni (an dem Polidori *seine* Geschichte erzählte und Shelley die Selbstbeherrschung verlor). Byrons unvollendete Geschichte, die er 1819 im Anhang an seine *Mazeppa*-Dichtung veröffentlichte, trägt tatsächlich das Datum des 17. Juni 1816. Und die Beschreibung der Umgebung, in der Mary ihren Wachtraum erlebt – „den Raum mit dem dunklen Fußboden, die geschlossenen Fensterläden . . . den See mit seiner gläsernen Oberfläche und die hohen weißen Alpen" – trifft viel eher auf ihr Zimmer in der Villa Diodati als auf das im Maison Chappuis zu, wie sich noch heute nachvollziehen läßt.

Vom Standpunkt der Literaturgeschichte ist es außerordentlich bedauerlich, daß Mary Godwin die Ereignisse des 17. und 18. Juni 1816 derart mit neogotischen Klischees und kitschigen Geschichten über Frauen mit Totenköpfen ausschmückte, denn dadurch wurde ihr *Frankenstein* in der Folge allzu häufig mit den Räubern und Geisterbeschwörern in Verbindung gebracht, die seit dem späten 18. Jahrhundert in Mode gekommen waren und in Jane Austens Roman *Northanger Abbey* (drei Monate vor Erscheinen des *Frankenstein* veröffentlicht) Gegenstand des Spotts sind.

In Anthologien von Schauerromanen wird der *Frankenstein* noch immer als Beispiel „weiblicher Schauerliteratur" geführt und Mary Shelleys Behandlung des Stoffes als Resultat der „phantastischen" Einbildungskraft beschrieben. Und das, obwohl Percy Shelley – der besser als jeder andere wußte, wovon der *Frankenstein* in *Wirklichkeit* handelte – in seinem Vorwort zu der Ausgabe von 1818 geschrieben hatte, der Roman seiner Frau sei weit mehr als die „herkömmlichen Geschichten über Zauberei oder Gespenster". In der Tat wirft der Text weitaus interessantere Fragen auf und gründet sich zudem auf Mary Godwins eigenen Erfahrungen. Denn was auch immer sie über den Roman schrieb – und was auch immer ihre Gründe dafür gewesen sein mögen –, Marys Alptraum, ihr „schreckenserregendes Produkt" entsprang ihrem Innersten, das schon seit Jahren mit diesen Bildern schwanger gegangen war. Liest man ihre *Einleitung,* könnte man glauben, *Frankenstein* sei nicht mehr als eine weitere Horrorgeschichte, geboren in einer Gewitternacht. Aber er ist mehr als das. Als sie an jenem Morgen des 17. Juni ihre Geschichte mit den Worten „Es war in einer düsteren Novembernacht" – als „Niederschrift meines Wachtraums" – begann, hatte sie die Grenzen dessen, was sich für eine schreibende Frau schickte, schon weit überschritten. Und mit diesen Worten sollte schließlich das 4. Kapitel der Ausgabe von 1818 beziehungsweise das 5. Kapitel der Ausgabe von 1831 anfangen.

Im ältesten erhaltenen Manuskript des *Frankenstein* (Teil der Abinger Shelley Collection in der Bodleian Library in Oxford) – vielleicht ein früher Entwurf, bedenkt man die zahlreichen Ergänzungen und Korrekturen von der Hand Percy Shelleys, möglicherweise aber auch eine korrigierte Abschrift – erscheinen diese Worte leicht verändert als Anfangssatz des „7. Kapitels". Das Manuskript der Urfassung in Form einer Kurzgeschichte ist nicht mehr aufzufinden. Anscheinend hatte Polidori aber eine nacherzählende Fassung dieser sowie seiner eigenen und Byrons Geschichte angefertigt und reüssierte in den feineren Genfer Kreisen, indem er sie für den Rest des Sommers bei Gesellschaften zum besten gab. Durch einen der Gastgeber gelangte diese Fassung der „von Miss M. W. Godwin" erzählten Geschichte (gemeinsam mit Polidoris eigener Erzählung *The Vampyr*) dann in die Hände des Herausgebers des *New Monthly Magazine*. Doch auch dieser Text ist verschollen. Das Abinger-Manuskript ist folglich die früheste Version, auf die wir zurückgreifen können. Nachzuvollziehen, ob die Worte „Es war in einer düsteren Novembernacht . . .“ wirklich die Worte waren, mit denen Mary Godwins *Einleitung* von 1831 zufolge ihre Kurzgeschichte begann, ist daher unmöglich.

Die Passage, die sie am 17. oder 18. Juni vorlas, ist nicht identisch mit der schließlich in Druck gegangenen Fassung (da der Text vor der Publikation mindestens einmal überarbeitet wurde), aber sie kommt ihr sehr nahe. Die Szene, die sie beschreibt, ist seitdem zu der bekanntesten des gesamten Romans geworden:

> In einer düsteren Novembernacht war es soweit: vor meinen Augen lag das Ergebnis all meiner Müh und Plage. Mit einer angstvollen Erwartung, welche um nichts der Todesfurcht nachstand, baute ich das Instrumentarium des Lebens rings um mich auf, um dem reglosen Körper, welcher da zu meinen Füßen lag, den lebenspendenden Funken einzuhauchen. Schon wies der Zeiger der Uhr auf die erste Stunde des Morgens. Der Regen klopfte in trostlosem Gleichmaß gegen die Scheiben, und meine Kerze war schon zu einem Stümpfchen heruntergebrannt, als ich in dem Geflacker der schon erlöschenden Flamme das ausdruckslose, gelbliche Auge der Kreatur sich auftun sah. Ein schwerer Atemzug hob ihre Brust, und ein krampfhaftes Zucken durchlief seine Glieder.

Es ist anzunehmen, daß Mary Godwins Alptraum, hätte sie versucht, ihn bildlich darzustellen, eine gewisse Ähnlichkeit mit Füsslis Gemälde *Der Nachtmahr* gehabt hätte. Sie kannte Füssli persönlich, wußte einiges über seinen Hintergrund und war ganz sicher mit seinem Bild vertraut. Die Szene im *Frankenstein* (Band 3, Kapitel VI der Ausgabe von 1818), in der das Wesen seine Prophezeiung wahr macht – „ich werde dich besuchen in deiner Hochzeitsnacht“ – stellt einen direkten Bezug zu dem Bild her:

> Allmächtiger! [ruft Victor Frankenstein aus, als er entdeckt, was mit seiner jungen Ehefrau geschehen ist.] Warum nur bin ich damals nicht entseelt zusammengestürzt! Warum nur sitze ich hier und muß von der Zerstörung meiner schönsten Hoffnung, von der Vernichtung des reinsten Geschöpfes auf Gottes Erdboden berichten? Sie lag vor mir, leblos und entseelt, querüber hingeworfen auf das Bett, mit hängendem Kopf, das bleiche, verzerrte Antlitz halb vom wirren Haar überhangen! Wohin ich mich auch wenden mag, immerdar hab' ich diese Gestalt vor Augen – die blutlosen Arme, den kraftlosen Leib, einfach hingeworfen von dem Würger auf so bräutliche Totenbahre!

Diese Szene, die in der Forschung als „direkt aus Füsslis Alptraum“ stammend beschrieben wurde, verweist auf den eigenartigen und aufschlußreichen Traum, den Frankenstein hat, unmittelbar nachdem er die Folgen seiner Schöpfung erkennt. Auch hier geht es um eine nächtliche Heimsuchung – um den Tod der Frau und erotische Begierde:

Ich bildete mir ein, Elisabeth zu sehen, wie sie in blühender Gesundheit durch
die Gassen von Ingolstadt wandelte. Voll entzückter Überraschung schloß ich
sie in die Arme. Da ich aber den ersten Kuß auf ihre Lippen drückte, ward sie
totenbleich, mit ihren Zügen ging ein Wandel vor sich, und mir schien's, als
hielte ich jetzt den toten Körper meiner Mutter in den Armen! Ein Leichen-
tuch verhüllte die Gestalt, und in den Falten des Flanells wimmelte es von
dem Gewürm der Verwesung! Zutiefst entsetzt schrak ich aus meinem
Schlummer – der kalte Angstschweiß brach mir aus der Stirn – der ganze
Körper zog sich mir zusammen – und zähneklappernd blickte ich um mich: in
dem schwachen, gelblichen Mondlichte, welches durch die Fensterläden in die
Kammer quoll, stand jenes erbärmliche Monstrum vor mir – der fürchterliche
Popanz, welchen ich erschaffen! Er hielt den Bettvorhang zur Seite und heftete
seine Augen – sofern sie diesen Namen überhaupt verdienten – auf mich . . .

Im Roman – wie im Leben – ist also die Schöpfungsszene mit einem Alptraum
verbunden. Mary sollte sich daran erinnern als einen Zustand zwischen Wachen
und Schlafen, als einen Alptraum, dessen Bilder „viel lebendiger in meinem
Geist entstanden als in Träumen sonst üblich". Ein Alptraum, der Frankensteins
Traum *beinhaltete,* ein Traum im Traum (vgl. S. 14).

Als *Mary* aufwachte, versuchte sie, die furchterregende Folge von Bildern zu
verbannen, indem sie sich auf die greifbare Realität, auf Details ihres Zimmers in
der Villa Diodati konzentrierte: auf den Fußboden, die Kommode, vielleicht
auch auf die irdene Waschschüssel in der Ecke (die noch immer dort steht) und
auf das Gefühl der Sicherheit, das ihr die Gegenwart des in Regen gehüllten Sees
und der Berge vermittelten. Doch es gelang ihr nicht, den Alptraum zu vergessen. Glaubt man ihrer Erinnerung, dann dachte sie erst jetzt an den Wettbewerb
mit den berühmten Dichtern und „meine ermüdende, unglückselige Spukge-
schichte". Vielleicht würde es ihr gelingen, die Schrecken der Nacht in Prosa zu
verwandeln. Vielleicht würde sie dadurch das zum Schreiben notwendige Selbst-
bewußtsein zurückgewinnen. Und es war dieser Gedanke – „hell und erfreulich
wie ein Lichtstrahl" –, der schließlich den Dämon austrieb, der aus dem Alptraum einen *Stoff* machte.

er von Mary Godwin geschilderte Alptraum beinhaltet im wesent-
lichen fünf Hauptelemente: den „bleichen Jünger einer unseligen
Kunst"; die Schöpfung selbst, die sich durch „die Arbeit irgendeiner
mächtigen Maschine" zu bewegen beginnt (eine weitere sexuelle
Anspielung?); den Künstler-Wissenschaftler, der „vor dem abscheulichen Werk
seiner Hände flüchtet", als er erkennt, was er erschaffen hat (in der Hoffnung,
daß seine Schöpfung einfach *erlischt*); das Einschlafen des Schöpfers und seine
Vorstellung vom „Schweigen des Grabes"; und schließlich das „gräßliche Wesen,
das an seinem Bett steht, die Bettvorhänge zurückgeschlagen hat", um ihn aufzuwecken und anzustarren.

Im Zentrum des Alptraums aber steht das Moment der Zurückweisung – die
Zurückweisung seitens des Künstler-Wissenschaftlers, der die Verantwortung

für sein Handeln ablehnt und zugleich die Zurückweisung des Vaters, der schreckerstarrt sein neugeborenes Kind ansieht und dann aus dem Zimmer läuft, um in einen unruhigen postnatalen Schlaf zu versinken: Es ist das Bild des modernen Prometheus, konfrontiert mit dem vollen Ausmaß der Folgen seines Handelns und zugleich – wie ein Literaturwissenschaftler es formulierte – mit „dem vollen Ausmaß der Scheu, Angst, Schuld, Trauer und Aufregung einer Geburt".

Das waren Themen, mit denen Mary Godwin, trotz ihrer Jugend, bereits bestens vertraut war. Im vorangegangenen Herbst hatte sie einen Band von Ovids *Metamorphosen* in lateinischer Sprache gelesen, in dem eine Variante des Prometheus-Mythos geschildert wird, und diese Lektüre 1816 mit der griechischen Version des Aischylos ergänzt. Zweifellos hatte sie die Gespräche Byrons und Shelleys über die Attraktivität dieses Stoffes für die Romantik und die Diskussionen über ihre Projekte *Prometheus* bzw. *Der entfesselte Prometheus* verfolgt. Der Prometheus-Mythos hat zwei Ausprägungen erfahren: In der griechischen Version wird der junge Titan dafür bestraft, daß er den Göttern das Feuer gestohlen hat, und in der lateinischen formt er Menschen aus Lehm. Mary war von beiden Varianten gleichermaßen fasziniert.

Und sie kannte die Traumata der Geburt. Ihre eigene Mutter, Mary Wollstonecraft, war nur zwölf Tage nach Marys Geburt gestorben.

Am 22. Februar 1815 hatte Mary Godwin selbst einem Mädchen das Leben geschenkt, das nicht nur vor ihrer Eheschließung mit Shelley, sondern auch einige Wochen zu früh geboren wurde – ein traumatisches Erlebnis (für alle Beteiligten), über das sowohl Percy als auch sie in ihrem privaten *Tagebuch* berichten:

> [Shelley]: Maie bekam Wehen und hat ohne große Schmerzen ein Mädchen zur Welt gebracht – fünf Minuten später traf Dr. Clarke ein [der Bruder des Arztes, der Marys Mutter nach ihrer Geburt behandelt hatte]. Es ist alles in Ordnung. Maie geht es außerordentlich gut. Das Kind ist nicht einmal sieben Monate alt. Das Kind wird wohl nicht überleben.

Montag, 6. März

> [Mary]: fand mein Kind tot . . . Schickten nach Hogg [guter Freund Shelleys, an den Mary am gleichen Tag schrieb] . . . Es war vollkommen gesund als ich zu Bett ging – in der Nacht stand ich auf um es zu stillen es schien so friedlich zu schlafen daß ich es nicht wecken wollte – da war es bereits tot aber das merkten wir erst am morgen – seinem Aussehen nach starb es an Krämpfen . . . ich bin nicht länger eine Mutter – reden – ein schrecklicher Tag . . .

Montag, 13. März

> . . . blieb zu Hause und dachte an mein kleines totes Baby – ich nehme an das ist dumm aber jedes Mal wenn ich mir selbst überlassen werde und mich nicht durch Lesen abzulenken versuche kommen meine Gedanken immer wieder auf den gleichen Punkt zurück – daß ich Mutter war und es jetzt nicht mehr bin . . .
> [Und am 19. März, einem Sonntag, ein Postskriptum von Mary:]
> Träumte daß mein kleines Baby wieder lebendig wurde – daß ihm nur kalt

war und wir seinen Körper vor dem Kaminfeuer abreiben und es lebte – ich wachte auf und da war kein Baby – ich denke den ganzen Tag über an das kleine Ding – bin nicht in guter Stimmung – Shelley ist sehr krank.

Montag, 20. März

Habe wieder von meinem Baby geträumt –

In der Zukunft sollte Percy Shelley jedes Mal, wenn Mary ein Kind gebar, Lungen- und Brustschmerzen oder Seitenstiche bekommen. Bei dieser ersten Gelegenheit suchte er allerdings einen Arzt auf, Dr. Pemberton, der die Diagnose stellte, er werde „schon bald an Schwindsucht sterben". Pemberton stellte seinen Patienten daraufhin Dr. William Lawrence vor, der keine der für diese Krankheit üblichen Symptome feststellen konnte und schließlich bewirkte, daß sich Shelley „wesentlich besser" fühlte, was entweder einem Wunder zu verdanken war oder für eine anfängliche Fehldiagnose spricht. Mary hatte ohnehin nie so recht an die Theorie von der Schwindsucht geglaubt.

Mary war im Sommer 1814 schwanger geworden, also etwa zu dem Zeitpunkt, als sie mit Percy davongelaufen war. Das Erlebnis der Geburt ihres Kindes, an sich schon traumatisch genug, verband sich in ihrer Erinnerung fest mit Shelleys Krankheit und Clares Albernheit – mit beidem sollte sie im Juni 1816 in noch gesteigerter Form erneut konfrontiert werden. Ihr Traum von der Wiederbelebung des Kindes vor dem Kamin trägt starke Ähnlichkeit mit ihrem *Frankenstein*-Alptraum. Zwei Monate später war sie wieder schwanger, und am 24. Januar 1816 kam ihr Sohn William zur Welt: auch er selbstverständlich außerehelich, doch nach neun Monaten Schwangerschaft und völlig gesund.

Der nächste Band des *Tagebuchs* (begonnen am 21. Juli 1816) enthält einige Stellen, die über die Sorge Aufschluß geben, die Mary sich wegen Williams Gesundheit machte. Vielleicht versuchte sie, sich diese Sorge von der Seele zu schreiben, als sie bei der Ausarbeitung der Kurzgeschichte des *Frankenstein* zum Roman Victors schönen kleinen Bruder William zum ersten Opfer des Wesens macht – erwürgt auf einem Acker vor den Toren Genfs. Allerdings war „William" nicht nur der Name von Marys erstem Sohn – es war auch der Name ihres Vaters. Möglich ist also auch, daß ihr Alptraum über Geburt und Zurückweisung zum Teil, wie ein anderer Literaturwissenschaftler sagte, „von Mary Godwins Gefühl der Schuld am Tod ihrer Mutter handelt und von ihrem Zorn über die erneute Eheschließung ihres Vaters [mit Mary Jane Clairmont im Dezember 1801]". Mit Sicherheit läßt sich jedenfalls sagen, daß ihre ambivalenten Gefühle für ihren Vater William Godwin in den Tagebucheinträgen des Spätsommers nachhaltigen Ausdruck fanden. Sie hatte gehofft, daß Williams Geburt zu einer Versöhnung mit dem Vater führen könnte: daß, wie Shelley in einem Brief an Godwin vom 6. März 1816 schrieb, das Paar in seinen Augen nicht länger „mit Prostituierten und Verführern in einen Topf geworfen" würde. Stur lehnte Godwin jedoch jede Annäherung ab.

Eine Reihe von Literaturwissenschaftlern sind der Ansicht, im *Frankenstein* drücke sich Mary Shelleys Ekel vor dem bloßen Gedanken an eine Geburt aus.

Wahrscheinlicher ist, daß sie in dem Buch ihre Ansichten über Zurückweisung, Verantwortung und ihre *Angst* vor dem Gebären zum Ausdruck bringen wollte.

Der Alptraum handelt von einem mutterlosen Kind und der Zurückweisung durch den Vater: nicht etwa, weil das Kind mißgebildet wäre, häßlich oder anders als erwartet aussähe, sondern weil dem Vater deutlich wird, daß dieses „abscheuliche Werk seiner Hände" – das Ergebnis von etwa neun Monaten Arbeit bei Kerzenschein in „meiner Werkstätte scheußlicher Schöpfungen" – *widernatürlich* ist. Die Natur ist aktiv und lebendig, während er so getan hat, als sei sie unbeweglich und tot, etwas, dem man Leben einhauchen könne. Ihm wird schließlich deutlich, wohin ihn seine prometheischen Sehnsüchte geführt haben. In der Beschreibung des Vaters greift Mary Godwin auf die mittelalterliche Sprache der Gotik zurück: er ist ein „bleicher Jüngling einer unseligen Kunst", ein Okkultist der Neuzeit. Und in der Tat gab ein Rezensent seiner Überraschung darüber Ausdruck, daß das Buch nicht im Mittelalter spielt.

Man kann davon ausgehen, daß Mary die im mittelalterlichen Nürnberg angesiedelte Geschichte des Dr. Faust und seines Paktes mit dem Teufel (Wissen im Tausch gegen die Seele) kannte: Im Herbst 1815 hatte sie Madame de Staëls Reisebeschreibung *De l'Allemagne* (1810) gelesen, die auch einen Abschnitt über die Faust-Legende enthält. Zudem informierte Madame de Staël über zeitgenössische deutsche Philosophen, die sich mit den Fragen nach dem „Wesen des Lebens" befaßten.

u Beginn des Monats Juli 1816 scheint Mary Godwin sich endgültig auf den Namen Frankenstein für ihren Titanen festgelegt zu haben. Angeregt wurde diese Wahl wahrscheinlich durch die Beobachtung Percy Shelleys, daß einige der Burgruinen, die er während seiner Spaziergänge mit Byron am Ufer des Sees entdeckt hatte, denen ähnelten, die er und Mary zwei Jahre zuvor am Rhein, auf der Heimreise von ihrem verrückten Ausflug auf den Kontinent, gesehen hatten. Obwohl die Umstände der Reise, vor allem die Menschen, ihnen damals das „Rhein-Erlebnis" fast völlig verdorben hatten, beschrieben Percy und Mary die Landschaft, als hätten sie ein Bild von Caspar David Friedrich vor Augen – mit Turmruinen, Wasserfällen und Sonnenuntergängen über dem Fluß.

Rückblickend sollten sich Mary Shelleys Erinnerungen untrennbar mit der „verzauberten Landschaft" verbinden, die sich ihr im Dämmerlicht dargeboten hatte:

> Jeder von einem Turm gekrönte Berg – jede pittoreske Ruine – jede schattige Schlucht und jeder felsige Überhang, an dem wir vorüberkamen, wurde von uns mit großer Neugier und Entzücken betrachtet. Die Namen an sich klingen schon wie die Titel von Romanen; alle Geister des alten Deutschland spuken hier . . .

Einer dieser Namen war *Frankenstein.* Gegen Ende ihrer Reise, die sie von Mannheim nach Mainz führte (wo sie sich am 2. und 3. September aufhielten), besuchten sie die Stadt Germersheim. Und von dort aus – den Blick nach Osten, hinauf zu den nördlichen Ausläufern des Magnetberges gewandt – konnten sie die

aspar David Friedrichs Gemälde Wanderer über dem Nebelmeer *von 1818 gilt als Inbegriff der romantischen Landschaftsmalerei.*

äußeren Türme von Schloß Frankenstein sehen. Mary und Percy unternahmen einen „dreistündigen Spaziergang". In dieser Zeit bis zum Schloß zu gelangen, ist unmöglich (ich habe es ausprobiert), doch mit Sicherheit konnten sie auch aus der Ferne die zerfallenen Mauern und Befestigungsanlagen der um 1250 errichteten Burg mit „großer Neugier und Entzücken" betrachten.

Die Burg gehört nicht zu den großen mittelalterlichen Bauwerken: Die Türme sind relativ klein, und die Befestigungsanlagen sind eine Holz-Stein-Konstruktion, so daß das Ganze eher einem befestigten Herrenhaus gleicht als einer echten gotischen Burg. Dafür aber trägt sie einen eindrucksvollen Namen, „Stein" oder „Burg der Franken", mit dem sich zudem auch noch eine Legende verbindet – die Legende von dem Alchimisten und Nekromanten Johann

Konrad Dippel, der 1673 als Flüchtling in der Burg zur Welt kam (und sich daher „Frankensteiner" nannte). Weder Mary Godwin noch Percy Shelley erwähnen die Burg oder ihre legendären Bewohner. Aber das schließt nicht aus, daß sie die Burg und deren Namen kannten.

D er Alptraum vom „bleichen Jünger einer unseligen Kunst" handelte allerdings nicht vom Mittelalter, sondern von der Gegenwart. Die wissenschaftlichen Ansätze, die im *Frankenstein* eine Rolle spielen, leiten sich – wie sich Mary in ihrer *Einleitung* erinnert – aus der 1816 aktuellen Debatte her. Wir wissen, daß der unmittelbare Auslöser für ihren Alptraum eine Unterhaltung war über „die Frage nach dem Wesen des Lebens" bzw. über „Grundlagen – ob der Mensch nur ein Instrument ist". Und wir wissen, daß Mary über die neuesten deutschen Forschungen zu diesem Thema gelesen hatte. Doch es gab noch eine weitere, näherliegende Verbindung.

In den Jahren unmittelbar vor der Entstehung des *Frankenstein* (1814–1816) hatte im *Royal College of Surgeons* in London eine öffentliche Vorlesungsreihe stattgefunden, die sich der Frage nach dem Ursprung des Lebens widmete und damit eine breite Debatte auslöste. Auf der einen Seite stand die traditionelle Ansicht, daß alles Leben mit einem Funken beginnt, der „Elektrizität vergleichbar", eine „subtile, bewegliche, unsichtbare Substanz" – ein lebenspendender Funke, der die Seele entzündet und göttlichen Ursprungs ist. Auf der anderen Seite vertrat die radikale neue Theorie, gewissermaßen eine Vorform der Evolutionstheorie, den Standpunkt, daß Leben „die Summe aller Funktionen des Körpers" sei, etwas ausschließlich Materielles, dem ein neuer Name gegeben werden mußte: der Begriff „Biologie". Kein lebenspendender Funke, keine Seele – einfach nur Eltern. Die Natur war kein träges, unbewegliches Ding, dem Gott erst Leben gab, sondern etwas Aktives, das auf die Umwelt reagierte – und damit, um das Stichwort der Zeit zu benutzen, „vervollkommnungsfähig".

Die bedeutendsten Kontrahenten in dieser Debatte waren zwei Professoren des Royal College. Einer von ihnen, der Vertreter des radikalen Standpunkts, war Dr. William Lawrence, derselbe, den Mary einen „bedeutenden Arzt" genannt und den Percy Shelley aufgesucht hatte, als er im Verdacht stand, schwindsüchtig zu sein.

Lawrence wurde bald von seiner Professur suspendiert und von seinem Posten im Bethlehem Hospital in Lambeth entlassen. Im März 1816 jedoch heizte er die Debatte erneut an, indem er zwei öffentliche Vorträge über das Thema des „Vitalismus" hielt (die drei Monate später auch gedruckt erschienen). Es ist sehr wahrscheinlich, daß sich die Gespräche in der Villa Diodati genau darum drehten. Ein moderner Prometheus stahl den Göttern den elektrisierenden Funken, um ihn den Menschen nutzbar zu machen – und zugleich für nicht existent zu erklären.

Mary Godwin war in einem Haus aufgewachsen, in dem man sich über technische Neuentwicklungen informierte und darüber diskutierte, während man die Institutionen verachtete, die sie steuerten. Der Chemiker und Naturphilosoph Humphry Davy kam von Zeit zu Zeit zum Essen. Ihr Vater hatte Mary mitgenommen, um der ersten erfolgreichen Landung eines Fallschirms in England beizuwohnen, bei der André-Jacques Garnerin aus einem Ballon sprang und an der Stelle landete, wo heute der Bahnhof von Pancras steht. Die Pioniertat der Brüder Garnerin muß sich in ihr Gedächtnis eingegraben haben, denn über zehn Jahre später, am 28. Dezember 1814, schrieb sie in ihr *Tagebuch:*

> . . . ging zu Garnerins Vorlesung – über Elektrizität – Gase – und die Phantasmagoria – . . .
> Donnerstag, 29. Dezember: . . . am Abend gingen S und Clary zu Garnerins Vorlesung . . . S und C kamen kurz vor dem Abendessen zurück – die Vorlesung fiel aus.

Shelley hatte offenbar etwas ganz Besonderes verpaßt: Die „Phantasmagoria" waren eine Mischung aus Bildern der Laterna Magica, optischen Illusionen und – als Höhepunkt – spektakulären Demonstrationen mit elektrischem Strom und sensationellem Funkenflug. Shelley wird wohl enttäuscht gewesen sein, da er sich seit seiner Schulzeit in Eton für ausgefallene Experimente der Physik und Chemie interessierte.

In ihrem Bericht über die Entstehung des *Frankenstein* jedoch führt Mary einige spezifische und ernst zu nehmende Quellen an: „Die Experimente von Dr. Darwin . . . [der einen Wurm] in einem Glas aufbewahrt" hatte und die „galvanischen Versuche", mit denen ein Leichnam möglicherweise „mit der Wärme des Lebens versehen werden" könne.

Darüber hinaus wissen wir, daß Mary die „Einleitung zu Davys *Chemie*" las (gemeint ist wahrscheinlich Humphry Davys *Elements of Chemical Philosophy,* 1812), als sie im Oktober und November 1816 die Kapitel über Victor Frankensteins Studien an der Universität in Ingolstadt schrieb. Aufgrund ihrer Nachforschungen dürfte ihr bekannt gewesen sein, daß Ingolstadt ein Zentrum der radikalen Aufklärer war und Schauplatz der neuesten physiologischen Forschungen.

Victor Frankensteins Bildungsweg liest sich wie ein Abriß der Wissenschaftsgeschichte des Abendlandes im kleinen: Er beginnt mit der „Suche nach dem Stein der Weisen und nach dem Lebenselixier", wobei mittelalterliche Gelehrte wie Albertus Magnus und Paracelsus seine Vorbilder sind; dann, nachdem er gesehen hat, wie ein Blitz eine Eiche zerschmettert, richtet er sein Interesse auf die moderne experimentelle Wissenschaft und das Studium der Natur. Sein Naturwissenschaftsdozent drängt ihn zu intellektuell weniger ambitionierten Studien, zu dem, was Victor später verächtlich „Dinge von geringem Wert" nennt, selbst wenn sie „viel gesunden Verstand" enthielten. Doch der Chemieprofessor Waldmann verspricht nicht nur Wissen, sondern auch Macht:

> Die Lehrmeister früherer Epoche . . . haben, indem sie das Unmögliche gewollt und versprochen, im Grunde nichts erreicht. Demgegenüber verheißen uns die Gelehrten der heutigen Zeit sehr wenig. Sie wissen ja, daß die Transmutation der unedlen in Edelmetalle ein Ding der Unmöglichkeit, daß das Arcanum des Lebens eine Chimäre ist! Die Naturforscher von heute, deren Hände lediglich vom Schmutze befleckt scheinen, und deren Augen nichts anderes kennen denn das Mikroskop und den Schmelztiegel – *sie* haben die

Einer der wiederhergestellten Türme von Burg Frankenstein, die um 1250 unweit des Magnetbergs errichtet wurde. Percy Shelley und Mary Godwin bereisten die Gegend im Sommer 1814; vermutlich haben sie die Burg aus der Entfernung gesehen.

wahren Wunder vollbracht! Sie spüren der Natur bis in ihre verborgensten Tiefen nach und legen uns deren innere Vorgänge dar.

Victor ist von diesem Vortrag tief beeindruckt, denn obgleich er bei seiner eigenen Suche nach Wissen eine Reihe von „wissenschaftlichen Revolutionen" durchlaufen hat, stellt er doch die alten Fragen und wünscht sich Macht und vor allem Ruhm.

Die charismatischen Vorlesungen Professor Waldmanns scheinen in gewisser Weise eine Parodie auf Professor Davys berühmte, an Subskription gebundene Vorlesungen an der *Royal Institution* zu sein (die 1801 mit dem Vortrag „Der neue Zweig der Philosophie: Galvanismus" begannen und ihren Höhepunkt 1812 mit der Publikation seiner breit gefächerten Untersuchung und Geschichte der Chemie, den *Elements* erreichte). Davy war unzweifelhaft ein brillanter Redner. Von seinen jährlichen Vorlesungsreihen wurde gesagt, sie hätten „die Wissenschaften in Mode gebracht" (bei seinem privilegierten, Gebühren zahlenden Publikum) und die 1799 gegründete *Royal Institution* gesellschaftlich und finanziell etabliert. Fünf Jahre zuvor hatte Humphry Davy eine in Versen gehaltene Lobeshymne auf den modernen Chemiker geschrieben, die er in der *Annual Anthology* (1799–1800) des Dichters Robert Southey veröffentlicht hatte. Ihr Titel war *Söhne des Genius:*

> Zu prüfen die Gesetze der Natur, zu kunden
> sanftes Walten milder Philosophie;
> oder sich auf Newtons Flügeln zu erheben
> in des Sternenhimmels strahlendes Reich . . .
> Wie Ihr stolzen Felsen im Zeitenmeer
> haltet stand dem Wüten der Wogen,
> so erheben sich des Genius lebende Söhne,
> die unsterblichen Kinder einer anderen Zeit.

Mary Godwin hatte also vielleicht Davy vor Augen, als sie von ihrem Wissenschaftler-Helden träumte. Stimmt dies, so war der Bezug alles andere als gerechtfertigt. Denn Humphry Davy pflegte seinen Erläuterungen vorauszuschicken, daß „der erste Schritt zu einer echten Entdeckung das erniedrigende Eingeständnis der eigenen Unwissenheit" sei. Mit gesundem Zynismus machte er sich über Systematiker jeder Richtung lustig.

Möglicherweise war Mary darum besorgt, daß „des Genius lebende Söhne" in ihrem Eifer für des „Sternenhimmels strahlendes Reich" die gebotene Demut und den Sinn für ihre Verantwortung vergessen könnten.

Je weiter sich die Figur des Victor Frankenstein entwickelte, desto mehr wurde sie zur Verkörperung des zentralen Zwiespalts in Percy Shelleys poetischer Suche – ein Zwiespalt, den er selbst mit Ariel und Caliban aus Shakespeares *Sturm* verglich: Ariel steht für das Streben, die Höhenflüge der Einbildungskraft, Gedankenspiele, das Außerweltliche, die Reise ins Unendliche, den Glauben an neues Wissen; Caliban dagegen repräsentiert die dunklere Seite, das grobe Material der Kreatur, das Eintauchen in das Okkulte, das plötzliche Erwachen aus der

Euphorie der Vorbereitung und die gefürchteten Folgen, achtlos mit dem „erstaunlichen Mechanismus des Weltenschöpfers" zu spielen.

In der Ausgabe des *Frankenstein* von 1818 ist das Faust-Thema, das wir heute die „soziale Verantwortung des Wissenschaftlers oder Künstlers" nennen würden, noch wenig ausgeprägt. Es gibt keine Teufel, und die Geschichte findet, wie ein Literaturwissenschaftler schrieb, erstaunlicherweise „in Abwesenheit Gottes" statt. Statt dessen geht es um *persönliche* Verantwortung

Doch als der *Frankenstein* durch Übernahme in die Alltagssprache und durch Dramatisierungen in den Sog der Massenkultur geriet, wurde die Gottlosigkeit zum zentralen Thema. Man begann vom „Frankenstein-Monster" zu sprechen und übertrug damit den Namen des Schöpfers auf das von ihm erschaffene Wesen. Und selbstverständlich ist ja die namenlose Kreatur in gewissem Sinne der Sohn Frankensteins, und er wird in der Tat zum Monster, nachdem er die Ablehnung aller erfahren hat. Doch er ist kein Ungeheuer von Geburt an, sondern entwickelt sich erst dazu.

In den Arbeiten des Dichters, Botanikers und Physikers Erasmus Darwin, die teils in Prosa, teils in Versen abgefaßt sind, konnte Mary Godwin einen ersten Ansatz zu einer Theorie über die Evolution finden. Einer Evolution, die Darwin zufolge „von mikroskopisch kleinen Flecken in den Gewässern der Vorzeit bis zu der gegenwärtigen Kulmination im Menschen" reichte. 60 Jahre später sollte diese Theorie von seinem Enkel Charles Darwin weiterentwickelt werden. Gleich, ob Darwin tatsächlich einen Wurm in einem Glasbehälter zum Leben erweckte (Mary zweifelte daran), in seiner *Zoonomia* (Ausgabe von 1794) schrieb er auf jeden Fall einiges über das Thema der „Schöpfung" und „Zeugung".

Die Aufgabe der Frau bei der Reproduktion der Gattung bestand seiner Ansicht nach darin, den Embryo mit „Nahrung und Sauerstoff" zu versehen. Die *Eigenschaften* des Embryos dagegen steuerte der Mann bei. Und mehr noch, Darwin fügte hinzu, daß diese Eigenschaften davon beeinflußt wurden, was der Mann während des „Zeugungsaktes" dachte.

Wenn, wie im Fall von Victor Frankenstein, der Mann dabei an Monströses dachte, dann mußte auch der daraus hervorgehende Sproß ein Monster werden. Doch womit auch immer die Gedanken des Mannes beschäftigt waren, vom Standpunkt der Zeugung der Spezies aus war die Vorstellung, mutterlose Kinder zu haben, weder wünschenswert noch effizient.

Mary hatte fast alle poetischen Arbeiten Darwins gelesen. Es ist also nicht unwahrscheinlich, daß ihr moderner Prometheus, der Jahrtausende der Evolution herausforderte, indem er „eine neue Spezies erschuf", den Werken Darwins einiges verdankt.

Auch an Erasmus Darwins „künstliche" Kreaturen könnte sich Mary Godwin in jenem Sommer 1816 erinnert haben. Denn eines der Bücher, das sie mit viel Vergnügen las, während sie an dem ersten Entwurf für *Frankenstein* arbeitete, waren Madame Genlis' *Nouveaux contes moraux et nouvelles historiques* (1802), in denen sich auch ein dramatisches Zwischenspiel über Pygmalion und Galatea findet. Dort wird eine schöne Statue zum Leben erweckt. Rein und unbefleckt wie sie ist, muß sie erfahren, wie häßlich und gemein die Welt zuweilen sein kann.

Einige radikale französische Aufklärer, so auch La Mettrie in *L'Homme machine* (1747), hatten behauptet, der Mensch sei nichts als eine weiche Maschine, „zufällig auf die Erde geworfen" von dem großen Uhrmacher Gott. Und das hatte zu der Frage geführt, ob sich das Verhalten von Lebewesen künstlich, und dies bedeutete in der Mitte des 18. Jahrhunderts *mechanisch,* simulieren ließ. Einer der berühmtesten Apparate war die hölzerne Ente von Jacques Vaucanson, die in Versailles Begeisterungsstürme auslöste, wenn sie über den Fußboden watschelte und dabei kleine Stücke Keks aus ihrem kupfernen Verdauungssystem entließ.

er Schreiber, *ein vom Uhrmacher Pierre Jaquet-Droz 1769 in Neuchâtel konstruierter Automat, der noch heute funktioniert und mit einem Gänsekiel verschiedene Sätze schreibt, so auch „Ich denke, also bin ich."*

Je pense donc Je suis

Doch die wahrscheinlich raffiniertesten Automaten waren die aus der Werkstatt des Uhrmachers, Mechanikers und examinierten Theologen Pierre Jaquet-Droz und seines Sohnes und Gehilfen Henri-Louis in Neuchâtel.

Der erste Automat, den sie anfertigten – *Der Schreiber* (1769) –, repräsentiert einen kleinen Jungen, der auf einem Louis-Quinze-Stuhl sitzt. In der rechten Hand hält er einen Gänsekiel, den er in ein Tintenfaß eintaucht, um dann langsam und sorgfältig die Worte *Les automates Jaquet Droz à neuchatel* beziehungsweise *Jaquet Droz mon Inventeur* zu schreiben, während seine Glasaugen der Entstehung jedes Buchstaben folgen. Das *pièce de resistance* des *Schreibers* jedoch, mit dem die Mensch-Maschine-Diskussion auf den Punkt gebracht wurde, war der Satz *Je pense donc Je suis.*

Wiederum ein kleiner Junge war der 1774 hergestellte zweite Automat, der den Namen *Der Zeichner* trug. Er zeichnete mit einem Bleistift ein Porträt von Ludwig XV. sowie das Bild eines Hundes mit dem Titel *Mon Toutou,* während er gleichzeitig das Papier festhielt und mittels Blasebälgen in seiner Brust den Bleistaub vom Blatt pustete.

Bedeutend größer als die beiden Vorgängermodelle präsentierte sich *Die Musikerin,* die Puppe eines jungen Mädchens, bekleidet mit einem Brokatkleid. Auf einem Cembalo, in dem sich eine kleine Orgel verbarg, spielte sie eine Auswahl von Kompositionen von Henri-Louis. Im Gegensatz zu weniger raffinierten Automaten berührte sie tatsächlich die Tasten ihres Instruments, um die Töne hervorzubringen. Und am Ende eines jeden Stücks warf sie dem Publikum einen – wie es schien – selbstzufriedenen Blick aus ihren Glasaugen zu.

Alle drei Automaten funktionieren bis auf den heutigen Tag und sind im *Musée d'Art et d'Histoire de la Ville de Neuchâtel* zu besichtigen.

Möglicherweise hatten die Shelleys sie gesehen, als sie sich vom 19. bis 21. August 1814 in „Neuchatel" aufhielten, obgleich sich in ihrem Tagebuch kein entsprechender Hinweis finden läßt. Vielleicht hatten sie auch nur über diese „mechanischen Puppen" gelesen, deren Auftritte in der Presse ausführlich besprochen wurden. Autoren der deutschen Romantik, beispielsweise E.T.A. Hoffmann, begannen in den Jahren 1815 bis 1816 das fiktive Potential der Automaten zu erkunden, indem sie sie als Projektionen von Gemütszuständen, als Produkt von Obsessionen einsetzten. In Hoffmanns *Der Sandmann* (1816) wird die Geschichte von Dr. Coppelius, Professor Spalanzani und der göttlichen Olympia erzählt, die „den Flügel mit großer Fertigkeit" spielt, „ebenso eine Bravour-Arie mit heller, beinahe schneidender Glasglockenstimme" vorträgt und wie ein Engel tanzt. Den Freunden des Helden fällt allerdings auf, daß etwas an ihr eigenartig ist:

> Sie könnte für schön gelten, wenn ihr Blick nicht so ganz ohne Lebensstrahl, ich möchte sagen, ohne Sehkraft wäre. Ihr Schritt ist sonderbar abgemessen, jede Bewegung scheint durch den Gang eines aufgezogenen Räderwerks bedingt. Ihr Spiel, ihr Singen hat den unangenehmen richtigen geistlosen Takt der singenden Maschine und ebenso ist ihr Tanz . . .

Auch in Mary Godwins Alptraum scheinen die Augen des „gräßliche[n] Trugbild[s] eines Menschen" tot zu sein. Es sind seine Augen, die ihn verraten. Doch er ist kein Automat oder eine mechanische Puppe. Er ist ein Organismus, zusammengesetzt aus „Materialien" vom Friedhof, aus Schlachthäusern und der Anatomie. Eher das Produkt biologischer denn mechanischer Kunstfertigkeit und darüber hinaus, das ist das Irritierendste, ein Wesen, das über die ganze Bandbreite menschlicher Regungen und Gefühle verfügt. Irgendwie ist es seinem Schöpfer gelungen, das Rohmaterial, aus dem es besteht, so zu konservieren, daß es nicht verwest. Zugleich hat er die einzelnen Bestandteile mit Sorgfalt ausgesucht:

> Wohl waren die Gliedmaßen in der rechten Proportion, und auch die Züge hatte ich dem Kanon der Schönheit nachgebildet. Schönheit! – Allmächtiger! Die gelbliche Haut verdeckte nur notdürftig das Spiel der Muskeln und das Pulsieren der Adern. Das Haupthaar war freilich von schimmernder Schwärze und wallte überreich herab. Auch die Zähne erglänzten so weiß wie die Perlen. Doch standen solche Vortrefflichkeiten im schaurigen Kontraste zu den wäßrigen Augen, welche nahezu von derselben Farbe schienen wie die schmutzigweißen Höhlen, darin sie gebettet waren . . .

Zu diesem Zeitpunkt ist er noch „die Kreatur", erst später wird Victor Frankenstein ihn Dämon, Monster, Teufel und Unhold nennen. Und abgesehen von jenen Augen – die noch nicht zu fokussieren gelernt haben und deshalb ins Leere starren wie die weißen Augäpfel des blinden Pferdes in Füsslis *Nachtmahr* – ist das Geschöpf schön: straff über die Muskeln und Adern gespannte Haut, dichtes schwarzes Haar und perfekte Zähne. Es ähnelt einer klassizistischen Studie Füsslis zur männlichen Anatomie, überlebensgroß, wie griechische Statuen. Das Problem ist nur, daß es als gesamter Organismus weniger als die Summe seiner Teile ist: Für sich ist jedes einzelne Glied seines Körpers „schön", doch zusammen wirken sie abstoßend.

I n den Hollywood-Verfilmungen des Romans wurde aus „der Kreatur" kein zweiter Adam, sondern ein Wesen mit Narben, Schnitten und Stahlbolzen im Hals. Vorbild für diese Ausgestaltung war Goyas Bild von einem Irrenhaus mit dem Titel *Los Chinchillas* aus den *Caprichos* (1799). Mit der außerordentlich hohen, gewölbten Stirn und den riesigen Füßen sieht er wie jemand aus, der unter Akromegalie leidet. Eher ein Inbild geistiger und körperlicher Behinderung (wie fast alle „Monster" der Unterhaltungskultur) denn ein Inbegriff von Schönheit.

Kurze Zeit spielten die Maskenbildner der Universal Studios mit dem Gedanken, ihr Monster wie einen Roboter oder mechanischen Menschen aussehen zu lassen. Doch alles, was von diesem Plan übrigblieb, ist der Stahlbolzen in Karloffs Hals, mit dem er „angeschlossen" werden kann.

Bei Mary Godwin findet sich kein einziger Hinweis auf eine hohe Stirn, Narben oder einen Stahlbolzen. Schon in der Beschreibung ihres Alptraums erwähnt sie nur ganz nebenbei die „Arbeit irgendeiner mächtigen Maschine", die die Kreatur dazu bringt, „Lebenszeichen von sich zu geben" und „sich mit einer ungelenken, kaum lebensähnlichen Bewegung" zu regen. Im Roman selbst bleibt sie bei der Beschreibung des Vorgangs sogar noch vager:

> Mit einer angstvollen Erwartung . . . baute ich das Instrumentarium des Lebens rings um mich auf, um dem reglosen Körper, welcher da zu meinen Füßen lag, den lebenspendenden Funken einzuhauchen.

Das Hollywood des Jahres 1931 war nur allzu bereit, die Lücken aufzufüllen (Filme *müssen* in diesen Dingen detaillierter sein) und dabei auch technische Einzelheiten einzusetzen, die 1816 noch unbekannt waren: Lichtbogengeneratoren, Wählscheiben aus Bakelit und ein verstellbares, metallenes Krankenhausbett. Dazu kam schließlich noch eine riesige Voltasche Batterie. Ergebnis: „Es bewegt sich – es lebt – es lebt – es lebt! ES LEBT . . . Nun weiß ich, wie Gott sich fühlt!"

Vorbild für diese Szene war weniger der Frankenstein-Roman als vielmehr Fritz Langs Film *Metropolis* (1926), in dem der teuflische Erfinder und Nekromant Dr. Rottwang Menschen in einen Roboter verwandelt.

Mary Godwins „lebenspendender Funke" verweist auf die zeitgenössische Kontroverse um den Vitalismus und stellt ihren Wissenschaftler-Künstler jenen zur Seite, die den Standpunkt vertraten, daß der Lebensfunke „analog zur Elektrizität" zu denken sei und die mit dieser Theorie zugleich Position gegen die Evolutionisten bezogen. Er verweist zudem auf Marys Überlegungen von 1831: „Einen Leichnam könne man vielleicht wiederbeleben, dafür gebe es Beispiele mit galvanischen Versuchen."

Fast dasselbe hatte schon zu Beginn des Jahrhunderts der deutsche Physiker Johann Wilhelm Ritter behauptet: „Galvanische Phänomene scheinen eine Brücke zu schlagen zwischen lebender und toter Materie." Er bezog sich dabei auf die Lehre von der „tierischen Elektrizität", die von dem Italiener Luigi Galvani begründet worden war, der 1791 die Ergebnisse einer Reihe von Experimenten, die er unter anderem mit Froschschenkeln vorgenommen hatte, unter dem Titel *Bemerkungen zu der Wirkung der Elektrizität auf die Bewegung der Muskeln* veröffentlichte. Aus der Beobachtung, daß Froschschenkel, legt man sie auf einen Tisch oder hängt sie an einem Band auf, zu zucken beginnen, wenn man die freigelegten Nerven mit einem Metallstab berührt, schloß Galvani, daß nicht der Stab, sondern der Nerv die Quelle der Elektrizität sei. Lagen die Froschschenkel auf einem Tablett, das aus anderem Metall als der Stab bestand, war der Effekt noch größer. Galvani vertrat die Ansicht, der Stab diene lediglich als Instrument zur „Freisetzung" der tierischen Elektrizität, einer Art „vitalen Kraft", die vom Hirn des Tieres ausgehe und in seine Muskeln und Nerven übertragen werde. Diese Schlußfolgerung stieß bei den deutschen Naturwissenschaftlern der Romantik auf großes Interesse. Auf der Suche nach der Seele ging man allerorten auf die Jagd nach Fröschen.

Galvanis Theorie wurde zwei Jahre später von Alessandro Volta verworfen. Er stellte die These auf, daß die Quelle der Elektrizität nicht im Tier, sondern in dem Metallstab zu suchen sei und die Effekte des zweiten Experiments erzielt würden, weil zwei verschieden gepolte Metalle in Kontakt kamen. Von dieser

ie Maske des Monsters aus dem 1931 fertiggestellten Hollywood-Film erinnert deutlich an
Goyas Darstellung eines Irren in dem Stich Los Chinchillas *(links) aus den* Caprichos
*(1799). Obwohl Mary Godwin die Kreatur Frankensteins als „schön" beschrieben hatte, stellt
Boris Karloff in James Whales Frankenstein-Verfilmung die bekannteste Inkarnation des
Monsters dar – mit Stahlbolzen im Hals, Stichen und Narben und übertrieben hoher Stirn.* ～ 47

Theorie ausgehend, entwickelte der italienische Physiker in den Jahren 1796/97 die Voltasche (oder galvanische) Säule, die aus abwechselnd übereinandergeschichteten Kupfer- und Zinkplatten bestand, die durch feuchte Pappe voneinander getrennt waren. Es war die erste elektrische Batterie.

Der wissenschaftliche Disput zwischen den Anhängern des Galvanismus und den pragmatischeren Vertretern der Theorien Voltas hielt ein paar Jahre an, während der Begriff „Galvanismus" weiterhin für alle Formen des Experimentierens mit Elektrizität und organischer Materie benutzt wurde. Doch am Ende setzten sich die Erkenntnisse Voltas durch.

Im Januar 1803 schloß Luigi Aldini, Neffe und Meisterschüler Galvanis, eine riesige Voltasche Säule (sie bestand aus 240 Metallplatten) an Ohren und Mund der Leiche eines gewissen Thomas Forster an, einem Mörder, der eine Stunde zuvor gehängt worden war. Über das Ergebnis des Experiments schrieb Aldini in seinem *Bericht über die neuesten Fortschritte des Galvanismus* (1803), daß „der Kiefer zu zittern begann, die damit verbundenen Muskeln verzerrten sich auf das Grauenvollste, und das linke Auge öffnete sich". Als dann auch ein Daumen des verblichenen Mr. Forster an die Batterie angeschlossen wurde, verursachte der Stromstoß „einen nicht zu übersehenden Versuch, die Faust zu ballen". Alles in allem vermittelte die öffentliche Demonstration in „Mr. Wilsons anatomischem Theater" beinahe den „Eindruck einer Wiederbelebung"; es schien denkbar, daß „das Leben hätte wiedererweckt werden können, wenn zahlreiche Umstände dies nicht unmöglich gemacht hätten".

Kein Wunder also, daß Percy Shelley in seiner *Vorrede* zu Marys Roman schrieb: „Die Begebenheit, auf welche der vorliegende Roman sich gründet, trägt nach dem Dafürhalten . . . etlicher deutscher Physiologen nicht im eigentlichen Sinne den Anstrich des Unmöglichen." Es ist davon auszugehen, daß Experimente wie die von Aldini, welche – wie man sich denken kann – von der Presse aufgegriffen wurden, auch Teil der Unterhaltungen über „die Frage nach dem Wesen des Lebens" waren.

In den Tagen nach Mary Godwins Alptraum begannen in den Kreisen der englischen Touristen auf der anderen Seite des Sees Gerüchte um bizarre Vorfälle zu kursieren, die sich in der Villa Diodati zugetragen haben sollten. Monsieur Déjean, der *maitre d'hôtel,* vermietete Ferngläser, damit die Gäste des Hôtel des Anglais die Villa besser beobachten konnten. Einem Touristen – Sylvester Douglas, der Lord of Glenbervie – gelang es, beim Abendessen in Sécheron ein paar pikante Geschichten aufzuschnappen, die er unter dem Datum des 3. Juli in seinem Tagebuch erwähnt:

Unter mehr als sechzig englischen Reisenden hier befindet sich auch Lord Byron, den alle schneiden. Man erzählt von einem ungewöhnlichen Abenteuer, das er in Déjeans Hotel gehabt haben soll. Zur Zeit lebt er in einer Villa auf der Savoyer Seite des Sees mit einer Frau zusammen, die allem Anschein eine Mrs. Shelley ist, Gattin des Mannes, der das Mount'sche Kaffeehaus betreibt.

Das Zitat vermittelt einen Eindruck von dem Klatsch, der unter jenen „sechzig englischen Reisenden" kursierte. Vor allem der letzte Satz verdreht in geradezu grotesker Art und Weise alle Tatsachen. Byron lebte natürlich *nicht* mit „einer Mrs. Shelley" zusammen, die im übrigen zu jener Zeit noch Mary Godwin hieß. Der Mann, der das *Mount'sche Kaffeehaus* betrieb, war John Westbrook, Vater von Harriet Westbrook, der ersten (und im Jahr 1816 auch einzigen) Frau Shelleys. Lord Glenbervie war es also gelungen, Mary Godwin sowohl mit Clare Clairmont als auch mit Harriet Westbrook zu verwechseln, Percy Shelley mit Harriets Vater und mit Lord Byron. Doch das spielte keine Rolle: Offenbar ging etwas ganz Abscheuliches in der Villa vor, wahrscheinlich Gruppensex und/oder Inzest zwischen Percy, Mary, George und Clare. Als man Tischtücher sah, die zum Trocknen auf dem Balkon aufgehängt worden waren, lief sofort das Gerücht um, daß es sich dabei um Damenunterwäsche handelte.

Einer der Gründe, warum der Klatsch der englischen Gäste sich bis zu den Bürgern Genfs herumsprach, war die Tatsache, daß das Betragen der Mieter der Villa Diodati schließlich auch die Aufmerksamkeit der lokalen Ordnungshüter erregt hatte. In den Akten der Genfer Polizei (in den Archives d'Etat) finden sich zahlreiche Belege dafür, daß zumindest Lord Byron und Dr. Polidori der örtlichen Polizeibehörde nicht unbekannt waren.

So gab Byron einmal zu Protokoll, daß der Anker und ein paar andere Gegenstände von seinem Boot im Hafen in der Nähe des Maison Chappuis gestohlen worden seien. Weiter wird vermerkt, der Dichter habe schließlich das Recht selbst in die Hand genommen und unter viel Lärm einige vollkommen unschuldige Bewohner der Gegend des Diebstahls bezichtigt. Ein anderes Mal heißt es, daß Polidori einen ortsansässigen Apotheker anpöbelte, dessen Brille zerbrach und seinen Hut in den Rinnstein warf, weil er ihn bzw. Lord Byron mit minderwertigen Drogen versorgt hatte. Die Geschichte trug dem Arzt einen Haftbefehl ein. Doch den interessantesten Fall stellt ein stümperhafter Einbruchsversuch in der Villa Diodati dar, der den *rapports de police* zufolge damit endete, daß ein Lieutenant vorschlug, die Kabaretts der Umgebung unter Beobachtung zu halten, um in Erfahrung zu bringen, ob sich dort etwa „étrangers et gens suspects" (also Fremde und verdächtig aussehende Leute) aufhielten. Die Genfer schienen auf Fremde nicht besonders gut zu sprechen zu sein, da der Lieutenant nicht einmal in Erwägung zog, die Schuldigen könnten auch Bürger der eigenen Stadt sein.

Den verfügbaren Dokumenten zufolge wurde Genf im Sommer 1816 von betuchten englischen Touristen geradezu überschwemmt. 25 Villen waren vermietet, etliche hundert Aufenthaltsgenehmigungen für mehrere Wochen wurden ausgestellt. Einige Gäste gehörten zu den alliierten Truppen, die kurz zuvor Napoleon geschlagen hatten, andere machten Station auf ihrer *Grand Tour.* Wiederum andere kamen, um die neueste Entdeckung (oder Erfindung) der Romantiker zu besichtigen – die Alpen. Denn schließlich bestand nun seit fünfzehn Jahren zum ersten Mal wieder die Gelegenheit, den Kontinent ungehindert zu bereisen. Die Worte „Tourismus" und „Schweiz" wurden so synonym wie „Lord Byron" und „Skandal".

U m 8.30 Uhr am Morgen des 21. Juli, dem Tag nach Percy Shelleys *promenade sur le lac* mit Byron, beschlossen Percy, Mary und Clare, der bedrückenden Atmosphäre der Villa zu entfliehen und selbst in die Alpen zu reisen. Berichten zufolge hatte es schwere Flutkatastrophen und Lawinen gegeben. Zumindest für Percy erhöhte dies wahrscheinlich noch den Reiz der Unternehmung. Byron begleitete sie nicht. Sie folgten dem angeschwollenen Fluß Arve nach Bonneville und Cluses, und Shelley bemerkte begeistert, daß die überflutete Landschaft von Minute zu Minute „wilder und überwältigender" wirkte. Mary war der Meinung, daß der „bergige und steinige Pfad", vor allem aber die „für die Alpen typische Brücke über die Arve" (wo Shelley zu seinem Gedicht *Mont Blanc* inspiriert wurde) „zu den schönsten Landschaftsansichten der Welt" gehörten. Die Wildheit dagegen begeisterte sie weniger:

> . . . als wir weitergingen, hörten wir ein Geräusch wie das Rollen fernen Donners und wurden einer Lawine gewahr, die eine Felsspalte hinunterstürzte – etwa auf halber Höhe blieb sie liegen, zwang aber einen Gebirgsstrom aus seinem Bett, so daß seine Fluten sich bis zum Fuße des Berges ergossen. Am Morgen waren wir an dem Strom vorbeigekommen – die Wassermassen hatten die Straße hinweggerissen und nur mit Schwierigkeiten konnten wir auf die andere Seite gelangen – Clare ritt auf ihrem Muli – S. marschierte zu Fuß hindurch und mich trug man. Zu Tode erschöpft erreichten wir um sieben Uhr [am Abend des 22. Juli] Chamonix.

Sie quartierten sich in dem kürzlich wiederaufgebauten Hôtel de Londres ein (an der Ecke der heutigen Rue des Moulins in der Nähe des Musée Alpin), dem größten Gebäude im Dorf. Sein Besitzer, Victor Tairraz, hatte das dreistöckige Haus 1810 um zwei Stockwerke erweitern lassen, um dem wachsenden Bedarf an Zimmern gerecht zu werden.

Während dieser Reise ermunterte Shelley Mary dazu, aus ihrer Niederschrift des Alptraums einen Roman zu machen. Der erste Hinweis findet sich in einem Tagebucheintrag vom 24. Juli: „Schreibe meine Geschichte". War der „Wachtraum" beeinflußt von der Atmosphäre der Villa Diodati, so sollte die weitere Entwicklung des *Frankenstein* von dem Eindruck geprägt werden, den die karge Landschaft der Alpen auf sie machte. Die Tagebucheinträge, die Mary und Percy im Juli 1816 schrieben, gingen fast wörtlich in die beiden ersten Kapitel des zweiten Bandes des Romans ein. Die Geschichte, die sie bei ihrer „Geisterstunde" in der Villa Diodati erzählte, hatte sie niedergeschrieben, während Shelley und Byron mit dem Boot auf dem See waren. Den darauf folgenden Teil, das Treffen zwischen Victor und seinem „schreckenerregenden Produkt", begann sie jetzt.

Am Morgen des 23. Juli stiegen sie nach dem Frühstück auf ihre Mulis, um zur Quelle des Arvéron zu gelangen und das einsame *Mer de Glace,* das Meer aus Eis, im Schatten des Mont Blanc zu sehen. Den letzten Teil des Weges, der einen extrem steilen und gefährlichen Pfad hinaufführte, mußten sie zu Fuß zurücklegen, „über lose Steine, von denen einige eine wahrhaft gigantische Größe hatten". Shelley hatte etwas gelesen über die „erhabene, aber düstere Theorie, daß sich die Erde, die wir bevölkern, eines fernen Tages in eine einzige Eismasse

as einsame Mer de Glace *im Schatten des Mont Blanc, das Mary Godwin im Juli 1816 besuchte. Hier findet die entscheidende Begegnung zwischen Victor Frankenstein und seiner Kreatur statt.*

verwandeln wird", was den Anstieg zu dem immer näher kommenden Gletscher und das Fehlen jeglicher Vegetation besonders erschreckend gemacht haben dürfte. In ihren Augen war dies ein dramatisches Beispiel für die globale Vereisung und Mary schrieb:

> Nichts kann trostloser sein als der Aufstieg zu diesem Berg – die Bäume sind an vielen Stellen von Lawinen umgerissen worden und dort, wo sie zersplittert am Boden liegen, ineinander verschränkt und unter Felsbrocken begraben, bietet sich einem der Anblick unglaublicher und furchtbarer Verwüstung . . .

Tags darauf, am 25. Juli, erreichten sie endlich ihr Ziel. Bei der Beschreibung von Victor Frankensteins Aufstieg entlang exakt derselben Route werden die beiden Tage zu einem zusammengefaßt. Mary schrieb in ihr *Tagebuch:* „Um zwölf erreichen wir den Gipfel und sehen vor uns *le Mer de Glace.* Dies ist der trostloseste Ort der Welt." Das riesige *Mer de Glace,* entstanden durch die Verbindung dreier Gletscher, glich einem gefriergetrockneten blauen Meer am Ende der Welt. Sie aßen im „Tempel der Natur", einem 1778 errichteten Holzhaus (das noch immer steht), von dem man die Südspitze des *Mer* überblickt. Noch auf dem Berg beschloß Mary, daß dies ein höchst passender Schauplatz für die entscheidende Begegnung des Wissenschaftlers mit seiner Schöpfung sei. Von der Gesellschaft ausgestoßen, sucht die Kreatur den abgeschiedensten Ort auf, den man sich nur vorstellen kann. Ebenso bricht er am Ende der Geschichte auf in das Land des Nebels und des Schnees, in die unerforschten Regionen des Nordpols. Als Frankenstein den Gipfel erreicht hat,

> . . . ward ich plötzlich einer Gestalt ansichtig, welche sich mir aus einiger Entfernung mit übermenschlicher Schnelligkeit näherte. Der Herankommende nahm all die Spalten und Risse, denen ich in aller Vorsicht ausgewichen, im Sprunge. Seine Größe schien gleichfalls diejenige eines Menschen zu übertreffen! Bestürzung überkam mich: der Blick umflorte sich mir, und ich spürte, wie eine Schwäche mich anwandelte. Indes, der kalte Bergwind brachte mich alsbald wieder zur Besinnung, und ich mußte, da jene Gestalt näher und näher kam, gewahren (o fürchterlicher, abscheulicher Anblick!), daß es der Unhold war, welchen ich geschaffen!

Schließlich ist Victor gezwungen, sich dem „Ergebnis all meiner Müh und Plage" zu stellen. In einer Hütte am Rande des *Mer de Glace* erzählt ihm die Kreatur ihre traurige Lebensgeschichte und verlangt von ihm, seinem Vater:

> Du mußt mir ein Weib erschaffen, mit welchem ich den Austausch jener Zärtlichkeiten pflegen kann, welche meinem Dasein nun einmal not tun . . . ich fordere es als ein Anrecht von dir, welches du mir nimmer verweigern darfst!

elbst auf ihrer Reise zum „trostlosesten Ort der Welt" absolvierte Mary Godwin jeden Abend ein ungeheures Lesepensum. Percy und sie hatten immer eine Reisebibliothek bei sich, gleich, wohin sie fuhren. Folgt man ihrem *Tagebuch,* so las sie mindestens ein Buch

pro Tag, häufig auch zwei. Da sie und Percy bemüht waren, dieselben Bücher zu lesen, konnten sie sich über ihre neuesten Entdeckungen unterhalten, bevor sie zu Bett gingen.

Man hat den *Frankenstein* zuweilen als Beispiel einer „Bibliogenese" bezeichnet. Ein aus Büchern geborenes Werk also, ein lebendiges literarisches Gewebe, das sich aus den Schlüsselpassagen anderer Werke zusammensetzt, die durch den Filter von Mary Godwins Vorstellungskraft gingen. Doch das ist nur die halbe Wahrheit. Ihr Sinn für Örtlichkeiten und ihre Fähigkeit, auf ihre soziale und natürliche Umgebung zu reagieren, spielten eine mindestens ebenso große Rolle für die Entstehung des Buches. Dennoch besteht kein Zweifel daran, daß die Kombination aus mangelndem Vertrauen in ihre schriftstellerischen Fähigkeiten und intellektueller Neugier dazu führte, daß sie sich in hohem Maße auf literarische Quellen stützte. Doch wie viele andere Autoren der Romantik auch, machte sie diesen Prozeß zugleich zu einem Thema ihres Werks. Für den autobiographischen Bericht der Kreatur über seine traumatische Geburt und sein Leben als Ausgestoßener, der den größten Teil des zweiten Bandes einnimmt, machte sie daher Gebrauch von den Büchern, die sie seit ihrer Abreise aus England gelesen hatte.

Als wichtigste Grundlage dienten ihr die Hauptwerke ihrer Eltern: die *Untersuchung über politische Gerechtigkeit* von William Godwin und die *Verteidigung der Rechte der Frauen* von Mary Wollstonecraft. In der *Untersuchung* schien sie einen Berührungspunkt mit ihrem Vater zu finden, der zu dem Zeitpunkt, als er den Text geschrieben hatte, um so vieles jünger und radikaler in seinen Ansichten gewesen war als jetzt, da er ihre Flucht mit Percy aufs schärfste verurteilte.

Was die *Verteidigung* anging, die sie ein ums andere Mal verschlang, so war das Lesen die einzige Möglichkeit, die sie besaß, um ihre Mutter kennenzulernen. Aus der *Untersuchung* erfuhr sie etwas über die Gefahren der Einsamkeit, über die Bedeutung sozialen Denkens und wie wichtig es war, einen Weggefährten zu haben. Der Text sprach von der subtilen Tyrannei der Institutionen, womit sowohl die gegenwärtige Regierung als auch die Justiz und die Universitäten gemeint waren. All das sind Lektionen, die die Kreatur im *Frankenstein* am eigenen Leibe schmerzlich erfahren muß. Und sie ist nicht die einzige Gestalt des Romans, die für ein Verbrechen verfolgt wird, das sie nicht begangen hat. Das Thema der *Verteidigung* war eher die häusliche Sphäre, in ihr ging es um das obsessive Konkurrenzdenken der Männer, ihren Ehrgeiz, sich einen Namen zu machen (wie der junge Victor Frankenstein) und um die Bedeutung einer umsorgenden Erziehung, die auf das Wohl des Individuums bedacht war. „Ein Großteil des Elends, das sich in grauenhafter Weise auf der Welt zeigt", schrieb Wollstonecraft, „erhält nur Auftrieb durch die Nachlässigkeit mancher Eltern."

Frankensteins Kreatur hat einen denkbar ungünstigen Start ins Leben: ein mutterloses Kind mit einem selbstsüchtigen Vater. Doch ist dies nur der Regen vor der Traufe.

In jenem Sommer diskutierten Byron, Shelley *und* Mary immer wieder die Schriften des Genfer Philosophen Jean-Jacques Rousseau. Aus Rousseaus *Emile* bezog Mary wahrscheinlich auch den Gedanken, daß ein Mensch, den die Gesellschaft schlecht behandelt, schließlich selbst schlecht wird. Die Erziehung des Kindes Emile, einer Waise, ist sorgfältig auf dessen physische und mentale Entwicklung abgestimmt. Der Kreatur des Frankenstein wird genau diese Erziehung nicht zuteil. So wird verständlich, wenn das Wesen sagt: „Und war doch gut, und war doch reinen Herzens! Das Elend erst hat mich zum Feind gemacht." Es ist nicht vorrangig äußerlich häßlich, auch wenn die Teile seines Körpers nicht recht zusammenpassen, es ist vor allem innerlich abstoßend.

Frankensteins Geschöpf erhält seine Erziehung, so unzulänglich sie ist, indem es durch die Ritzen zwischen den Brettern einer einfachen Hütte die Dynamik eines glücklichen Familienlebens beobachtet. Unter den gegebenen Umständen ist das Lernen aus der Distanz das einzige, worauf das Wesen hoffen kann. Zudem stößt es auf eine Auswahl von Büchern. Da es eine bemerkenswert rasche Auffassungsgabe besitzt, kann es nicht mehr aufhören, über seine Lektüre zu reden und philosophiert mit Hilfe der neu erworbenen Fähigkeit des Sprechens sogar über deren Inhalt. Unter den Büchern befinden sich *Die Leiden des jungen Werther* von Goethe, die zu ihrer Zeit reißenden Absatz findende Geschichte über einen romantischen jungen Mann, der sich von der Gesellschaft mißverstanden fühlt und sich schließlich umbringt, die *Viten* des Plutarch, die dem Wesen einen Schnellkurs über die Ursprünge der Politik vermitteln und schließlich John Miltons episches Gedicht *Das verlorene Paradies*, durch das sich das Wesen dazu ermutigt fühlt, sich zugleich mit Adam, dem ersten Menschen und Satan, dem gefallenen Engel zu identifizieren.

Die Bedeutung von Miltons Epos für den *Frankenstein* als eine Art von parallelem Mythos hatte Mary Shelley bereits durch das Motto deutlich gemacht, das sie jeder Ausgabe voranstellte:

> Hab ich's von dir, mein Schöpfer, denn erbeten,
> Daß du aus Lehm zum Menschen mich geformt?
> Daß du mich aus der Dunkelheit hervor-
> Zuziehen kamst . . .

In *Paradise Lost* gibt Gott Adam eine Reihe von befriedigenden Antworten auf diese Fragen. Im *Frankenstein* dagegen, und genau das war Marys Absicht, gibt es keine Antworten. Der Irrtum, Milton habe in der Villa Diodati logiert, erwies sich als glückliche Fügung. Schließlich läßt sich noch ein weiterer wichtiger literarischer Einfluß ausmachen. Wenn gegen Ende des Romans die Kreatur den von Schuld gepeinigten Victor Frankenstein bis ans Ende der Welt hetzt, dann spielt Mary (in einem Anachronismus, da die Geschichte ihres Romans in den Jahren um 1790 angesiedelt ist) immer wieder auf ein Gedicht an, das sie, verborgen hinter dem Wohnzimmersofa, zum ersten Mal in ihrer Kindheit gehört hatte. Dessen Autor, Samuel Taylor Coleridge, hatte im Haus der Eltern seine *Ballade vom alten Seemann* (1798) vorgetragen. Besonders eine Stanze, die sie in ganzer Länge im *Frankenstein* zitiert, und die einst Percy Shelley derartige Angst eingejagt hatte, daß er in Ohnmacht fiel, schien sie besonders inspiriert zu haben:

hurchyard Nr. 5 in Bath. In dem dreistöckigen Gebäude auf der linken Seite, in dem sich eine Leihbücherei sowie ein Leseraum befanden, wohnte Mary Shelley vom Frühjahr 1816 bis zum Herbst 1817. Hier entstand ein großer Teil der Romanfassung des Frankenstein.

> Dem Wand'rer gleich, wenn er, vor Angst
> Und Schrecken fast verzagt,
> Nach seinem ersten Blick zurück
> Den zweiten nimmer wagt.
> Nun weiß er ja: der Satan ist's,
> Der Schritt auf Tritt ihn jagt.

nde August verließen Mary, Percy und Clare gemeinsam mit William und dem Kindermädchen Elise die Schweiz und fuhren nach Portsmouth, um von dort aus ein neues Zuhause zu suchen. Nach ihrer Rückkehr aus Chamonix hatte Mary mit Unterbrechungen weiter an ihrer Geschichte geschrieben. Am 21. August vermerkte sie in ihrem Tagebuch, „Shelley und ich sprechen über meine Geschichte". Nur noch selten besuchte sie Byron.

Am 11. September zog Mary in eine Wohnung in der Abbey Churchyard Nummer 5, die sie in Bath gefunden hatte, während Shelley einige geschäftliche Angelegenheiten regelte und in der Gegend von Marlow an der Themse nach einem dauerhaften Wohnsitz für sie alle suchte. Die neue Wohnung befand sich in einem dreistöckigen Stadthaus gleich neben der erst kurz zuvor wieder aufgebauten Großen Kurhalle. Der Platz vor dem Haus ging auf das Westportal der Bath Abbey hinaus. Mary, die William und Elise bei sich hatte, mietete die Zimmer über William Meylers Leihbücherei. Heute ist das Haus in den Gebäudekomplex der Kurhalle integriert. Eine Gedenktafel gibt es nicht.

Percy Shelley verbrachte einige Zeit in London und versuchte, seine Finanzen zu ordnen. Mary und Clare konnten ihn unmöglich begleiten, da Clares Schwangerschaft inzwischen nicht mehr zu übersehen war und keine von beiden den Drang verspürte, sich dem Kreuzverhör der Familie Godwin zu stellen. Clare mietete eine eigene Wohnung in der New Bond Street Nummer 12 in Bath. Shelleys Aufenthalt in London gestaltete sich zunehmend schwierig, da er versuchen mußte, gleichzeitig seinen Gläubigern auszuweichen und Verhandlungen mit Anwälten zu führen. Er litt unter dem Gefühl, William Godwin zu enttäuschen. Auch die Rezensionen seiner Gedichte waren alles andere als enthusiastisch. „Was ist nur los?" kommentierte Mary einem Bericht Clares zufolge die Situation. „Die Welt scheint verrückt zu werden."

Am 7. Oktober begann sie in Bath, gestützt auf die Vorlesungen von Humphry Davy, mit den Kapiteln über Victor Frankensteins Studium in Ingolstadt. Zu diesem Zeitpunkt fügte sie auch die Rahmenhandlung hinzu und entwarf die Briefe, in denen der Forscher Robert Walton seine Reise zum Nordpol beschreibt. Als Quellen benutzte sie zahlreiche Reiseberichte, unter anderem den des Lord Anson.

Während ihres Aufenthaltes in Bath arbeitete Mary konzentrierter als je zuvor. Zwei Tage, nachdem sie mit der ernsthaften Ausarbeitung ihrer Geschichte begonnen hatte, erfuhr sie, daß ihre Halbschwester Fanny Godwin an einer Überdosis Laudanum gestorben war. Doch schon am 18. Oktober saß Mary wieder am Schreibtisch, und am Ende des Monats hatte sie die Rohfassung von „Kapitel $2^{1}/_{2}$" beendet, in dem die Wirkung beschrieben wird, die die Vorlesungen von Professor Waldmann auf den jungen, leicht zu beeinflussenden Victor haben. Mitte November hatte sie den Teil abgeschlossen, der nach ihrer Planung den ersten Band umfassen sollte. Er endete mit der Begegnung Frankensteins und seiner Schöpfung auf dem *Mer de Glace* und den ersten Episoden aus der Lebensgeschichte der Kreatur.

Percy Shelley las den Text Korrektur, wobei er nicht nur Rechtschreibfehler verbesserte, sondern auch an Marys Stil arbeitete, den er zu „unvermittelt" fand. Er riet ihr zu mehr Rhetorik und blumigen Ausschmückungen. Viele der überformulierten Sätze und Passagen, für die man später Mary kritisierte, stammen aus Percys Feder. Wenn sie „igmmatic" schrieb, notierte er auf dem Rand des Manuskripts „enigmatic, o du süße Pecksie". (Pecksie hieß das weise Rotkehlchen in einem Kinderbuch; auch Haselmaus nannte er sie gerne.)

Am 5. Dezember schickte Mary ihm „das 4. Kap. von Frankenstein, das sehr lang ist und dir sicher gefallen wird". Wahrscheinlich handelte es sich dabei um das 4. Kapitel des 2. Bandes, in dem die Kreatur auf die Familie De Lacy stößt und sich durch Beobachtung ihres Alltags allmählich eine Bildung aneignet.

Zehn Tage später erfuhr Mary, daß Harriet Westbrook Shelley sich ertränkt hatte. Wie bald bekannt werden sollte, war sie hochschwanger gewesen. Shelleys Kommentar war hart und noch dazu falsch:

> Diese arme Frau . . . wurde aus dem Haus ihres Vaters gejagt und sank immer tiefer auf den Stufen der Prostitution, bis sie mit einem Stallknecht namens Smith lebte. Er verließ sie und sie brachte sich um . . .

Vielleicht ging es ihm besser, nachdem er diesen Brief geschrieben hatte, vielleicht hatten auch die Godwins ihm diese Gerüchte erzählt. Aber nichts von dem, was er schrieb, entsprach den Tatsachen.

Um das Sorgerecht für Shelleys und Harriets gemeinsame Kinder zu erlangen, und weil William Godwin immer mehr Druck auf sie ausübte und mit Selbstmord drohte (als ob nicht schon genug Tote zu beklagen waren), ließen sich Mary und Percy Ende Dezember in einer schlichten Zeremonie trauen. Die Hochzeit, bei der nur die Godwins zugegen waren, fand in der St. Mildreds Church in der Bread Street in London statt. Beide äußerten sich nur äußerst zurückhaltend über die Hochzeit, da sie diesen Schritt noch immer nicht mit ihren Grundsätzen vereinbaren konnten. Mary schrieb an Percy: „Liebe mich für immer, mein Liebling – Aber ich meine nicht – ich weiß kaum was ich meine so aufgewühlt bin ich". Und in ihrem *Tagebuch* vermerkt sie: „am 29. findet eine Hochzeit statt." In Wahrheit war das Datum der Trauung der Dreißigste.

Bereits am 1. Januar 1817 kehrte Mary Shelley nach Bath zurück, und zwei Tage später arbeitete sie wieder am *Frankenstein.* Es folgten zehn Tage höchster Kreativität, bis am 12. Januar Clares Tochter zur Welt kam. Marys Tagebucheintrag ist außerordentlich knapp gehalten: „C. C. Sonntag, 12. Januar – vier Tage Müßiggang". Das Kind wurde Alba genannt, später „Miss Auburn", bis sie schließlich getauft werden konnte. Im März 1818 erhielt sie den Namen Clara Allegra Byron.

Zwei Wochen später feierte Mary den ersten Geburtstag ihres Sohnes William. Was sie in ihr Tagebuch schrieb, steht in auffälligem Kontrast zu dem kurzen und kryptischen Eintrag anläßlich Albas Geburt: „Williams Geburtstag – Wie viele Zufälle haben sich nicht während dieses kurzen Jahres ereignet – Möge das folgende friedvoller werden."

In den Monaten Februar und März hatte Mary Shelley den dritten Band beendet. Ihre täglichen Eintragungen lauten seitdem nicht mehr „schreibe", sondern „transkribiere" und „korrigiere". Am 13. Mai war die Transkription fertig, das Buch bereit für den Druck. Percy Shelley machte die Abschrift der letzten dreizehn Seiten. Am Mittwoch, den 14. Mai, beinahe genau elf Monate nach ihrem Alptraum, schrieb sie in ihr Tagebuch: „S. korrigiert F. schreibe Vorwort – Finis."

Inzwischen erwartete Mary wieder ein Kind und war von Bath nach Great Marlow gezogen. Albion House war (und ist) ein großes, zweistöckiges Gebäude,

POSITIVELY THE LAST NIGHT

Of the Company's Performing this Season.

Mr. T. P. COOKE
This Evening, as **The Vampire**; also as
The Monster, in **PRESUMPTION**; or, the **FATE OF FRANKENSTEIN.**

Theatre Royal, English Opera House, Strand.

This Evening, THURSDAY, OCTOBER 5th, 1826,

Will be presented *(Third Time this Season)* the popular *Romantick Melo-Drama,* in Three Parts, founded on the celebrated Tale, called

THE VAMPIRE:

Or, *THE BRIDE OF THE ISLES.*

The MUSICK of the INCANTATION composed by Mr. M. MOSS.

CHARACTERS IN THE INTRODUCTORY VISION.

The Vampire, Mr. T. P. COOKE,
Lady Margaret, Miss CARR,
Unda, *(Spirit of the Flood)* Miss BODEN, Ariel, *(Spirit of the Air)* Miss SOUTHWELL.

CHARACTERS IN THE DRAMA.

Ruthven, *(Earl of Marsden)* Mr. T. P. COOKE, Ronald, *(Baron of the Isles)* Mr. BARTLEY,
Robert, *(a Retainer of the Baron)* Mr. THORNE, Mc. Swill, *(Henchman to the Baron)* Mr. W. CHAPMAN,
Andrew, Mr. MINTON, Father Francis, Mr. SHAW.

Lady Margaret, *(Daughter to Lord Ronald)* Miss CARR,
Bridget, *(Housekeeper to Lord Ronald)* Mrs. TAYLEURE, Effie, Miss GOWARD.

After which, BY PARTICULAR DESIRE, *(Fourth Time this Season)*

GRETNA GREEN.

The MUSICK principally composed by Mr. REEVE.

Lord Lovewell, Mr. J. BLAND, Mr. Jenkins, Mr. WRENCH,
Mr. Tomkins, Mr. W. BENNETT, Larder, Mr. POWER,
Waiters, Postillions, &c. Messrs. Coad, East, Lodge, &c.

Emily, Miss BODEN,
Betty Finnikin, Miss KELLY.

In the course of the Evening, Mr. BARTLEY will deliver the

FAREWELL ADDRESS

On the Close of the Season, in the Character of
SIR WILLIAM BUFFER.

To conclude with *(Thirteenth Time this Season)* a Romance of a peculiar interest, entitled

PRESUMPTION!

Or, *THE FATE OF FRANKENSTEIN!*

Frankenstein, Mr. BAKER,
De Lacey, *(a banished Gentleman)* Mr. W. BENNETT, Felix De Lacey, *(his Son)* Mr. THORNE,
Fritz, Mr. W. CHAPMAN, Clerval, Mr. J. BLAND, William, Master BODEN,
Hammerpan, Mr. SALTER, Tanskin, Mr. MINTON, Guide, Mr. J. COOPER, Gypsey, Mr. J. O. ATKINS,
(------) Mr. T. P. COOKE.

Elizabeth, *(Sister of Frankenstein)* Miss BODEN, Agatha De Lacey, Miss HAMILTON,
Safie, *(an Arabian Girl)* Miss GOWARD, Madame Ninon, *(Wife of Fritz)* Mrs. BRYAN.

WITH AN ENTIRELY NEW LAST SCENE,

Conformably to the termination in the original Story, representing

A SCHOONER IN A VIOLENT STORM!

In which FRANKENSTEIN and THE MONSTER are destroyed.

Stage Manager, Mr. BARTLEY.——*Musical Director,* Mr. HAWES.——*Leader of the Band,* Mr. WAGSTAFF.
BOXES 5s. Second Price 3s. PIT 3s. Second Price 1s.6d. LOWER GALLERY 2s. Second Price 1s. UPPER GALLERY 1s. Second Price 6d.
Boxes, Places, Private and Family Boxes, to be taken at the Box-Office, Strand Entrance, from 10 till 4.
Doors open at half-past 6, begin at 7. No Money returned. Vivat Rex! Lowndes, Printer, Marquis Court, Drury Lane.

Theaterzettel des English Opera House von 1826, auf dem die Doppelvorführung von The Vampire *und* Presumption or the Fate of Frankenstein *angekündigt wird. Man beachte, wie der Schauspieler Thomas Potter Cooke in der Rolle des Monsters angekündigt wird.*

dessen Front auf die West Street hinausgeht. Die Nähe zur Themse schien den Shelleys zunächst reizvoll, doch schon bald fühlte sich Percy zunehmend krank. Heute befinden sich drei Gedenktafeln an dem Haus, das in mehrere Wohnungen aufgeteilt worden ist. Auf der ältesten ist zu lesen: „Diese Tafel wurde im Jahre 1867 angebracht . . . zur Erinnerung an die Zeit, die Percy Bysshe Shelley in diesem Hause lebte und schrieb . . ."

In Albion House legte Mary zwischen Ende Februar und Mitte Mai letzte Hand an den *Frankenstein*. Und von hier aus versuchte Percy auch einen Verleger für ihr Buch zu finden. Zwei Verlage lehnten das Manuskript ab, bevor es schließlich im Frühjahr 1818 anonym in dem unbedeutenden Verlag von Lackington, Hughes, Harding, Mavor und Jones am Finsbury Square in London in einer Auflage von 500 Stück erschien. Mary Shelley erhielt die königliche Summe von 28 Pfund und 14 Schilling. Den Familienetat konnte sie damit wohl kaum sanieren. Die erste, dreibändige Ausgabe des *Frankenstein oder der neue Prometheus* war ihrem Vater „William Godwin, dem Autor von *Politische Gerechtigkeit*" gewidmet. Zu der Widmung hatte sich Mary nach ihrer Heirat durchgerungen. Zugleich bewirkte dies aber auch, daß die ersten Rezensionen, die in den eher konservativen Journalen erschienen, äußerst zurückhaltend waren, um es milde auszudrücken.

Der einzige Hinweis für die Rezensenten auf den Autor des Frankenstein war der Name Godwins. In einer Zeit, in der die politische und soziale Lage in England derart instabil war, daß Maschinen gestürmt und Demonstrationen gegen die Regierung organisiert wurden, schien es äußerst riskant, mit einem Mann wie Godwin in Verbindung gebracht zu werden. Das Buch befasse sich wirklich mit den „bedeutendsten Anliegen und Interessen der Zeit", schrieb einer und müsse deshalb mit aller Vorsicht genossen werden. Ein anderer dachte, Percy Shelley sei der Autor des Buches und beschrieb es daher als voller „poetischer Einbildungskraft". Als die Autorschaft bekannt wurde, schob die Zeitschrift rasch hinterher: „für einen Mann ist es ausgezeichnet, für eine Frau wundervoll." Ein dritter Rezensent verriß das Buch und schrieb, es sei „ein Gewebe schrecklicher und widerwärtiger Sinnlosigkeit", das Passagen enthielte, die „den Geist abstoßen und das Fleisch erschauern lassen".

Ein derartiger Verriß trug selbstverständlich nur zum Erfolg des Buches bei und führte schließlich zum Erscheinen einer dritten Ausgabe, der leicht gekürzten einbändigen Volksausgabe, die auch heute noch die meistgelesene ist. Sie erschien 1831 bei Colburn und Bentley und trug den Namen der Autorin Mary W. Shelley auf dem Titel.

Ein Großteil der radikalen Gedanken und Vorstellungen, die bestimmend sind für die erste Ausgabe, wurde von Mary bei der Überarbeitung für die Volksausgabe gestrichen, unter anderem die expliziten Anspielungen auf die „vitalistische Kontroverse". Victor wurde nun wegen seiner Experimente wesentlich stärker von seinem Gewissen gepeinigt und sprach zum ersten Mal von seiner „Vermessenheit", den Allmächtigen versuchen zu wollen. Kaum merklich fand eine Akzentverschiebung statt. William Godwins Ansichten zur Gerechtigkeit gerieten in den Hintergrund gegenüber den Passagen, die dem Leser die Haare zu Berge stehen ließen. In der neuen, von der Autorin selbst geschriebenen Einleitung wurde die schaurige Wirkung von Blut und Donner noch unterstrichen, und die extra für diese Ausgabe gestochenen Radierungen taten ein übriges. *Frankenstein* befand sich auf dem Weg vom Roman zum populären Mythos.

Bereits 1831 war der Begriff „Frankenstein-Monster" in die Umgangssprache eingegangen und bezeichnete etwas, das monströs, fremdartig oder primitiv und dumm ist. Die Transformation des Stoffes zum modernen Mythos allerdings hatte schon einige Jahre früher begonnen, nämlich 1823 mit der ersten Bühnenfassung am English Opera House.

Die Premiere von Richard Brinsley Peakes Stück *Presumption: or the Fate of Frankenstein* (Vermessenheit: oder das Schicksal Frankensteins) am 28. Juli dieses Jahres wurde von Protestkundgebungen vor dem Theater begleitet. Dem Bericht des *London Magazine* zufolge gaben sich die Demonstranten auf ihren Plakaten als „eine Vereinigung von ‚Freunden der Humanität' zu erkennen, die Familienväter etc. dazu aufriefen, sich dem Stück zu widersetzen". Vielleicht hatte sich herumgesprochen, daß das Stück etwas mit den Shelleys zu tun hatte. Und jeder „wußte" schließlich, daß die berüchtigten Shelleys zur Zeit der Entstehung des *Frankenstein* etwas mit Gruppensex und Inzest zu tun gehabt hatten. Vielleicht wandten sich die Demonstranten mit ihrem Protest aber auch gegen den in der Widmung des Romans genannten „Autor von *Politischer Gerechtigkeit*". Die „Freunde der Humanität" regten sich umsonst auf, denn der Titel sagte bereits alles. Aus Mary Shelleys vielschichtiger Fiktion war eine dümmliche Parabel geworden, die von der Anmaßung handelt, „Gott spielen" zu wollen.

Die Ankündigung auf dem Theaterzettel lautete: „Geheimnisvoller und furchterregender Auftritt des Dämon aus Frankensteins Labor . . . Und ein veritables LAWINENUNGLÜCK." Der Rezensent der Zeitschrift *The Drama* wurde nicht enttäuscht: „. . . es ist nur natürlich, zu erwarten, daß eine derart abstoßende Kreatur kein anderes Ende finden kann, als durch eine schreckliche Erschütterung der Natur."

Ganz besonders gefielen ihm die Special Effects der Inszenierung, und auch über Thomas Potter Cookes Verkörperung des Monsters äußerte er sich beifällig: „. . . mit der Kunstfertigkeit eines Füssli gab er dem Grauen Gestalt und berührte dabei das Erhabene und Schreckliche."

In den nächsten Jahren sollte Cooke die Rolle noch in zahlreichen weiteren Aufführungen spielen. Im Sommer 1826 gab er das Monster an 80 Abenden hintereinander am Théâtre de la Porte Saint-Martin in Paris in einer Inszenierung von *Le Monstre* und stellte damit einen Rekord auf. Am Ende des Stücks lagen dem *Journal de Paris* zufolge so viele Leichen auf der Bühne, daß „es unmöglich war, noch mehr zu tun, wollte man nicht auch noch den Souffleur und die Musiker im Orchestergraben sterben lasen". Allem Anschein nach war es die

The EDISON KINETOGRAM

VOL. 1   LONDON, APRIL 15, 1910   No. 1

SCENE FROM

FRANKENSTEIN

ie Frankenstein-Verfilmung der Edison Company von 1910 (mit Charles Ogle als besonders groteskem Monster) basierte auf dem Theaterstück, das Mary Shelley gesehen hatte.

Verbindung Cooke = *Frankenstein,* die den Grundstein für die Verwechslung der Figur des Wissenschaftlers mit der seiner Schöpfung legte.

Die Abweichungen von der ursprünglichen Handlung, die sich in *Presumption* finden, setzten sich schnell durch und wurden zu festen Bestandteilen der folgenden Inszenierungen. In allen noch zugänglichen Dramatisierungen aus jener Zeit gibt es eine Szene, in der das Monster durch ein Fenster oder eine Tür bricht, einen komischen Diener und musikalische Zwischenspiele. Das Monster ist immer namenlos und stumm und trägt mit Vorliebe blaue Strumpfhosen. Und das Ende ist jedes Mal apokalyptisch. Einige Details mögen variieren – mal sterben der Wissenschaftler und sein Monster in einer Lawine, mal in einem Polarsturm, ein anderes Mal in einem Gewitter, dann wieder auf dem Ätna –, doch die Grundstruktur blieb bis auf den heutigen Tag im wesentlichen gleich.

Auch der Film der Edison Company von 1910 bleibt dem Motiv des durch ein Fenster einbrechenden Monsters treu, erweitert das Repertoire der Klischees aber noch um eine alchimistische Komponente. Hier erschafft der Wissenschaftler seine Kreatur vor den Augen des Zuschauers in einem riesigen, brodelnden Kessel, in dem auf geheimnisvolle Weise ein Skelett in ein übergewichtiges menschliches Wesen verwandelt wird. Eine weitere Neuerung bietet die Schlußpassage des Films. Das Monster löst sich in einem Spiegel auf, so daß der Eindruck entsteht, als ob es von Anfang an Victors Alter ego gewesen sei.

James Whales Hollywood-Version von 1931 behält den komischen Diener Fritz bei und verwandelt ihn in einen buckligen Adlatus. Auch das Monster, bewegend gespielt von Boris Karloff, bleibt ein groteskes, knurrendes und in gewisser Weise kindliches Wesen. Geändert wird dagegen die von Peake vorgegebene Zeile „Es lebt!", die nun „Es ist lebendig!" lautet. Neu ist das Glasgefäß mit der Aufschrift „Disfunctio Cerebri", „abnormes Hirn", und neu ist auch das Ende, ein Fade-Out auf die brennende Mühle, in der das Monster den Tod findet. Allerdings nur bis zu seiner Wiederauferstehung in der Fortsetzung *Frankensteins Braut* von 1935, deren Erzählung während einer stürmischen Nacht in einem riesigen neogotischen Schloß am Ufer des Genfer Sees einsetzt: Lord Byron und Percy Shelley bitten Mary, ihnen noch eine Geschichte zu erzählen.

Der Clou bei diesem Film war, daß ein und dieselbe Schauspielerin, Elsa Lanchester, sowohl Mary Shelley als auch die Braut des Monsters spielte (und zwar mit modischer Nofretete-Frisur). Ob Braut des Monsters oder Braut Frankensteins, das war inzwischen gleich. Das zarte junge Mädchen träumt davon, daß das Monster, Boris Karloff, sie jagt und verliert die Nerven, als sie ihm schließlich gegenübersteht. Alles weitere ist (Film-)Geschichte.

iele der Abweichungen von der ursprünglichen Fassung des Romans in den Bearbeitungen von 1823 bis heute rühren daher, daß der Handlungsverlauf des *Frankenstein* nur schwer umzusetzen ist. Er wird strukturiert durch die Briefe des Forschers Robert Walton, die Erinnerungen Victor Frankensteins und die Autobiographie der Kreatur. Was wir vor uns haben, ist ein Roman im Roman im Roman und nicht ein einzi-

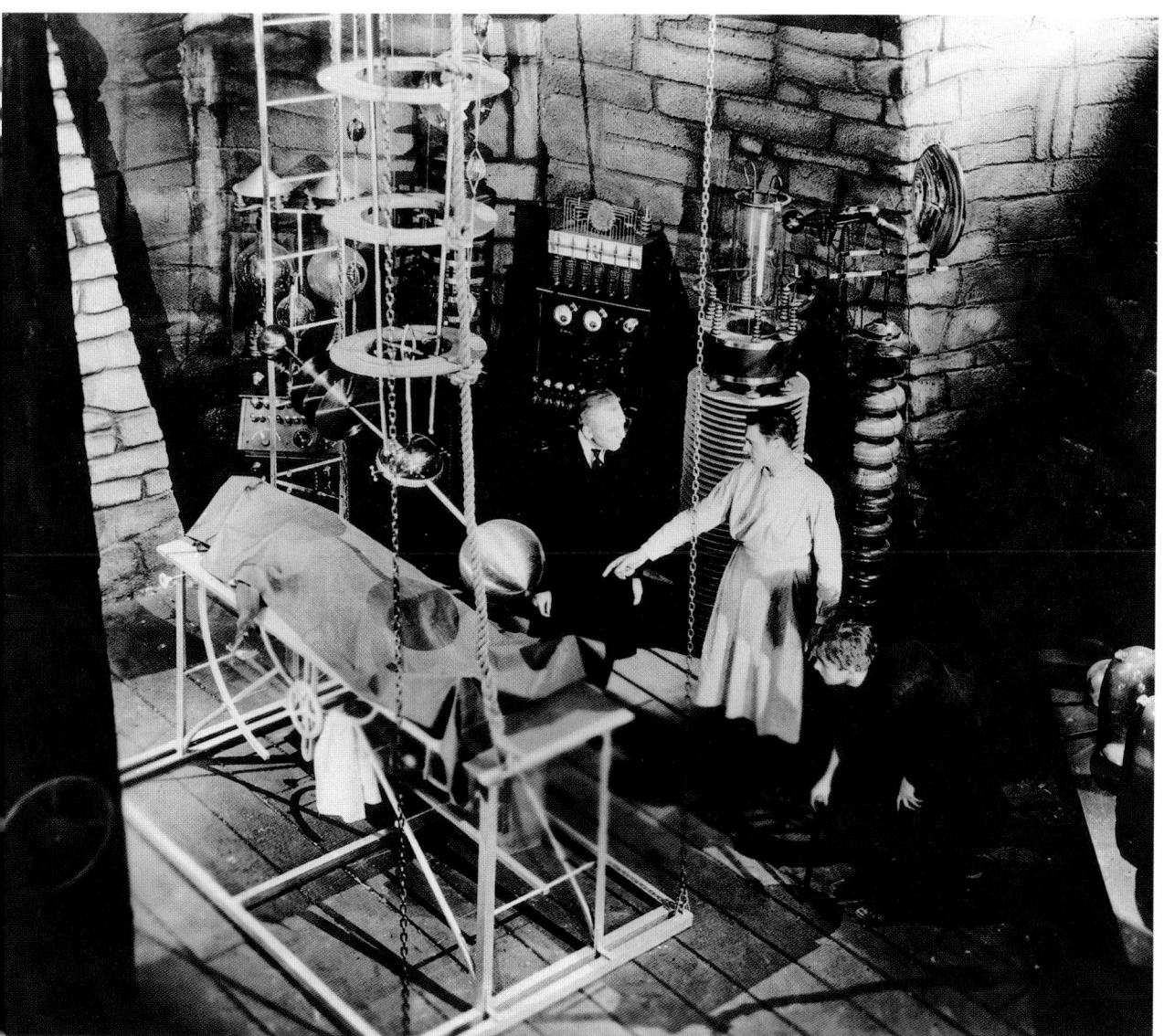

F rankensteins Laboratorium im Stil der Zeit um 1931. Aus Mary Shelleys nur angedeuteten
Beschreibungen des „Instrumentarium des Lebens" war ein mit Schaltern, Wählscheiben,
Operationstisch, Lichtbogengenerator und einer riesigen Batterie ausgestattetes Schloß geworden.

ger, linearer Erzählstrang. Zudem enthält Mary Shelleys Geschichte eine Reihe
von Ungereimtheiten und kaum glaubhaft motivierten Zufällen. Wie kann zum
Beispiel Victor aus den Körperteilen ganz normaler Menschen ein Wesen von
zwei Meter fünfzig Größe erschaffen? Wie ist es möglich, daß die Kreatur in
weniger als einem Jahr fließend Englisch und Französisch lernt und noch dazu
ein Experte auf dem Gebiet der Literatur wird? Der Roman besitzt zwar eine
innere Logik, aber es ist eine Logik des Traums. Den populären Bearbeitungen
des Textes nach 1823 ist es gelungen, durch immer neue Ergänzungen einen
anderen, parallelen Text zu erfinden, der die Lücken der ursprünglichen

Geschichte füllt und ihr „Sinn verleiht". Einen neuen Sinn, der den Erwartungen der Zuschauer entgegenkommt.

Mary Shelley selbst hatte keinen Einfluß mehr auf die Bearbeitungen ihres Stoffes seit 1823. Da sie versäumt hatte, eine eigene Theaterfassung zu schreiben, besaß sie kein Copyright für die Bühnenbearbeitungen. Aber sie sah Richard Brinsley Peakes *Presumption or the Fate of Frankenstein.* Aus Paris, wo sie auf ihrer Rückreise von Genua nach London eine Woche Station machte, schrieb sie am 14. August 1823 an Freunde, sie habe gerade entdeckt,

> . . . daß sie Frankenstein am Lyceum herausgebracht haben und das Monster auf eine Art und Weise lebendig werden ließen, daß die Damen in Ohnmacht fielen und es zu einem Tumult kam – in der Folge davon wurde der Inszenierung ein wenig der Schrecken genommen, so daß das Stück nicht abgesetzt wurde, sondern jetzt regelmäßig läuft.

Am Abend des 29. August sah sie sich in Begleitung von William Godwin und dessen Sohn William das Stück an und fühlte sich – überraschenderweise – recht gut unterhalten:

> Und siehe da! Ich fand mich berühmt! – Frankenstein hatte gewaltigen Erfolg als Drama und sollte den 23. Abend am English Opera House aufgeführt werden . . . Die Handlung ist nicht sonderlich geschickt – doch Cooke spielte seine Rolle außerordentlich gut – seine Sehnsucht nach Unterstützung – sein Versuch, zu verstehen, was er hört – alles, was er macht, war in der Tat gut vorgestellt und ausgeführt. Ich habe mich bestens unterhalten, und allem Anschein nach war das Publikum atemlos vor Spannung . . .

Zu diesem Zeitpunkt schien es Mary bereits nichts mehr auszumachen, die Kreatur als „Monster" zu bezeichnen und die altmodische Moral des Stückes zu akzeptieren. Lediglich an der Struktur des Handlungsaufbaus störte sie sich. Bei der Überarbeitung des *Frankenstein* für die Ausgabe von 1831 übertrug sie die populäre, konservativ-reaktionäre Interpretation auf ihren Roman. Die radikal progressiven Anschauungen der Zeit von 1816–18 gehörten offensichtlich der Vergangenheit an.

Mary Shelley blieb überzeugt, daß der *Frankenstein* einer Tochter Mary Wollstonecrafts und William Godwins in höchstem Maße unwürdig war; unwürdig der „Tochter zweier Personen von beträchtlichem literarischen Ansehen".

Heutzutage hat die Bekanntheit des Romans – der unter anderem interpretiert wurde als feministische Allegorie des Geburtsvorgangs, ökologische Sichtweise von Mutter Erde, Kritik an den Anschauungen der Romantik, Antwort auf die Französische Revolution, Angriff auf die „männliche" Wissenschaft, Ursprung der Science Fiction, Schlüsselwerk des „weiblichen Schauerromans" und Reaktion auf das Entstehen des Industrieproletariats – heutzutage also hat die Bekanntheit des Romans die der Werke ihrer Eltern *Untersuchungen über politische Gerechtigkeit* und *Verteidigung der Rechte der Frauen* bei weitem überflügelt. Er hat überlebt!

cht Jahre nach dem Sommer in Genf, jenem Sommer des Jahres 1816, in dem aus Marys Alptraum die Idee zu *Frankenstein* entstand, waren alle männlichen Teilnehmer der „Gespensterrunde" in der Villa Diodati tot. Dr. Polidori war – vermutlich infolge eines Selbstmordversuchs – an einem Gehirnversagen gestorben; Percy Shelley war mit seiner Segeljacht vor der italienischen Küste in einen Sturm geraten; und Byron war im griechischen Freiheitskampf gefallen, was ihn zu einem Volkshelden machte.

Von Marys fünf Kindern überlebte nur eines. Percy Florence Shelley, der im November 1819 zur Welt gekommen war. Mit siebenundzwanzig Jahren, einem Alter, in dem heutzutage die meisten Literaturwissenschaftler, die sich mit dem *Frankenstein* beschäftigen, gerade ihre Doktorarbeit abgeschlossen haben, fühlte sich Mary Shelley „wie sich ein alte Frau fühlen mag. Mir bleibt nur noch die Liebe zu den Toten."

Die restlichen Jahre ihres Lebens waren bestimmt von dem Kampf, sich ihren Lebensunterhalt als Schriftstellerin zu verdienen. Mehrfach mußte sie Shelleys Familie um finanzielle Unterstützung bitten, die sie ihr zunächst nur im Austausch für das Sorgerecht über Shelleys Sohn Percy zugestehen wollte. Einer nach dem anderen verließen sie all die, die sich Percys Freunde genannt hatten, bis sie schließlich nur noch ein paar engen Freundinnen vertraute und sich mehr und mehr in sich selbst und die Welt ihrer Bücher zurückzog.

Mary Shelley starb nach mehreren Schlaganfällen im Alter von dreiundfünfzig Jahren am 1. Februar 1851 in London, in dem Jahr, in dem mit der Weltausstellung die Triumphe von Wissenschaft und Technik und der viktorianische Fortschrittsglaube gefeiert wurden. Beerdigt wurde sie auf dem St. Peter's Churchyard in Bournemouth. Die sterblichen Überreste ihrer Eltern, deren Grab sich auf dem St. Pancras Churchyard befand, wurden exhumiert und neben ihr beigesetzt, wie sie es sich gewünscht hatte. Einige Jahre später wurde ihrem Grab eine silberne Urne mit einem Stück vom Herzen ihres Mannes Percy Shelley beigefügt, die sie Zeit ihres Lebens in ihrem Nachtschrank verwahrt hatte. Das viktorianische England begann, ein Bild von der großen, glücklichen Familie der Shelleys zu zeichnen, das nie der Wahrheit entsprochen hatte.

Die meisten Nachrufe waren kurz gehalten. In allen jedoch hieß es, ihr Anspruch auf Ruhm gründe sich vor allem darauf, daß sie „die treue und ergebene Gattin von Percy Bysshe Shelley" gewesen sei – eine Sichtweise, die bis in die Mitte unseres Jahrhunderts vorherrschte. Auf ihrem Grabstein steht: „Mary Wollstonecraft Shelley, Tochter von William und Mary Wollstonecraft Godwin, Witwe des verstorbenen Percy Bysshe Shelley". Auch die Gedenktafeln, die im 19. Jahrhundert an den Häusern angebracht wurden, in denen sie gelebt und gearbeitet hatte – in Sécheron, an der Villa Diodati und am Albion House in Marlow –, erinnern an Byron und Shelley, aber erwähnen nicht einmal den Namen Marys.

Und doch gibt es etwas, das überlebte, ein Eigenleben angenommen hat und von seiner Schöpferin vermutlich kaum wiedererkannt würde. Es war das, was sie ihr „schreckenserregendes Produkt" genannt hatte, geboren aus einem Traum.

Dracula

Ich scheute mich, die Augen zu öffnen, schielte aber nach den Frauen und konnte sie deutlich erkennen. Das schöne Mädchen beugte sich über mich, indem sie sich auf die Knie niederließ und mir starr in die Augen sah. Es war eine wohlberechnete Wollüstigkeit, die anziehend und abstoßend zugleich wirkte; als sie ihren Nacken beugte, leckte sie ihre Lippen wie ein Tier, so daß ich im Licht des Mondes den Speichel auf ihren Scharlachlippen, ihrer roten Zunge und ihren weißen Zähnen erglänzen sah. Immer tiefer beugte sie sich herab, streifte mir an Mund und Kinn vorbei und näherte sich meiner Kehle . . . Ich schloß die Augen in schlaffer Verzückung und wartete . . . wartete mit bangem Herzen.

Da, in diesem Augenblick . . . fühlte [ich] die Nähe des Grafen, der in einem Sturm von Erregung herangekommen zu sein schien . . . Mit einer Stimme, die, obgleich leise und fast geflüstert, dennoch die Luft zu durchschneiden und an den Wänden widerzuhallen schien, sagte er:

„Wie kann es eine von euch wagen, ihn anzurühren? Wie könnt ihr eure Augen auf ihn werfen, da ich es euch doch verboten habe? Zurück! sage ich euch. Dieser Mann ist mein . . .“

BRAM STOKER

*I*llustration auf der gelben Sixpenny-Paperback-Ausgabe von 1901: der Graf als weiß-
haariger Militärbefehlshaber, der die Mauern von Schloß Dracula hinunterklettert.

er bekannteste aller Vampirromane ist die Geschichte des Grafen Dracula. Mit der hochaktuellen Problematisierung von Geschlecht und Sexualität bietet er selbst hundert Jahre nach seinem Erscheinen mehr Anlaß zu kontroversen Diskussionen als jemals zuvor. Die Veröffentlichung im Jahre 1897 traf ein entsetztes Publikum. Es war das Jahr des diamantenen Regierungsjubiläums von Königin Victoria, gleichzeitig der Höhepunkt des britischen Empire, und das Jahr, in dem Sigmund Freud seine Forschungen auf dem Gebiet der Psychoanalyse begann.

Im Juni 1897 beendete der anglo-irische Autor Bram (Abraham) Stoker eine Reise, die er sieben Jahre zuvor begonnen hatte. Es war eine fiktive Reise durch eine Landschaft, die er niemals gesehen hatte – Transsylvanien, das Land hinter den Wäldern. Als er im Alter von 42 Jahren über den Stoff für seinen *Dracula* nachzudenken begann, hatte er erst ein Buch veröffentlicht, einen umständlich geschriebenen Band von 248 Seiten, der den Titel *The Duties of Clerks of Petty Sessions in Ireland* (von Bram Stoker M.A., *Inspector of Petty Sessions*) trug und über die Aufgaben eines Angestellten an irischen Amtsgerichten informierte. Doch das Buch beschäftigte sich mehr mit dem erstickenden Amtsschimmel von Dublin Castle als mit der Gefahr, von einem Vampir auf Schloß Dracula gebissen zu werden.

Nach außen hin war Bram Stoker eine Säule der spätviktorianischen, respektablen Mittelklasse. Aufgewachsen in der Küstenvorstadt Clontarf bei Dublin behielt er zeitlebens den klangvollen irischen Akzent bei. Vom Beamten vollzog er 1878 einen Berufswechsel zum Geschäftsführer des Lyceum Theatre, in einer Seitenstraße des Londoner Strand gelegen, was ihn auf engste Tuchfühlung mit dem künstlerischen und politischen Establishment jener Tage brachte.

Aber nicht weit unter dieser glitzernden Oberfläche beschäftigte Bram Stoker, der bei seinen Freunden als herzlich, vielseitig begabt und mit beiden Beinen auf dem Boden stehend galt, eine Idee. Auf einem Fetzen Papier notierte er am 8. März 1890 in einer Handschrift, die er selbst immer als „äußerst schlecht" bezeichnete: „junger Mann geht aus – trifft Mädchen, das ihn nicht auf den Mund, sondern auf den Hals küssen will. Alter Graf geht voller Wut und teuflischer Wildheit dazwischen. Dieser Mann gehört mir – ich will ihn." Sechs Tage später, am 14. März, wiederholt er auf Geschäftspapier des Lyceum: „Einsamkeit, der Kuß . . . dieser Mann gehört mir." Immer wieder kehrt er in seinen Notizen zu diesem Gedanken zurück: „die Besucher – ist es ein Traum – Frau beugt sich über ihn, um ihn zu küssen. Todesangst. Plötzlich zieht sie der Graf beiseite – ‚dieser Mann gehört mir'; ‚küssende Frauen'; ‚Gehört mir'."

Stokers Alptraum, aus dem sieben Jahre später Jonathan Harkers fiktiver Tagebucheintrag für die Nacht des 15. Mai werden sollte – „Ich vermute, daß ich auch wirklich eingeschlafen war; ich hoffe es, aber ich fürchte . . . daß ich jetzt im vollen, frohen Morgenschein nicht glauben kann, das alles nur geträumt zu haben" – dieser Alptraum war der Ursprung für Dracula.

Noch hatte Bram Stoker nicht den Entschluß gefaßt, aus diesem Alptraum einen Roman zu machen. Statt dessen schrieb er eine erste längere Erzählung mit dem Titel *The Snake's Pass*. Der Roman über einen jungen Engländer, der im

Westen Irlands nach einem vergrabenen Schatz sucht, erschien am 18. November 1890. Vielleicht gab Stoker dieser Erfolg das notwendige Selbstvertrauen, seinem Alptraum nachzugehen, für den er bis dahin weder einen Titel noch eine genauere Vorstellung über Orte und Charaktere hatte. Als er sich schließlich entschloß, die Idee weiterzuentwickeln, hatte er zunächst ein Stück in vier Akten vor Augen – mit dem vorläufigen Titel: *Von der Steiermark nach London, Tragödie, Entdeckung und Bestrafung* – und nicht einen Roman.

Doch trotz der zahlreichen Veränderungen, denen der *Dracula* in der Zeit zwischen März 1890 und Juni 1897 unterlag, blieb ein Ereignis in all den Jahren bis zum Erscheinungstag bestimmend – der Alptraum, der Bram Stoker mit größter Wahrscheinlichkeit in der Nacht des 7. März 1890 heimgesucht hatte. Dieser Traum bestand aus einer bizarren Mischung der Hexenszene aus dem *Macbeth* (einem Lieblingsstück von Stokers Arbeitgeber, dem Schauspieler und Theaterdirektor Henry Irving), Stokers Ängsten um seine Männlichkeit und der Phantasie eines Voyeurs von sex-hungrigen Frauen und machtgierigen Männern.

A braham („Bram") Stoker - ehemaliger Beamter aus Dublin, Geschäftsführer des Lyceum Theatre von 1878 bis 1905 und Verfasser des Dracula. *Er lächelte niemals, wenn er photographiert wurde.*

Dracula enthält zahlreiche Anspielungen auf Theaterstücke, die Irving in den 80er und 90er Jahren des 19. Jahrhunderts am Lyceum aufführte, darunter auch ein falsches *Hamlet*-Zitat („Mein Buch! Nur schnell mein Schreibbuch her,/'s ist Zeit, daß ich alles niederschreibe" anstatt richtig: „Schreibtafel her, ich muß mirs niederschreiben"), mit dem Harkers Schilderung seines Wachtraums beginnt. Irving schien bei keiner seiner Inszenierungen von Shakespeares Tragödie auf diesen Satz verzichten zu wollen. Und doch besitzt diese Passage, in der die drei Bräute Draculas auftreten, eine Intensität wie keine zweite in Stokers Werk.

Anfangs war der *Dracula* nicht mehr als Stokers Versuch, seinen Alptraum von den Küssen auszutreiben – ein Tauziehen um seine Sexualität. Jonathan Harker (der Nachname leitet sich von Joseph Harker her, dem Bühnenbildner des Lyceum) wird im Roman als „sanfter und einfacher" Mensch beschrieben, als einer der „guten tapferen Männer", die dem Ruf der Waffen folgen, wenn ihr gewohntes Leben von einem osteuropäischen Vampir bedroht wird. Ein junger Anwalt aus der englischen Provinz, der so nüchtern denkt und sachlich schreibt wie ein Beamter.

Auch Bram Stoker hatte sein Examen als Rechtsanwalt bestanden und war am 30. April, einen Monat nach seinem nächtlichen Alptraum, als Anwalt am Inner

Dracula

DIE HANDLUNG

Jonathan Harker, ein junger englischer Anwaltsgehilfe, reist nach Schloß Dracula in den Bergen Transsilvaniens. Er ist beauftragt, den Handel abzuschließen, mit dem der Graf ein Haus in der Nähe von Dr. John Sewards Irrenhaus in Purfleet, Essex erwerben will. Während eines nächtlichen Rundgangs durch das Schloß begegnet Harker den verführerischen Bräuten Draculas und entdeckt zu seinem Schrecken, daß auch sein Gastgeber ein Vampir ist. Er wird im Schloß gefangengehalten, während der Graf mit einigen Holzkisten voll Erde aus der Familiengruft nach England abreist. Schließlich wird das Schiff des Grafen in den Hafen von Whitby getrieben, nachdem er auf der langen Reise von Varna nach England ein Besatzungsmitglied nach dem anderen getötet hat. Kurz nach seiner Ankunft wird er von Mina Murray – Jonathans Verlobten – und ihrer Freundin Lucy Westenra gesehen. Auf dem St. Mary's Friedhof trifft er die kokette, naive Lucy und macht sie allmählich zu einer Untoten, zu einem Vampir. Ihre drei Verehrer Arthur Holmwood, Dr. Seward und der Amerikaner Quincey Morris versuchen unter Aufsicht des holländischen Mediziners und Spezialisten für Okkultes, Professor Van Helsing, Lucys Leben durch Bluttransfusionen zu retten, doch sie scheitern.

Als der von seinen schrecklichen Erlebnissen traumatisierte Jonathan nach England zurückkehrt, unterstützt er die „guten und tapferen Männer" bei ihrem Vorhaben, den Grafen zu vernichten.

Nach ihrem Tod sucht Lucy, einer Medusa gleich, die Umgebung von Hampstead Heath heim und lauert kleinen Kindern auf. Auf dem Friedhof von Highgate treibt ihr Bräutigam Arthur Holmwood, wiederum unter der Anleitung Van Helsings, Lucy einen Holzpflock durch das Herz.

Nun richtet Dracula seine Aufmerksamkeit auf die vernünftigere Mina, während die Vampir-Jäger nach den Holzkisten suchen, in denen der Graf sich während des Tages vor dem Sonnenlicht verstecken muß. Sie finden alle bis auf eine, und weihen sie, indem sie eine Hostie zu der Erde legen. Nachdem der Graf Mina zu seinem Opfer gemacht hat, macht er sich in seiner letzten Holzkiste auf den Weg nach Transsilvanien. Die Verfolger heften sich an seine Fersen und stellen ihn schließlich nach einer turbulenten Jagd in seinem Schloß. Jonathan enthauptet den Vampir, und der tödlich verwundete Quincey durchbohrt sein Herz. Auch die Bräute Draculas werden in ihren Särgen gepfählt. Als Dracula zu Staub zerfallen ist, weicht der Fluch von Mina, und sie und Jonathan sind wieder vereint.

Temple zugelassen worden. Als er so alt wie sein Held Jonathan Harker war, hatte Stoker einen langen und freimütig bekennenden Brief an sein Vorbild Walt Whitman geschrieben, dessen Gedichtzyklus *Leaves of Grass* er vehement gegen alle Philister verteidigt hatte. Dieses Schreiben enthält auch eine Beschreibung der eigenen Person, die – zumindest in groben Umrissen – durchaus auch auf den Held seines Romans paßt:

> Wenn Sie erfahren möchten, wer Ihnen schreibt, mein Name ist Abraham Stoker (Junior). Meine Freunde nennen mich Bram . . . Ich bin Beamter im Dienst der Krone mit einem bescheidenen Gehalt. Ich bin 24 Jahre alt. War der Beste der Athleten (am Trinity College, Dublin) und habe etwa ein Dutzend Pokale gewonnen . . . Ich bin 1 Meter 85 groß, wiege nackt genau 76 Kilogramm und habe einen Brustumfang zwischen 104 und 106 Zentimetern. Ich bin häßlich, jedoch energisch und entschlossen und habe einen Wulst

über meinen Augenbrauen. Ich habe einen kräftigen Kiefer und einen großen Mund und ausgeprägte Lippen – empfindsame Nasenflügel – eine Stumpfnase und glattes Haar. Mir ist ein ausgeglichenes Temperament zu eigen und vom Typ her bin ich gelassen, ich verfüge über ein hohes Maß an Selbstkontrolle und bin von Natur aus eher verschlossen. Ich finde Gefallen daran, Menschen, die ich nicht ausstehen kann, Menschen mit einer grausamen, kriecherischen oder feigen Anlage, meine schlechtesten Seiten zu zeigen. Ich habe sehr viele Bekannte und etwa fünf oder sechs Freunde – letztere sind mir alle aufrichtig zugetan. Jetzt habe ich Ihnen alles gesagt, was ich über mich weiß.

In einem Begleitschreiben hatte Stoker noch hinzugefügt, daß er im Laufe seines Lebens „viel gedacht und gefühlt und gelitten" habe. Das alles habe dazu geführt, daß „ich aufrichtig behaupten kann, daß ich aus Ihren Werken viel Vergnügen und viel Trost bezogen habe".

Als er Walt Whitman schließlich persönlich begegnete (auf einer Tournee durch die USA, die er für das Ensemble des Lyceum organisiert hatte), schrieb der Dichter über ihn: „Ich glaube, der Mann Stoker wiederholt und vollendet den Jungen." Zu diesem Zeitpunkt hatte Stoker allerdings bereits ein neues und weitaus weniger tolerantes Idol gefunden, Henry Irving. Jener Henry Irving, der vor Lord Chamberlain Klage gegen Oscar Wildes *Salomé* geführt hatte, gegen den Freund und Studienkollegen Stokers am Trinity College, und der daraufhin von der Presse als jemand gefeiert wurde, der geholfen habe, England vor dem „Oscar-Wilde-Kult" zu retten.

Der Stoker, der *Leaves of Grass* verteidigt hatte, schien sich einigermaßen verändert zu haben, seitdem er die Geschäftsführung des Lyceum Theatre übernommen hatte. Zudem hatte er in der Zwischenzeit eine ganze Reihe von Horrorgeschichten und *grand guignols*, also Schauer- und Gruselstücken gelesen, in denen er die Metaphern fand, die er brauchte.

en Vampir der volkstümlichen Überlieferung stellte man sich lange vor als rotgesichtigen, osteuropäischen Bauern mit bellender Stimme, weit aufgerissenem Maul, einem Dreitagebart und üblem Mundgeruch; als Wesen, das ebensogut Schafe und Kühe wie die eigenen Verwandten anfallen würde. In den Londoner und Pariser Salons des 18. Jahrhunderts, in denen berühmte Philosophen und Literaten verkehrten, war diese Vorstellung ein beliebtes Gesprächsthema. Mehrheitlich war man der Ansicht, daß hinter diesem „primitiven Aberglauben", dem man selbst natürlich nicht anhing, nichts anderes stecke als die Ausbreitung ansteckender Krankheiten, das natürliche Phänomen, daß Haare und Fingernägel einer Leiche wachsen, oder die Beerdigungsriten vorschriftlicher Kulturen. Doch da die epidemisch auftretende Verbreitung von Vampiren, wie sie angeblich in Osteuropa und Griechenland immer wieder stattgefunden hatte, dem Reich der Phantasie zugewiesen wurde, ließen Voltaire und die Enzyklopädisten den Vampir zugleich auch zum ersten Mal vor den Augen der oberen Gesellschaftsschichten erstehen und ebneten damit den Weg des – zumeist männlichen – Vampirs in die Literatur.

Der *literarische* Vampir – häufig ein Aristokrat mit modischer Blässe, verführerischer Stimme, aufgeworfenen Lippen und einem gemeinen, launischen und schillernden Charakter – wurde in der Villa Diodati geboren, etwa 75 Jahre, bevor Bram Stoker seinen Alptraum träumte. Die Geburt verdankte er jenen Abenden mit Geistergeschichten, die auch Mary Godwin zu ihrem *Frankenstein* inspiriert hatten. Nachdem Mary ihre Geschichte erzählt hatte, begann Lord Byron mit einem Märchen von dem blaublütigen, aus alter Familie stammenden Aristokraten namens Darvell, der einen jungen Mann auf einer Reise in die Türkei begleitet und dort stirbt. Vorher verspricht er jedoch, einen Monat später von den Toten zurückzukehren.

> Als er dort [auf einem türkischen Friedhof] saß und offensichtlich immer schwächer wurde, erschien ein Storch mit einer Schlange im Schnabel und setzte sich auf einen Grabstein in unserer Nähe; und ohne seine Beute zu verschlingen, schien er uns unverwandt anzusehen. Ich weiß nicht, was mich dazu bewegte, ihn davonscheuchen zu wollen, doch der Versuch war nutzlos. Der Vogel zog ein paar Kreise in der Luft und kehrte dann an ebenjene Stelle zurück. Darvell wies auf ihn und lächelte – er sprach – ich weiß nicht, ob zu sich selbst oder zu mir – doch seine Worte waren nur: „Es ist gut!"
> „Was ist gut? Was meinst du?"
> „Das ist unwichtig; du mußt mich heute abend hierherbringen, zu genau der Stelle, an der der Vogel jetzt sitzt. Den Rest meiner Anweisungen kennst du."
> Dann fuhr er fort, mir einige Ratschläge zu geben, wie sein Tod am besten verheimlicht werden könnte. Als er damit geendigt hatte, rief er aus:
> „Siehst du diesen Vogel?"
> „Sicherlich."
> „Und die sich in seinem Schnabel windende Schlange?" . . .
> Er lächelte auf grausige Weise und sagte leise: „Es ist noch nicht an der Zeit!"
> Und während er sprach, flog der Storch davon . . .

Und damit endete die Geschichte.

Drei Jahre später jedoch, im April 1819, erwachte sie in London zu neuem Leben. Autor war der damals dreiundzwanzigjährige Dr. John Polidori, ehemaliger Arzt Byrons, der sie im Sommer 1816 an „zwei oder drei müßigen Vormittagen" umgeschrieben und erweitert hatte, um sich die Zeit zu vertreiben, während Byron und Shelley unterwegs waren. Der Text, dem Polidori den Titel *The Vampyre* gab, war ohne Wissen Byrons entstanden. Der junge Arzt war allerdings nicht dafür verantwortlich, daß die Geschichte *veröffentlicht* wurde.

In Polidoris Fassung wird aus dem poetischen Darvell der schurkische Lord Ruthven – für jeden, der ihn kannte, eine Satire auf Lord Byron als verrückt, boshaft und gefährlich. (Lady Caroline, eine von Byrons Ex-Geliebten, hatte im Mai 1816 ihren Roman *Glenarvon* veröffentlicht, in dem sie mit der satanischen Figur des Clarence de Ruthven, Lord von Glenarvon, an ihrem arroganten, wenn auch eleganten Liebhaber Rache nahm.) Mit seinem „toten, grauen Blick"und dem „Hauch des Todes auf der Stirn" kehrte Polidoris wiederauferstandener Vampir aus der Türkei zurück, um sich den Weg durch die feine Londoner

ord Byron und sein Diener beim Verlassen ihres Bootes am Genfer See (Druck von George Gordon). In The Vampyre *wird aus Byron der schurkische Lord Ruthven.*

Gesellschaft zu beißen. Das Buch wurde auf der Stelle ein Bestseller, sicherlich auch, weil alle Byron für den Autor hielten. Die Geschichte begann mit den Worten:

> Es geschah etwa zu der Zeit, in der die Zerstreuungen des Londoner Winters ihren Höhepunkt erreichten, daß ein Adliger, der eher durch sein Auftreten als seinen Rang beeindruckte, auf zahlreichen Bällen der vornehmsten Gesellschaft erschien. Er blickte auf das fröhliche Treiben um ihn herum, als ob er nicht daran teilhaben könne. Das helle Lachen der Schönen schien offenbar nur seine Auf-

merksamkeit zu erregen, damit er es mit einem einzigen Blick vernichten und Furcht in jene Busen schleudern konnte, in denen Sorglosigkeit regierte. Jene, die dieses Gefühl des Schreckens empfanden, konnten sich nicht erklären, woher es stammte . . .

Und die Geschichte hört nicht etwa mit der Schlange im Schnabel des Storchs auf, sondern mit der Heirat Lord Ruthvens und der Schwester des Erzählers. Eine Hochzeitsfeier, die tränenreich endet, weil der durch einen Schwur gebundene Erzähler niemandem etwas von Lord Ruthvens schrecklichem Geheimnis erzählen darf: „. . . als sie ankamen, war es bereits zu spät. Lord Ruthven war verschwunden, und Aubreys Schwester hatte den Durst eines VAMPIRS gestillt!" Die meisten Ausgaben erschienen anonym, doch einige trugen die Initialen „L. B." auf dem Titelblatt, und Goethe war der Ansicht, daß dies „die beste Arbeit des englischen Poeten" sei.

In Wahrheit stammte das Werk jedoch vollständig aus der Feder Polidoris, der sich damit nur vage auf den Entwurf seines früheren Arbeitgebers bezog. Polidori hatte das Manuskript in Genf zurückgelassen und vergessen. Als allerdings ein rühriger Verleger den *Vampyre* entdeckte und veröffentlichte – einschließlich eines Vorworts über den noblen Lord, der „nie ohne ein Paar Pistolen und einen Dolch an seiner Seite zu Bett ging" –, begann Polidori seine Rechte auf ein Autorenhonorar geltend zu machen. Es gefiel ihm nicht, daß man das Werk Byron zuschrieb, und wenn es schon veröffentlicht wurde, wollte er begreiflicherweise eine finanzielle Anerkennung erfahren. Er erhielt schließlich 30 Pfund Sterling.

F. G. Gainsfords Porträt des gutaussehenden, überspannten Dr. John Polidori, Verfasser der ersten veröffentlichten Vampirgeschichte in der englischen Literatur, die er im Sommer 1816 „an zwei oder drei müßigen Vormittagen" schrieb.

Selbst nachdem die Autorschaft eindeutig geklärt war, mochten die Herausgeber von Byrons Werken nur ungern auf den *Vampyre* verzichten. Als die Geschichte in der 2. Auflage von Byrons *Gesammelten Werken* weggelassen wurde („wir wollten Spekulationen um den Namen des englischen Lords vermeiden"), gab es derart viele Klagen seitens der Subskribenten, daß 1820 in die 3. Auflage wieder eine korrigierte und revidierte Fassung aufgenommen wurde. „Wir haben beschlossen, dem Druck zahlreicher Subskribenten nachzugeben und dem *Vampyre* zu neuem Leben zu verhelfen."

Pure Ironie schien es, schrieb ein zeitgenössischer Kritiker, daß es „einer absurden, nicht einmal von ihm selbst geschriebenen Geschichte" bedurfte, um Lord Byrons Namen auf dem europäischen Kontinent endgültig zu etablieren. Byron selbst war außer sich vor Wut. „Abgesehen davon hege ich eine persönliche Abneigung gegen Vampire, die sich aus meinen äußerst seltenen Begegnungen mit ihnen speist", schrieb er und drängte den Verleger John Murray, sein *Fragment einer Geschichte* (im Anhang an sein Poem *Mazeppa*) so bald wie möglich zu veröffentlichen. „Zur Hölle mit den Vampiren – was weiß ich von Vampiren?"

Polidori war in Ungnade gefallen und starb zwei Jahre später mit 25 Jahren nach einem Kutschenunfall an Gehirnversagen. Neben anderen brachte auch Byron sofort das Gerücht in Umlauf, der Arzt habe Selbstmord verübt.

Für die Dauer der ersten 30 Jahre seines literarischen Lebens, von 1820 bis etwa 1850, blieb der Vampir unauslöschlich mit dem in der Öffentlichkeit vorherrschenden Bild Lord Byrons verbunden, an dem dieser selbst gezielt mitgezeichnet hatte, bis es ihm aus den Händen glitt. Zwar hatte diese Verbindung zur Folge, daß die Entwicklung der Figur innerhalb des Genres begrenzt blieb, aber sie trug wesentlich dazu bei, den anstößigen Ruf der britischen Aristokratie auf dem Kontinent zu festigen. In Charles Robert Maturins Schauerroman *Melmoth der Wanderer* schreit gleich zu Beginn eine alte Spanierin: „Kein Engländer . . . Heilige Mutter Gottes beschütze uns . . . Hinfort, Satan", woraus man schließen kann, daß die durch Europa streifenden Möchtegern-Byrons fast im gleichen Ruf standen wie heute englische Fußball-Hooligans.

Der aristokratische Vampir war mit den besten nur denkbaren Empfehlungsschreiben auf den Weg geschickt worden.

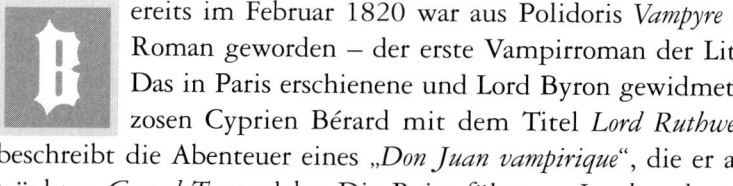

ereits im Februar 1820 war aus Polidoris *Vampyre* ein zweibändiger Roman geworden – der erste Vampirroman der Literaturgeschichte. Das in Paris erschienene und Lord Byron gewidmete Buch des Franzosen Cyprien Bérard mit dem Titel *Lord Ruthwen ou les Vampires* beschreibt die Abenteuer eines *„Don Juan vampirique"*, die er auf seiner blutgetränkten *Grand Tour* erlebt. Die Reise führt *„ce Lovelace des tombeaux"*, wie ein zeitgenössischer Kritiker ihn nannte, über Venedig, Florenz, Neapel, Modena, Tirol, Polen, Mähren, Athen, Benares bis hin nach Bagdad.

Jede dieser Stationen bietet dem gottlosen Milord Gelegenheit, aus dem Reich der Toten zurückzukehren und eine errötende Braut zu verführen, um dann die Reise fortzusetzen. Der Roman schließt mit der Drohung: „Es wäre uns möglich, auch Lord Ruthwens *Geschichte meines ersten Lebens* zu veröffentlichen, wenn wir dazu nur von der geneigten Aufnahme dieses Buches ermuntert würden."

Doch bevor Bérard die Gelegenheit dazu erhielt, hatte bereits der Schriftsteller Charles Nodier zum Gegenschlag ausgeholt. Der Romantiker und Royalist, der der Autorschaft des *Lord Ruthwen ou les Vampires* – wie er es ausgedrückt hätte – „beschuldigt" worden war, veröffentlichte ein Melodram in drei Akten.

ord Ruthven (rechts) – in Kilt, Schottenmütze und Brust-harnisch – und sein Opfer Lady Margaret (links). Ein Stich aus J.R. Planchés Vampire or The Bride of the Isles.

Le Vampire spielt in einer „grotte basaltique" in Staffa in Schottland, die Zwischenmusiken stammen von Alexandre Piccini, und die Hauptfiguren tragen die Namen Lord Rutwen und Sir Aubray.

An der Bearbeitung des Stoffes war nicht nur der Schauplatz Schottland neu, im Gegensatz zum Publikum weiß Aubray in dieser Bühnenfassung auch nicht, daß Rutwen ein Vampir ist. Dadurch wird die Spannung der Hochzeitsszene, Höhepunkt des Stückes, noch gesteigert. Außerdem tritt ein „Engel der Ehe" auf, der das zahlende Publikum an die Heiligkeit dieser Institution selbst in widrigsten Umständen erinnern sollte.

Alexandre Dumas, der später mit einer fünf Akte umfassenden Version von *Le Vampire* selbst zu dem Vampirfieber beitragen sollte, sah das Stück im Théâtre de la Porte-Saint-Martin. Damals liefen bereits drei verschiedene Bühnenfassungen gleichzeitig in Paris, auch eine Farce mit dem Titel *Les trois vampires ou le clair de la lune*, in der ein gewisser M. Gobetout (ein Anhänger Byrons) glaubt, die Liebhaber seiner beiden Töchter und ihrer Zofe müßten Vampire sein, da sie sich nachts in seinem Garten herumtrieben. Ein Einzeiler beschließt das Stück: „Vampire . . . sie kommen zu uns aus England . . . ein schönes Geschenk, muß ich sagen."

Am 9. August 1820 erlebte das Publikum des English Opera House (das spätere Lyceum) die Premiere der englischen Bearbeitung von Nodiers *Le Vampire* von James Robinson Planché. Auch dieses Stück spielte in den „Basalthöhlen von Staffa", wie sich Planché später erinnerte:

> Mit der den Franzosen eigenen Unbekümmertheit war als Schauplatz der Handlung Schottland gewählt worden, wo es diesen Aberglauben nie gab. Vergeblich bemühte ich mich, den Spielleiter davon zu überzeugen, die Handlung irgendwo nach Osteuropa zu verlegen. Er hatte sich auf schottische Musik und Kostüme versteift – letztere waren im übrigen im Fundus vorhanden –, lachte über meine Skrupel und versicherte mir, daß das Publikum sich nicht daran stören würde, was zum damaligen Zeitpunkt mit Sicherheit auch zutraf. So blieb mir nichts anderes übrig, als mich zu fügen und das Beste daraus zu machen . . .

The Vampire or The Bride of the Isles: a romantic melodrama hat gewisse Ähnlichkeit sowohl mit Polidoris Erzählung als auch mit dem Stück, das Dumas in Paris sah. Darüber hinaus enthielt die Inszenierung der English Opera jedoch eine Reihe von recht eigenwilligen Ausschmückungen. So war Lord Ruthven bei seinem ersten Auftritt mit einem Kilt, einer Schottenmütze und einem Brustharnisch bekleidet. Warum er ausgerechnet ein Schottenkostüm trug, das damals eher als passende Kleidung für Gärtner oder Bedienstete galt, ist durch das Stück jedenfalls nicht motiviert. Was der *echte* Lord Ruthven von all dem hielt, ist nicht bekannt. Der Überlieferung zufolge war seine Familie im 18. Jahrhundert der Hexerei verdächtigt worden. Das Image blieb offensichtlich haften.

Der Prolog schließt damit, daß Ariel, der Geist der Lüfte (in einem „weißen, mit Flitter versehenen Musselinkleid, einer himmelblauen Robe, Ringen, einer Tiara und einem silbernen Zauberstab") und Unda, der Geist der Wasser (in einem „weißen, mit Muscheln geschmückten Satinkleid, blauer Satinrobe, langen Locken, Tiara und Zauberstab") magische Zeremonien ausführen, während der Vampir aus einem Grab aufsteigt und am Ende der Szene wieder darin versinkt.

> Phantom, aus der Gruft so düster,
> auf unser bittend Rufen hin,
> laß deinen Vampirleib erscheinen
> vor dieses schlafenden Mägdleins Augen . . .
> Phantom, aus der Gruft so düster,
> auf unser bittend Rufen hin – erscheine!
> *Donner.* CHOR, VON DRAUSSEN: „Erscheine! Erscheine! Erscheine!"
> *Der Vampir erhebt sich aus dem Grab und stürzt sich auf Margaret.*
> VAM: Margaret!
> ARIEL: Böser Geist, weiche!
> VAM: Sie gehört mir!
> ARIEL: Die Stunde ist noch nicht gekommen.
> UNDA: Hinunter, böser Geist; – Verderben erwartet dich: Hinunter, sage ich.
> *Musik – Schaudernd versinkt der Vampir, und der Vorhang schließt sich.*

Mit einem Special Effect – dem ersten von vielen in der weiteren Inszenierungsgeschichte des Vampir-Stoffes – leistete Planchés Bearbeitung den vielleicht wichtigsten Beitrag zur Massenkultur. Der Vampir verschwand nämlich in einer Rauchwolke – mit Hilfe einer „Vampirfalle, die aus zwei oder mehr Klappen besteht und durch die der Geist sich dem Auge entzieht, um auf eine Decke zu fallen, die unter der Bühne aufgespannt ist". Diese Falltür ist in Theaterkreisen bis heute unter der Bezeichnung „Vampirfalle" bekannt und war eigens für die Inszenierung von *The Vampire or The Bride of the Isles* erfunden worden.

Doch nicht jeder zeigte sich von diesem Theatertrick beeindruckt. Während einer Ferienreise verschlug es 1826 einen deutschen Prinzen, der auf der Suche nach landestypischen Divertissements war, in das English Opera House. Um dem allmählich erlahmenden Interesse an der Materie zu begegnen, hatte man inzwischen Planchés *Vampire* mit dem im Juni 1816 geborenen *Frankenstein* zu einer Doppelvorstellung zusammengelegt. Der Prinz erinnerte sich später voller Erstaunen daran:

> Doch es fand keine Oper statt. Statt dessen gab man zwei schaurige Melodramen. Zuerst den *Frankenstein,* in dem ein menschliches Wesen durch Magie, ganz ohne das Zutun einer Frau, erschaffen wird – eine Bewerkstelligung, die kein gutes Ende nimmt. Und dann den *Vampire,* nach der bekannten, irrtümlich Byron zugeschriebenen Erzählung . . . Der Vortrag der Schauspieler war in der Tat durchweg bewundernswert, doch die Stücke so einfältig und gräßlich, daß man sie unmöglich ganz bis zu Ende ansehen konnte.

Wahrscheinlich hätte ihm Planchés Fortsetzung des *Vampire* besser gefallen, die am 28. März 1828 in Leipzig uraufgeführt wurde. Das Libretto für die Oper „nach dem originalen französischen Melodram" stammte von Wilhelm August Wohlbrück, die Musik von seinem Schwager Heinrich August Marschner.

Die Premiere von Planchés Fassung am Lyceum, wie das Theater inzwischen hieß, im Sommer 1829 war ein großer Erfolg. Rückblickend schrieb Planché:

> Ich hatte den Auftrag erhalten, das englische Libretto zu schreiben und beschloß daher, den Schauplatz der Handlung nach Ungarn zu verlegen, wo der Aberglaube bis auf den heutigen Tag existiert. Den schottischen Häuptling ersetzte ich durch einen walachischen Bojaren, und auch in vielerlei anderer Hinsicht verbesserte ich meine erste Fassung.

Auf diese Weise wurden also im Fahrwasser des Populär-Byronismus – sozusagen durch Produkterweiterung – Polidoris *Vampyre* zahlreiche Mosaiksteinchen hinzugefügt. Dazu zählten die mehrfache Verführung; das Happy End, durch das die Unantastbarkeit der Ehe gewahrt bleibt; der schurkische Aristokrat, der Bauernmädchen und nicht mehr Reisegefährten oder Debütantinnen entehrt; Special Effects und schließlich der Vampir als „walachischer Bojare", dem ein Chor „in der Nationaltracht der Magyaren und Bewohner der Walachei" an die Seite gestellt wird.

Das Vampirfieber erreichte 1846/47 seinen Höhepunkt mit dem Erscheinen des Fortsetzungsromans *Varney, the Vampire or The Feast of Blood.* Verfasser war der schottische Zeitungsschreiber und gelernte Ingenieur James Malcolm Rymer, der auch unter den Namen Errym oder Merry veröffentlichte und Autor zahlreicher Bücher war, darunter *Ada the Betrayed.* In dem als Fortsetzungsroman in einer Tageszeitung erschienenen Marathonwerk wird aus Polidoris zwanzigseitiger Geschichte ein Groschenroman von 868 zweispaltigen Seiten. Die Handlung wiederholt sich in zahlreichen Variationen, während die ausschmückenden Details immer schlüpfriger werden. Sir Francis Varney von Ratford Hall in Yorkshire versucht die unschuldige Heldin zu verführen; die Dorfbewohner entdecken, daß Varney ein Vampir ist und organisieren einen groß angelegten Gegenangriff. Es folgt eine Hochzeit, bei der Sir Francis in Sekundenschnelle angeklagt, verurteilt und fortgejagt wird. In einer weiteren Szene schließlich, die geradewegs aus der Bühnenfassung des *Frankenstein* entliehen ist, springt der Vampir, erschöpft durch seine erfolglosen Unternehmungen und desillusioniert

Titelseite *von James Malcolm Rymers voluminösem Groschenroman* Varney the Vampire or The Feast of Blood, *der 1846/47 als Fortsetzungsroman erschienen ist.*

von einer ihm feindlich gesonnenen Welt, in den Vesuv, um nie mehr wiederge-
sehen zu werden. Nun, nicht unbedingt „nie mehr" . . .

Es gelang Rymer, der „mit einer ans Absurde grenzenden Unbeschwertheit"
schrieb, wie zutreffend bemerkt wurde, eine Reihe von neuen Variationen auf das
Thema zu erfinden, die die Entwicklung des *genus vampiricus* entscheidend beein-
flussen sollten: Eine der Nebenhandlungen erzählt von einem ungarischen
Grafen und Vampir; dann gibt es die immer wiederkehrenden komischen
Figuren zweier alter Seebären (Admiral Bell und Matrose Jack Pringle), die die
obligatorischen Volksweisheiten zum besten geben. Eine ganze Serie von Szenen
spielt auf ländlichen Friedhöfen, in Grüften, Leichenhäusern und Bestattungsun-
ternehmen, wobei Rymer die Details offenbar der genauen Beobachtung viktorianischer Beerdigungsrituale verdankte. Anders als bei Polidori und seinen
zahlreichen Nachahmern ist der Vampir, Sir Francis Varney, nicht von vornherein
als Schurke angelegt. Sein Vampirismus ist eher Sucht als Verbrechen. Weit entfernt von dem Aristokraten Byronscher Prägung, der sich mühelos in den „tonan-
gebenden Gesellschaftskreisen" bewegt, tritt Sir Francis als heruntergekommener,
schlotternder, unverstandener Dekadent der Restaurationszeit ins Leben, dessen
Lebensumstände sich im Laufe der Zeit noch verschlechtern. Die Familie Banner-
worth (die bevorzugten Opfer) meidet es, in seiner Gesellschaft gesehen zu
werden, selbst dann noch, als seine Sucht nach Blut unterdrückt worden ist. Und
er wird so oft „getötet", daß das Interesse des Lesers an seinem Tod schließlich nur
noch ein rein technisches ist: Wie wird's diesmal gemacht?

Über weite Strecken merkt man es Rymers Prosa an, daß er für jede Zeile von
seinem Arbeitgeber, der Druckerei Lloyd, einen Penny erhielt. Doch sein Stil
entbehrt auch nicht einer beängstigenden Schönheit:

> . . . sie war unfähig zu schreien – unfähig, sich zu bewegen. „Hilfe – Hilfe! –
> Hilfe!" war alles, was sie hervorbrachte. Und dann ihr schreckerfüllter Blick –
> er war furchtbar – ein Blick, der die Erinnerung ein Leben lang verfolgen
> mochte – ein Blick, der sich selbst den glücklichsten Momenten des Lebens
> aufdrängen und sie in Bitterkeit verwandeln würde.
> Das Wesen wendet sich halb herum, und Licht fällt auf sein Gesicht. Es ist
> vollkommen weiß – vollkommen blutleer. Die Augen sehen wie poliertes
> Zinn aus; die Lippen sind gebleckt, und das Auffälligste neben jenen furchtba-
> ren Augen sind die Zähne – die angsteinflößenden Zähne – die hervorstehen
> wie die eines wilden Tieres, gräßlich, gleißend weiß, wie Fangzähne. Es nähert
> sich dem Bett mit seltsamen, gleitenden Bewegungen . . .

Die „Initiation" der Heldin („ihre Augen sind gefesselt vom Blick einer
Schlange") ist ebenso neu wie das volkstümliche Element der Fangzähne des
Vampirs, die „wie die eines wilden Tieres" hervorstehen. In Sir Francis scheinen
sich der traditionelle Vampir der Folklore und sein byronesker Nachfolger zu
vereinen. Der *Widerspruch* zwischen osteuropäischem Mythos und dem ländlichen, englischen Schauplatz wird nicht etwa aufgelöst, sondern durch den
ganzen Roman hindurch aufrechterhalten. Für den weiteren Verlauf des Gesche-
hens fügt Rymer noch andere, der Vampirgeschichte bis dahin fremde Elemente

ein: die mitternächtliche Wache am Grab eines weiblichen Vampirs, die Verwandlung des Vampirs in einen Wolf, die Ankunft eines verlassenen Schiffs und die Suche nach dem Ruheplatz des Vampirs. All dies sind Ideen, die ein halbes Jahrhundert später Eingang in Stokers *Dracula* fanden. Und die unglücklichen Bannerworths bedienen sich eines wissenschaftlichen Ansatzes, um mit dem Vampir fertig zu werden, der die Methoden Professor Van Helsings vorwegzunehmen scheint: der viktorianische Positivismus trifft auf die Mächte des Unbekannten. Die Ikonen der Religion reichen nicht mehr aus.

D er Vampir Byronscher Prägung ist eines der ersten Beispiele dafür, wie Elemente der „hohen Kultur" mit Hilfe der neuen Medien in die Kultur der zunehmend überbevölkerten Städte übertragen werden. Während diese englische Ausprägung der Vampirgestalt über die Bühnen der Varietés und Theater stolzierte, waren einige französische Autoren – wie Prosper Mérimée, Théophile Gautier und später Charles Baudelaire – mehr als ihre britischen Kollegen von der weiblichen Ausprägung der Spezies fasziniert und beschäftigten sich damit, den melodramatischen Bösewicht in eine personalisiertere Form des sexuell attraktiven Raubtiers zu verwandeln.

Gautiers Clarimonde (aus *La Morte Amoureuse*, 1836) hat „seegrüne Augen und Zähne von reinstem Orientperlmutter". Es ist ihr ein leichtes, selbst „das göttliche Bild der Madonna" aus dem Kopf eines jungen Landgeistlichen zu verdrängen, um schließlich den Mann Gottes – mittels seiner Träume – zu einem „liederlichen, hochmütigen jungen Herrn" zu machen.

Mit der gleichen Leichtigkeit verführt Baudelaires „Weib" mit „dem Erdbeer-Munde", das „wie eine Schlange auf der Glut sich wand, und seine Brüste über dem Gestänge des Mieders preßte", den Dichter, bis er aufwacht und „in der Helle des lebendigen Lichtes" die wahre Gestalt der Frau erkennt („nur einen Schlauch noch, mit verklebten Flanken, ganz von Eiter angefüllt!"). Vor dem Erwachen allerdings erlebt er eine erinnerungswürdige Nacht.

Obgleich das weibliche Exemplar des Vampirs bereits in der byronesken Phase gelegentlich auftaucht, wurde die Figur erst zwischen 1840 und 1890 vollständig ausgestaltet, zu einer Zeit, in der vor allem männliche Autoren von Exotischem, Ästhetischem und Dekadentem fasziniert waren. Und es war auch das Zeitalter des Bürgertums, in dem, wie der Historiker Peter Gay schreibt, „die Furcht des Mannes vor den Frauen . . . zu einem der vorrangigen Themen nicht nur des Unterhaltungsromans, sondern auch der medizinischen Literatur wurde". Es war selbstverständlich, „Frauen angeborene erotische Wünsche" abzusprechen, um die „sexuelle Hinlänglichkeit des Mannes" zu schützen. Wenn Frauen dennoch „angeborene erotische Wünsche" offenbarten, verwandelte man sie entweder in Dämonen oder Vampire, oder versuchte, sie durch „unangebrachte Ritterlichkeit und ängstliches Festhalten an Traditionen" vor ihren eigenen Wünschen „zu schützen".

Das vielleicht schönste Beispiel für die *belles dames sans merci* dieser Zeit findet sich in der verträumten Kurzgeschichte *Carmilla* (1872) des Dubliner Autors

Sheridan Le Fanu. Sie erzählt von der erfüllten und eigenwilligen lesbischen Beziehung der steiermärkischen Gräfin Carmilla Karnstein zu der jungen Erzählerin, einer vampirartigen Beziehung, die schließlich beide zerstört. „Halte mich nicht für grausam", sagt die verführerische Gräfin, „weil ich dem unwiderstehlichen Diktat meiner Stärke und Schwäche gehorche . . . In der Verzückung meiner ungeheuren Demütigung überlebe ich in deinem warmen Leben, und du wirst sterben – sterben, süß sterben – in mir. Ich kann nichts dagegen tun . . ."

Le Fanus Geschichte hatte ohne Zweifel einen nicht nur thematischen, sondern auch biographischen Einfluß auf Stokers *Dracula.* Ursprünglich sollte sein Roman in der Steiermark spielen; Lucy und die Bräute des Grafen umgarnen ihre Opfer auf eine Art und Weise, die stark an Le Fanus gelangweilte *femme fatale* erinnert; und auch die Passivität ihrer Opfer („wenn ich still liege und meine Augen halb schließe, mache ich mich nicht schuldig") birgt gewisse Ähnlichkeiten mit der Haltung der Erzählerin in *Carmilla.*

Le Fanu und Stoker hatten den gleichen anglo-irischen, protestantischen Hintergrund und gehörten zur kulturellen und administrativen Elite der Dubliner Gesellschaft. Bram Stokers Vater arbeitete als dritter Sekretär im Büro des Chief Secretary in Dublin Castle. Zur gleichen Zeit war William Richard Le Fanu, Sheridans Bruder, Commissioner of Public Works. Und Thomas Phillip Le Fanu, der Sohn William Richards, wurde zum ersten Sekretär im Büro des Chief Secretary ernannt, als Bram Stoker im Petty Session Office gleich nebenan arbeitete. Stokers erste Artikel erschienen in der *Dublin Evening Mail*, deren Mitherausgeber und Eigentümer Sheridan Le Fanu war. *Carmilla* wurde zuerst in einer Zeitschrift des Trinity College veröffentlicht, und zwar zu einer Zeit, als Stoker gerade begonnen hatte, selbst Kurzgeschichten übernatürlichen Inhalts zu schreiben und als Rechnungsprüfer der Historical Society des Trinity College tätig wurde.

Vielleicht war es, wie oben bereits angedeutet, das Gefühl, im pompösen Palast des Vizekönigs unter dem Amtsschimmel zu ersticken, das Bram Stoker eine eigenartige Affinität zu den Opfern des Grafen Dracula entwickeln ließ.

Doch im März 1890, zum Zeitpunkt seines Alptraums, hatte Stoker Dublin Castle schon lange hinter sich gelassen und gegen das Lyceum Theatre eingetauscht und damit auch die Aussicht auf eine Pension ausgeschlagen – sehr zum Kummer seiner Mutter übrigens, die ihn „Manager eines vagabundierenden Schauspielers" nannte.

1878, als Stoker Dublin verließ, heiratete er Florence Balcombe, ein „außerordentlich hübsches" Mädchen aus dem Nachbarhaus. Sie war in den vorangegangenen drei Jahren zeitweilig Oscar Wildes Geliebte gewesen. Ein Jahr nach der Hochzeit brachte sie ihr einziges Kind zur Welt, Noel Thornley Stoker. Während der Entstehung des *Dracula* wurden zwei Porträts von ihr angefertigt. Die Profilzeichnung von Edward Burne-Jones zeigt eine zerbrechliche, präraffaelitische Schönheit, während auf dem Bild des jungen Dubliner Porträtisten Walter Frederick Osborne eine kühle, erfahrene Dame der Gesellschaft zu sehen ist, die sich auf ein ausgestopftes Tier, vermutlich ein Fuchs, stützt.

Diese Bilder sind dahingehend interpretiert worden, daß Florence Balcombe eine kalte, distanzierte Person war, die, folgt man der Aussage ihrer Enkelin

Ann, „verflucht war durch ihre große Schönheit und das Bedürfnis, sie zu erhalten . . . Sex war ihr entschieden zuwider. Nachdem sie mit Anfang Zwanzig meinen Vater geboren hatte [in diesem Alter heiratete sie], wollte sie damit, glaube ich, nichts mehr zu tun haben." Stimmt dies, wäre es in der Tat denkbar, daß sie die Träume ihres Mannes – und damit auch die Jonathan Harkers – als Phantasie von raubtierhaften Frauen bevölkerte. Andererseits beschrieb einer von Stokers Kollegen am Lyceum sie als „eine charmante Frau, sprühend vor irischem Geist, Witz und Impulsivität", also als das genaue Gegenteil einer *femme fatale.* Um ein genaues Bild von ihr zu zeichnen, fehlen uns die Fakten. Was uns bleibt, sind einzig Bram Stokers publizierte Texte, zwischen deren Zeilen zu lesen allerdings mehr als spekulativ ist.

Wie dem auch sei, einer Meldung der *Whitby Gazette* zufolge trafen um den 8. August 1890 herum „Mr., Mrs. und Master Bram Stoker aus London" – das heißt Bram, Florence und der damals elfjährige Noel – in Whitby ein, um ihre Sommerferien in dem Ort an der Nordostküste Yorkshires zu verbringen. In Wahrheit war Bram Stoker allerdings schon Ende Juli eingetroffen und hatte sich mindestens eine Woche lang allein dort aufgehalten. Sie logierten bei Mrs. Veasy in der Royal Crescent Nr. 6. Das Haus, in dem sie ein Schlafzimmer im dritten Stock und ein Wohnzimmer im Erdgeschoß bewohnten, lag ein wenig zurückgesetzt vom West Cliff und bot einen ausgezeichneten Blick auf das Meer.

Zur gleichen Zeit wie die Stokers wohnten auch drei Damen aus Hertford im selben Haus: Isabel und Marjory Smith mit ihrer Anstandsdame Miss Stokes. Es ist gut möglich, daß sie die Vorbilder für Mina Murray, Lucy Westenra und Mrs. Westenra waren, Figuren des Romans, den Bram Stoker gerade zu entwerfen begonnen hatte.

rst in Whitby begann der langwierige Prozeß, durch den aus Stokers Alptraum schließlich der *Dracula* werden sollte. Die Gespräche mit den ortsansässigen Fischern und Mitgliedern der Küstenwache, seine Nachforschungen im Museum von Whitby, in der Subskriptionsbücherei und im Badehaus auf dem Kai – der heute Pier Road heißt –, die Notizen und Skizzen, die er auf dem Friedhof der Gemeindekirche St. Mary anfertigte, zu dem man über 199 Stufen gelangt, die sogenannten „Church Stairs" am östlichen Teil des Hafens – all dies fand Eingang in die Kapitel VI bis VIII des *Dracula,* die innerhalb der Romanhandlung den Zeitraum vom 24. Juli bis zum 19. August abdecken. Stokers handschriftliche und maschinengeschriebene Berichte über die Zeit in Whitby sind erhalten und liefern einen einzigartigen Einblick in seine Methodik des Schreibens. Sie machen aber auch deutlich, wie seine Vorstellungskraft arbeitete.

Am 30. Juli unterhielt er sich auf dem East Cliff mit drei alten Fischern. Sie erzählten ihm von der *Esk,* einem Walfänger, der vor kurzem bei Sonnenuntergang leckgeschlagen und gesunken war: „Master (Dunbar) wollte weiterfahren. ‚Heute nacht heißt es Hölle oder Whitby', sagte er, doch die Männer flehten ihn an, die Segel zu reffen. Er schlug einen nach dem anderen nieder, als sie vor ihn

hintraten." Diese Fischer waren es auch, die Stoker von den Legenden berichteten, die man sich in dieser Gegend erzählte, und die er in Minas Tagebuchnotizen einfließen ließ. Zum einen war es die Legende von den drei Glocken, deren Läuten immer dann zu hören sei, wenn auf See ein Schiff unterging, zum anderen die Geschichte von der ersten Äbtissin des Klosters von Whitby, St. Hilda, von der man sagte, sie geistere als Weiße Frau durch die Ruinen der Abtei. Die Fischer taten diese Geschichten allerdings mit der Bemerkung ab, das alles sei „dummes Geschwätz".

Am 11. August, nachdem seine Familie eingetroffen war, befand er sich auf dem Friedhof von St. Mary. Er saß auf dem sogenannten „Selbstmörderplatz" am Rande der Klippe und notierte – recht umständlich –, daß das Wetter nicht danach war, um mit Eimerchen und Schaufel an den Strand zu gehen:

> Grauer Tag – Sonne hoch über Kettleness – alles grau – grün-grau – jeder Fels grau – Sandhügel alle grau – graue Wolken mit einem Hauch Sonne, graue Wogen des Meeres überschlagen sich. Dröhnen wird von der See geschluckt, Nebel treibt . . . verloren im grauen Nebel – endlose Weite. Wolken türmen sich, über der See ein dumpfes Murmeln – wie eine Ahnung – hier und da dunkle Figuren am Strand. Männer wie wandelnde Bäume . . .

Doch zumindest verschaffte ihm dieser „graue Tag" die Gelegenheit zu einem Gespräch mit einem gewissen William Petherick, seines Zeichens Mitglied der Küstenwache, der Stoker von diversen Schiffswracks erzählte. Unter anderem sprach er von einem russischen 120-Tonnen-Schoner vom Schwarzen Meer, der bei stürmischer See am Nachmittag des 24. Oktober 1885 unter vollen Segeln bei der Tate Hill Pier auf Grund gelaufen war. „Das russische Schiff hatte keine Fracht an Bord", notierte Stoker. „Nur Quarzsand als Ballast."

Ein weiterer grauer Tag, vielleicht sogar eine ganze Reihe davon, veranlaßten Stoker, unter der Überschrift „Grabsteine. Friedhof in Whitby (merken: KH steht für Kapitän der Handelsmarine)" mit der peniblen Genauigkeit eines gewissenhaften Buchhalters eine Liste von insgesamt 87 Grabinschriften anzufertigen. Darunter war auch die Inschrift eines Grabsteins neben einem Pfad entlang dem südlichen Querschiff der Kirche, die heute noch lesbar ist:

SWALES

Im Gedenken an Thomas Swales, der am 5. Juli 1786 im Alter von 91 Jahren starb
und seine Frau Ann, die am 6. Februar 1795 im Alter von 100 Jahren starb.
Vorbei die Last, vorbei das irdische Tun.
Mögen unsere Seelen im Himmel ruhn.

Am Abend des 13. August, genau um 18.30 Uhr, fertigte Bram Stoker eine Tintenzeichnung an, auf der die Aussicht von der Klippe hinunter auf den Hafen von Whitby bis zur Mündung des Flusses Esk zu sehen ist. Außerdem suchte er das Museum auf und die Subskriptionsbücherei, die durch einen glücklichen Zufall über die teuren Auswahlbände der *Literary and Philosophical Society* verfügte. Er bezahlte den „gesonderten Subskriptionspreis für Besucher" und notierte einige Einträge aus dem *Glossary of words used in the neighbourhood of*

Whitby von F. K. Robinson, einem Apotheker des Ortes. Robinsons Wörterbuch wurde durch einen Essay über die volkstümlichen Sitten und Gebräuche der Region, einschließlich der Begräbnisrituale, eingeleitet. Seinen Exzerpten nach scheint Stoker das Thema fasziniert zu haben: „schlechter Kerl = Teufel . . . Leichen-Damm = Friedhofspfad . . . Narren-Rede = Unsinn . . . Eberesche = Vogelbeerbaum (vertreibt Hexen) . . . *wuff* = Wolf . . . *yabblins* = vielleicht . . . *yeth foist* = Geruch feuchter Erde". Und „*barguests* oder Spukgeister":

> Furchterregende Erscheinungen, die menschliche oder tierische Gestalt annehmen . . . Einige sagen, *barguest* bedeute Schloßgeist (da die meisten alten Gemäuer einen spukenden Bewohner haben) . . . Dem Volksglauben zufolge hat ein *barguest,* gleich ob er als Hund oder Dämon erscheint, brennende, große Augen, „wie glühende Kohlen" . . . der *barguest* ist ein Bote des Todes, wer ihn in der Nacht schreien hört, stirbt.

Zudem stellte Stoker weitere Recherchen über das Schiffsunglück an, das sich fünf Jahre zuvor ereignet hatte und von dem ihm der Angehörige der Küstenwache erzählt hatte. Er fand heraus, daß der Name des Schiffes *Dmitry* war und daß es aus dem russischen Narva kam. Die Besatzung hatte aus einem gewissen Kapitän Säkki und sieben Mann bestanden. Man hatte das Schiff zuerst um zwei Uhr nachmittags entdeckt, als es bei Windstärke acht „mit einer Ladung Quarzsand von der Donaumündung" vor der Küste Whitbys trieb. Die *Dmitry* war unter Verlust der Masten auf den Strand des Hafens gedrückt worden und „verfehlte nur knapp die Felsen".

Stoker suchte sich die Details über diesen Vorfall aus verschiedenen Quellen zusammen: dem Logbuch der Küstenwache über *Schiffbrüche in Whitby,* aus dem er einiges auf ein mit dem O.H.M.S-Stempel versehenes Blatt Papier schrieb; dann aus einer alten Ausgabe der *Whitby Gazette* vom 31.10.1885, und schließlich bezog er sich auf Mr. Petericks Augenzeugenbericht. Es ist außerdem denkbar, daß er Frank Meadow Sutcliffes Photographie von der *Dmitry* zu Gesicht bekam. Es ist davon auszugehen, daß Sutcliffe, der auf der West Cliff gerade seinen zweiten Laden „für den Verkauf von Ansichten des Fischervolkes und Landschaften" eröffnet hatte, während des Urlaubs der Stokers häufiger in der Lokalzeitung erwähnt wurde.

Da die Bibliothek auf historische und topographische Bücher spezialisiert war, enthielt sie auch – und zwar unter der Signatur 0.1097, wie Stoker pflichtschuldig vermerkte – einen *Account of the Principalities of Wallachia and Moldavia: with various political observations relating to them* von William Wilkinson, Esq., ehemals britischer Konsul in Bukarest. Auf Seite 19, die mit der Anmerkung *verbatim* versehen war, fand sich ein interessanter Hinweis:

> DRACULA bedeutet in der Sprache der Walachei Teufel. Die Walachen haben diesen Begriff von jeher – und so verfahren sie noch heute – Menschen als Beinamen verliehen, die sich entweder durch besonderen Mut, ihre Taten oder Klugheit ausgezeichnet haben.

Stoker kopierte sorgfältig Wilkinsons Beschreibung der Feldzüge des Woiwoden ᴄᴗᴗᴗ

Dracula, der im 15. Jahrhundert über die Donau setzte und gegen die Türken kämpfte. Ebenso machte er sich Notizen über das Straßensystem und die in den Karpaten üblichen Transportmittel, die reich verzierten Fuhrwerke, die sogenannten *calèches,* die von den inzwischen verarmten Bojaren benutzt wurden. Wilkinson schreibt, daß diese Bojaren behaupteten, „niemand als sie in Europa könne sich größeren Adels rühmen"; ferner gibt er einen detaillierten Bericht über die traditionellen Trachten der Einwohner Walachiens und Moldawiens. Zu diesem Zeitpunkt war Stoker ganz offensichtlich noch nicht bewußt, daß dieses Buch schließlich zur Geburtsurkunde des Grafen Dracula werden sollte. Tatsächlich findet sich an keiner anderen Stelle in Stokers umfangreichen Notizen ein Bezug auf den historischen Dracula – Vlad, den Pfähler.

Kurz vor seiner Abreise schließlich, am Abend des 18. August, beobachtete Bram Stoker – wiederum vom Friedhof auf den Klippen aus –, daß auf dem Pier eine Kapelle Walzer spielte und zur gleichen Zeit die Kapelle der Heilsarmee in einer Straße in der Nähe des Kais ihre Lieder intonierte. Er notierte: „einer den anderen nicht hörend, doch wir hören beide". Er wurde also, zumindest bei dieser Gelegenheit, von seiner Familie begleitet.

u Hause, in der St. Leonard's Terrace 17 in Chelsea, überarbeitete und erweiterte Bram Stoker die in Whitby gemachten Aufzeichnungen. Wie wäre es, wenn der Kapitän des Schoners auf dem St. Mary's Friedhof begraben läge? Stoker dürfte gewußt haben, daß dort bereits seit zwanzig Jahren keine Beerdigungen mehr stattgefunden hatten, doch ein solcher Anachronismus erhöhte die Dramatik. Am 15. Oktober 1890 fügte er dem Vorfall mit der *Dmitry* ein weiteres fiktives Detail hinzu: „Großer Hund sprang vom Schiff . . . und lief über die Pier, den Kilnyard entlang und die Stufen bei der Kirche hinauf zum Friedhof. Hund aus dem Ort wird mit zerrissener Kehle gefunden, Gräber sind aufgewühlt." Später spielte er mit dem Gedanken, den er nachher aber wieder verwarf, daß Lucy mit Hilfe einer magischen, am Strand von Whitby vergrabenen Brosche in eine schlafähnliche Trance versetzt werden könnte, sobald sie ihrer ansichtig wird. Die Brosche hätte also eine ähnliche Wirkung erzielt, wie die am Strand gefundene Pfeife in M.R. James' 1904 erschienener Geistergeschichte *Oh, Whistle and I'll Come to You My Lad.*

Abgesehen von diesen wenigen Ausschmückungen sollten die Aufzeichnungen, die Stoker vor Ort in Whitby gemacht hatte, auf verschiedene Figuren verteilt, beinahe wörtlich Eingang in den fertigen Roman finden. Nach der Erfahrung seines Alptraums *suchte* er seit dem Sommer 1890 ganz offensichtlich nach Material für eine Horrorgeschichte, ohne schon genau zu wissen, wie er es benutzen sollte. Die Geschichte der *Dmitry* hätte er auch in eine seiner geheimnisvollen Seefahrergeschichten einarbeiten können – ein Genre, das ihm vielleicht deshalb so lag, weil er in den Ferien daran arbeiten konnte. Einen Teil der Erinnerungen an Whitby verarbeitete Stoker schließlich zu der Kurzgeschichte *The Red Stockade – A Story Told by the Old Coastguard*, die im Oktober 1894 in Amerika (aber nicht in England) erschien.

otografie des russischen Schoners Dmitry von Frank Meadow Sutcliffe. Das in Narva beheimatete Schiff war an einem stürmischen Nachmittag im Oktober 1885 auf dem Tate-Hill-Strand vor Whitby aufgelaufen. In seinem Roman Dracula *diente es Bram Stoker als Vorlage für das russische Schiff Demeter, das den Grafen von Varna nach England bringt.*

raculas Ankunft in England ist also der beiläufigen Bemerkung eines Mitglieds der Küstenwache zu verdanken. Der Name des Vampirs – in Stokers frühen Aufzeichnungen wird der Bösewicht mit dem eher nichtssagenden „County Wampyr" belegt – stammt aus einem Buch, auf das er zufällig in der Bibliothek gestoßen war. Der Schauplatz für die Ankunft des Vampirs – und die Verführung Lucys – war von dem Ort inspiriert, den Stoker sich auf Empfehlung eines Schauspielerkollegen als Ziel für seinen Sommerurlaub 1890 gewählt hatte. Die Grundidee – der Alptraum – bestand bereits. Den Rest scheint Stoker erst nach und nach hinzugefügt zu haben.

Das Gespräch, das Stoker auf der East Cliff mit den drei alten Fischern über Legenden führte, seine Abschrift der Grabinschriften und das Studium des *Glossars* bildeten die Grundlage für die Romanfigur des Mr. Swales, einem alten Seemann von „fast hundert", der sich im „Dialekt" mit Mina unterhält. Auch

Swales ist der Ansicht, daß die Legenden „dummes Geschwätz" sind; er bezieht sich auf einige Grabinschriften, die auf dem Friedhof tatsächlich zu finden sind, und er würzt seine Rede – wenn auch wenig überzeugend – mit Worten und Phrasen wie: „schlechter Kerl", „Leichen-Damm", „Narren-Rede", *„yabblins"* und natürlich „Spukgeister und *barguests* und Kobolde und alles über sie". Aus dem unter Ballast von Quarzsand fahrenden Schoner *Dmitry* wird die *Demeter,* die „Holzkisten mit Erde" geladen hat. Und die Dokumente, die Stoker dem Leser als Quellen an die Hand gibt, sind das Logbuch der *Demeter,* Ausschnitte aus Mina Murrays Tagebuch und ein Bericht aus dem Lokalblatt, dem *Dailygraph,* vom 8. August:

> Plötzlich drehte der Wind sich nach Nordost, und die Nebelfetzen verflüchtigten sich im Lichtkegel; und dann, mirabile dictu, schoß zwischen den Piers, in rasender Eile von Woge zu Woge, der fremde Schoner mit vollen Segeln vor dem Wind in den sicheren Hafen. Der Scheinwerfer folgte mit seinem Licht, und ein Schauer durchrieselte alle; am Steuer war ein Leichnam angebunden . . .

Der von Bram Stoker für seine Recherchen bevorzugte Platz – der „Selbstmörderplatz" auf dem Friedhof – ist im Roman der Ort, von dem aus der Graf das erste Mal auf britischem Boden gesichtet wird. Am 11. August schreibt Mina in ihr Tagebuch:

> . . . denn dort, auf unserem Lieblingssitz, sah ich eine vom Mondlicht hell beschienene, halb zurückgelehnte, schneeweiße Gestalt [Lucy Westenra]. Allzu rasch näherte sich wieder eine Wolke, als daß ich viel hätte sehen können. Sofort umhüllte mich wieder tiefe Finsternis, aber ich hatte den Eindruck, als stände etwas Dunkles hinter dem Sitz, auf dem sich die weiße Gestalt befand, und beuge sich über sie; was es war, ob ein Mensch oder ein Tier, konnte ich nicht erkennen . . . In tiefster Seele erschreckt rief ich: Lucy! Lucy! und das Etwas erhob den Kopf – ein bleiches Gesicht mit rotglühenden Augen wandte sich mir zu.

Von der gleichen Stelle aus macht Mina auch folgende Beobachtung:

> Die Musikkapelle auf dem Pier spielt einen mißtönenden Walzer zur Belustigung, während weiter vom Hafen weg irgendwo in einem Nebengäßchen die Heilsarmee musiziert. Keine der Kapellen bemerkt etwas von der anderen, aber von hier oben kann ich sie beide sehen und hören.

Ihre Beschreibung der über Whitby lastenden Atmosphäre eines bevorstehenden Unheils vom 6. August entspricht fast wörtlich der des Autors:

> Heute haben wir grauen Himmel und die Sonne steht, während ich dies schreibe, in Wolken gehüllt hoch über Kettleness. Alles ist grau, außer dem grünen Grase, das wie Smaragd leuchtet; graue Felsen, graue Wolken, deren unterste Ränder von der Sonne durchleuchtet werden, hängen über der grauen See, in die sich die Sändbänke [sic!] wie graue Finger hinausstrecken . . . Auch der Horizont verliert sich in grauem Dunst. Unermeßlich das alles; die Wolken türmen sich wie gigantische Felsen, und über der See liegt ein

dumpfes Brüten, als hätte sie ein Unglück vorauszusagen. Dunkle Gestalten tauchen da und dort am Strande auf, zuweilen halbverhüllt von den Nebeln, und sehen aus „wie Männer gleich wandelnden Bäumen".

Nebenbei sei bemerkt, daß die Formulierung „Männer gleich wandelnden Bäumen", die Stoker bereits im August 1890 niederschrieb und sieben Jahre später veröffentlichte, nicht – wie man annehmen könnte – eine Anspielung auf den letzten Akt des *Macbeth* ist, wo sich der Wald von Birnam auf Dunsinane zubewegt, sondern ein Zitat aus dem Markusevangelium (8,24): „Und er sah auf und sprach: Ich sehe Menschen gehen, als sähe ich Bäume". Ein etwas anderes Wunder.

Gleichwohl hatte Bram Stoker mit Sicherheit das Theater im Hinterkopf, während er seinen Roman schrieb. Einige Zeit nach seiner Rückkehr aus Whitby fertigte er auf einem Blatt mit dem Briefkopf des Lyceum Theatre eine Aufstellung mit den „Eigenschaften des County Wampyr" an (noch hatte er sich nicht für den Namen DRACULA entschieden). Der Vampir, der hier gezeichnet wird, hätte sich auch in einer Premiere des Lyceum zu Hause gefühlt:

- liebt es, in anderen böse Gedanken zu erwecken und gute auszulöschen – und zerstört so ihren Willen;
- kann im Dunkeln sehen und findet sich instinktiv sogar im dichtesten Londoner Nebel zurecht;
- ist unempfänglich für die Schönheit der Musik;
- niemand kann ein Bild von ihm malen, das ihm ähnlich sieht – so sehr der Künstler es auch versucht, die gemalte Gestalt sieht immer anders aus;
- desgleichen ist es unmöglich, ihn zu photographieren – auf den Abzügen sieht er immer nur „schwarz oder wie ein Skelett" aus;
- und es gibt keine Spiegel im Haus des Grafen – weil er kein Spiegelbild hat und auch keinen Schatten wirft; die Lampen in seinem Haus müssen daher so eingerichtet werden, daß sie „keinen Schatten erzeugen".

Die Aufzählung vermittelt den Eindruck, als ob der Vampir in die Welt von Aubrey Beardsleys *Yellow Book* gehörte – der Buchumschlag der Ausgabe des *Dracula* von 1897 sollte denn auch, der Mode der Zeit entsprechend, gelb sein –, als ob er mehr mit Oscar Wilde als mit der Folklore Osteuropas zu tun hätte. Stokers *Fin de Siècle*-Vampir weiß gute Musik nicht zu schätzen, er *liebt* es, in anderen böse Gedanken zu wecken. Sein Porträt läßt sich nicht malen, er läßt sich nicht photographieren, und er erträgt es nicht, in einen Spiegel zu blicken. Eine gewisse Familienähnlichkeit mit dem *Bildnis des Dorian Gray* (1891) ist unübersehbar, dessen Protagonist eine Leidenschaft für die neuesten, „pikanten" und gelb gebundenen Romane aus Frankreich hat.

is zum Veröffentlichungsjahr 1897 sollte Stoker allerdings all diese Eigenschaften mit Ausnahme der des fehlenden Spiegelbildes wieder verworfen haben. Stoker beschloß, möglicherweise aus Rücksicht auf die bekannten Vorurteile seines Arbeitgebers und unter dem Ein-

druck von Oscar Wildes Skandalprozeß von 1895, die *ästhetische* Seite der Persönlichkeit seines Dämons zu unterdrücken. Wie er es bei sich selbst auch getan
hatte. Aber es galt: „Dieser Mann gehört mir . . .“

Das Verhältnis zwischen Irving und seinem „Manager“ war, milde ausgedrückt, vergleichbar mit dem eines Superstars und seinem ergebenen Fan. Stoker
war neunzehn, als er den damals aufstrebenden Irving zum ersten Mal im
Theatre Royal in Dublin in seinem Element erlebte:

> Was ich zu meiner Verwunderung und Freude sah, war eine patrizische Erschei-
> nung, so wirklich wie die Menschen im Traum, und mit derselben poetischen
> Anmut ausgestattet . . . Ein Mann von höchstem Wert, der sich von den ihn auf
> der Bühne Umgebenden abhob wie ein Wesen aus einer anderen Welt. Eine
> Figur voller Feuer und feiner Ironie, dessen Spott zu beißen schien . . .

Es war Irving, schrieb Stoker, der in ihm die Saat für seine lebenslange Liebe
zum Theater legte (beinahe zur selben Zeit begann Stoker – unentgeltlich –
Theaterkritiken für die *Dublin Mail* zu schreiben). Und es war Irving, der den
Phantasien des Heranwachsenden über „eine patrizische Erscheinung, so wirklich wie die Menschen im Traum“ Nahrung gab.

Etwa neun Jahre später lernten sie sich an einem Sonntag im Dezember in
Dublin persönlich kennen, etwa zu der Zeit, als Stoker zum Inspector of Petty
Sessions in Dublin Castle befördert wurde. Stoker würdigte Irvings Interpretation des Hamlet in nicht weniger als einer begeisterten Ankündigung und zwei
überschwenglichen Kritiken.

Irving genoß Komplimente, zu sehr, wie viele seiner Kritiker meinten. In
seinem Hotel belohnte er den jungen Beamten und Freizeit-Theaterkritiker mit
einem bewegenden Vortrag von Thomas Hoods 1829 erschienenem schwülsti-
gen Gedicht *The Dream of Eugene Aram*. Die Wirkung – ob kalkuliert oder nicht
(Irving suchte gerade Mitglieder für sein neues Lyceum-Ensemble) – war recht
außergewöhnlich: Ein paar Sekunden lang schwieg Bram Stoker, bevor er in eine
für ihn ganz und gar untypische Hysterie verfiel: „Ich war kein hysterischer
Mensch“, erinnerte er sich später. „Ich war kein grüner Junge; kein schwaches
Individuum, das sich einer überlegenen emotionalen Macht ergab. Ich war im
Vergleich zu anderen ein starker Mann . . . Ich war ein sehr starker Mann . . . Als
ich daher nach seinem Vortrag hysterisch wurde, war das für meine Freunde eine
deutliche Überraschung; ich selbst konnte in meinem damaligen Zustand keine
Überraschung empfinden . . . An jenem Abend war Irving wahrhaft inspiriert . . .“

Nachdem er sich erholt hatte, eilte Irving in das angrenzende Schlafzimmer
und kam mit einer signierten Photographie zurück: „Meinem lieben Freund
Stoker. Gott segne Sie! Gott segne Sie! Henry Irving. Dublin, 3. Dezember
1876.“ Sollte das Ganze tatsächlich ein Trick gewesen sein, so funktionierte er
ausgezeichnet. Im darauffolgenden Jahr fuhr Stoker in den Sommerferien nach
London, um Irving im Lyceum Theatre zu besuchen. Im November schrieb er in
sein Tagebuch: „London in Sicht!“ Und von 1878 bis 1905 war er der „zuverläs-
sige, treue und ergebene Diener“ seines Helden am Lyceum Theatre. Ein Kritiker schloß aus all dem ohne Umschweife:

Stokers Notizen für den Dracula wurden vor zwanzig Jahren in der Rosenbach Library in Philadelphia entdeckt. Das abgebildete Inhaltsverzeichnis enthält einige Geschehnisse, die in der Endfassung wegfielen; man beachte, wie aus „Styria" (Steiermark) „Transylvania" wird.

Der Manierismus des Svengali-gleichen Irving trug bisweilen geradezu groteske Züge; es war sein extrem selbstverliebtes Auftreten, auf und hinter der Bühne, das seinen ihn bewundernden Assistenten Bram Stoker dazu bewegte, die Figur des gräflichen Vampirs Dracula zu erschaffen.

In Wahrheit war die Beziehung wahrscheinlich ein wenig komplexer. Stokers Job als Geschäftsführer, Verwalter und das, was wir heute „Public-Relations-Manager" nennen würden, verlangte mit Sicherheit ein hohes Maß an Pflichtbewußtsein; es war ein Job, der früh am Morgen begann und ihn bis in die späte Nacht beschäftigte. Nur am Nachmittag gab es eine kurze Pause, in der er nach Hause, in die St. Leonard's Terrace, ging. Und glaubt man Bram Stokers Erinnerungen an Henry Irving (*Personal Reminiscences of Henry Irving*, 1906), dann war es in den 1890er Jahren bereits ein Vollzeitjob, das gigantische Ego des Schauspieldirektors zu pflegen. „Hierher, Bram, Bram komm her!" pflegte Irving zu schreien, wann immer er in Schwierigkeiten war, was häufig vorkam.

An manchen Abenden gingen Irving, Stoker und der Inspizient Harry Loveday nach der Vorstellung noch auf ein spätes Abendessen in den „Beefsteak Room" des Theaters. Irving hatte mit dem ihm eigenen Sinn für Dramatik einen Raum im Stil eines neogotischen Salons einrichten lassen, um Kontakte zu pflegen. Selbst ein eigener Koch stand zur Verfügung.

An einem dieser Abende, dem 30. April 1890, gerade sieben Wochen nach Stokers Alptraum, gehörten zu der Tischgesellschaft auch Hall Caine, der berühmte Romancier von der Isle of Man und Freund der Stokers, sowie Arminius (Armin oder Herman) Vambery, ein anerkannter Orientalist, der an der Universität von Budapest lehrte. Vambery bekam später einen kurzen Auftritt im *Dracula* als weltbekannte Autorität auf dem Gebiet der Vampire, was er in Wirklichkeit bedauerlicherweise nicht war. Stoker fand wohl vor allem an seinem exotischen Namen Gefallen.

Gut möglich, daß an einem Punkt des Gesprächs auch die Figur des Dracula als denkbare Rolle für Irving in Erwägung gezogen wurde. Die stimmlichen Täuschungsmanöver des Grafen und einige seiner Manierismen (z B. wenn er Frauen auf Armeslänge von sich hält und anschreit) haben gewisse Ähnlichkeit mit Irvings schauspielerischen Darbietungen während seiner Zeit am Lyceum. Eine Hommage? Oder Rache? Stoker verehrte und fürchtete seinen Meister.

Die Arbeit für Irving nahm Bram Stoker so sehr in Anspruch, daß er nicht regelmäßig Zeit zum Schreiben fand. Aus den Briefköpfen und Stempeln des Papiers, auf dem er sich Notizen für den *Dracula* machte, wird ersichtlich, daß er häufig in Hotels oder in der Eisenbahn arbeitete, wenn er mit dem Theater auf Tournee war. Natürlich nutzte er auch die Pausen, die sich durch den Spielbetrieb ergaben, und vor allem den jährlichen Sommerurlaub.

Im August 1893 fuhr er, dieses Mal allein, an die Küste von Buchan im Nordosten Schottlands. Vermutlich recherchierte er dort für Irvings spektakuläre

Neuinszenierung des *Macbeth*. Nur selten nutzte er seinen Urlaub, um sich zu erholen, und es war nicht ungewöhnlich, daß Irving ihn wegen irgendeines Problems kurzfristig nach London zurückbeorderte, bevor seine Ferien vorüber waren.

Stoker nahm sich ein Zimmer in Peterhead, bevor er einen Spaziergang machte, der ihn etwa acht Meilen an der Küste entlang nach Süden führte. Dort stieß er auf das wenig bekannte, zwischen Peterhead und Aberdeen gelegene Fischerdorf Port Erroll, das zu der Zeit etwa 200 Einwohner hatte, zumeist Heringsfischer. Später schrieb er:

> Ich sah den Ort und hatte mich schon in ihn verliebt. Am liebsten hätte ich den Sommer dort in einem eigenen Haus verbracht. Doch das Fehlen eines Hauses, in dem ich hätte wohnen können, machte dies unmöglich. Also quartierte ich mich in dem kleinen Hotel, dem Kilmarnock Arms ein. Im Jahr darauf kam ich wieder, und auch in den folgenden.

Das einzige Hotel des Ortes war im Jahr 1887 erbaut worden, und mit einem gewissen Stolz hatte der Besitzer das Wappen des Lord Kilmarnock für sein Haus übernommen. Lord Kilmarnock war der Vater des 15. Earl von Erroll gewesen, der wegen seiner Teilnahme an den Jakobitenaufständen von 1745 geköpft worden war. Im Sommer 1894 brachte Stoker Florence und Noel mit und schrieb in das heute leider verlorengegangene Gästebuch des Hotels: „Zweiter Besuch – bin begeistert von allem und jedem und hoffe wiederzukommen." Mrs. Cruickshank, die damals in Port Erroll die Post austrug, erinnerte sich 1976, im Alter von 96 Jahren, daß Stoker „. . . ein großer, fröhlicher, hübscher Ire [war], und seine Gattin war die schönste Frau, die ich je gesehen habe . . . Mr. Stoker erzählte mir, daß ihm die Ideen zu seinen Geschichten immer in den Ferien in Cruden Bay [wie die Bucht seit 1924 heißt] gekommen seien, während er den Strand nach Whinnyfold [ein Dorf drei Meilen südlich von Port Erroll] entlangging oder zwischen den Felsen nördlich des Castle und des Buller herumkletterte."

George Hay, der in Whinnyfold lebte, als Bram Stoker sich dort gegen Ende der 90er Jahre ein kleines, weiß gekalktes Cottage mietete – das heute den Namen *The Crookit Lum* trägt, weil sein Schornstein sich leicht zum Meer hin neigt – erinnerte sich ebenfalls 1976 daran, wie „der große, bärtige Ire mit seinem im Wind flatternden Mantel über den Strand stapfte, mit seinem schweren Stock darin herumstocherte, mit den Armen ruderte und die Brecher anschrie, die donnernd an den Strand rollten, und sich alles in allem so merkwürdig benahm, daß meine Base zweiten Grades, Eliza, die im Kilmarnock Arms arbeitete, Angst hatte, über den Strand nach Hause zu gehen und lieber den längeren Weg über die Klippen nach Whinnyfold ging."

Ähnlich wie im Fall von Whitby, ließ Bram Stoker auch die Eindrücke, die er in Port Erroll sammelte, in seine Bücher einfließen, vor allem in *The Watter's Mou* (erschienen im Januar 1895). Gleiches gilt auch für die Kurzgeschichten *Crooken Sands* (im Dezember 1894 erschienen) und *Mystery of the Sea* (1901 in Whinnyfold verfaßt).

Henry Irving mit Zylinder vor dem Bühneneingang des Lyceum, in gebührendem Abstand folgt sein „zuverlässiger, treuer und ergebener Diener" Bram Stoker.

Aus Stokers Arbeitsunterlagen für den *Dracula* wird ersichtlich, daß er selbst 1896 noch für seinen Roman recherchierte. Unter seinen Papieren finden sich Notizen, die Daten aus den Jahren 1895 und 1896 tragen, ein Zeitungsausschnitt vom Februar 1896 und einige Stichworte zu den medizinischen Symptomen von Kopfverletzungen und Hirnschädigungen („merken: der Professor spricht über das Wachstum von Draculas Gehirn"), die auf eine Unterhaltung mit Brams erfolgreichem älteren Bruder „Sir William Thornley Stoker Bart, Präsident des Königlichen Collegs der Chirurgen, Irland" zurückgehen. William wurde 1895 zum Ritter geschlagen, gleichzeitig mit Henry Irving, dem ersten Theatermann, dem diese Ehre widerfuhr. Stokers Notizen müssen also nach dem Frühsommer dieses Jahres entstanden sein. Sie beziehen sich auf die Passagen des Romans, die in einem privaten Irrenhaus spielen und von Dr. Seward (eine Anspielung auf den Siward in *Macbeth?*) mittels eines „Phonographen" aufgezeichnet werden. Die Daten und Wochentage im *Dracula* lassen darauf schließen, daß die Handlung des Romans im Jahr 1893 angesiedelt ist, dem Jahr, in dem Stoker voller Begeisterung Cruden Bay entdeckte.

Obgleich sich in den erhaltenen Arbeitsunterlagen zum *Dracula* keine

Notizen finden, die explizit auf Port Erroll Bezug nehmen – warum auch, wenn Whitby bereits derart viel Material geliefert hatte? –, ist es mehr als wahrscheinlich, daß Stoker dort seine Ferien in den Jahren 1893 bis 1897 mit der Planung und ersten Niederschrift des Romans verbrachte.

Seinem Biographen Harry Ludlam zufolge verbrachte Stoker Stunden „mit dem Küstenwächter in dem kleinen Ausguck auf der Klippe". Aus seinen anderen Romanen wissen wir, daß er mit den Fischern über örtliche Sitten und Gebräuche plauderte – und auf diese Weise beispielsweise erfuhr, daß man einen Toten auf dem Weg zum Friedhof nicht an seinem Wohnhaus vorbeitragen durfte, wollte man nicht riskieren, daß es dort in Zukunft spukte. Zweifelsohne beschäftigte er sich auch mit dem Dialekt der Region, wie Passagen aus *The Watter's Mou* belegen. Und dann ist da noch das Schloß.

Slains Castle – das „neue" Slains Castle –, Stammsitz der Familie Haye, den Earls von Erroll, wurde gegen Ende des 16. Jahrhundert in der Nähe des Orts errichtet, an dem das alte, 1594 zerstörte, Schloß gestanden hatte.

1893, als Bram Stoker das erste Mal nach Port Erroll kam, wurde es vom 20. Earl von Erroll bewohnt. Das inzwischen ausschließlich als Wohnhaus genutzte Gebäude schien direkt aus dem Granitfelsen geschlagen zu sein und muß einen imposanten Anblick geboten haben.

Heute ist Slains Castle eine Ruine. Nur das Granitfundament, Teile des Turmes, eine steinerne Wendeltreppe und ein Torbogen sind noch erhalten. Die Ruine vermittelt einen finsteren und bedrohlichen Eindruck. Stoker hatte sich in *The Watter's Mou* immerhin noch „die glücklichen Gesichter derer, die sich um das tröstende Licht scharen" vorstellen können.

Dennoch könnte er Slains vor Augen gehabt haben, als er die Passage seines Romans schrieb, in der sein Alter ego Jonathan Harker im Land jenseits des Waldes ein Schloß erreicht, das ebenfalls auf einem Felsen liegt:

> Plötzlich kam es mir zum Bewußtsein, daß der Kutscher den Wagen in den Hof eines großen, ruinenhaften Gebäudes lenkte, aus dessen weiten, schwarzen Fenstern nicht ein einziger Lichtstrahl kam und dessen zerbröckelnde Zinnen sich wie eine gezackte Linie von dem nunmehr wieder mondhellen Himmel abhoben . . . In der Dunkelheit schien der Schloßhof von beträchtlicher Größe; daß mehrere Wege von ihm aus unter mächtige runde Torwege führten, ließ ihn vielleicht noch größer erscheinen, als er wirklich war . . . Ich befand mich vor einem großen, alten Tore, das mit Eisen beschlagen und in einen stark ausladenden Torbogen von massivem Stein eingelassen war. Ich konnte bei dem zweifelhaften Lichte erkennen, daß der Stein bearbeitet war, daß aber die Bildereien von Zeit und Wetter schon stark gelitten hatten . . . Am Ende dieses Korridors öffnete er [Dracula] eine schwere Türe, und ich sah in ein hellerleuchtetes Zimmer, in dem ein gedeckter Tisch zum Abendbrot bereit stand, während in dem mächtigen Kamin ein großes Holzfeuer flammte und knisterte.

„War das ein normaler Fall im Leben eines Anwaltschreibers . . .?" ist Harkers erster Gedanke. Doch schon bald kann er sich vergewissern, daß das Innere des Schlosses einladender ist als die gigantischen Umrisse seines Äußeren vermuten lassen. Vielleicht stand über dem Torbogen *in Wirklichkeit* ja „Erbaut 1664 von Gilbert, 11. Earl von Erroll, Chief Constable von Schottland, umgebaut 1836 und 1837 unter der Regentschaft Williams IV. von William George, 17. Earl von Erroll, Great Constable und Knight Marischal von Schottland". Denn das war die Inschrift, die Stoker gelesen hatte, als er das erste Mal den Felsen emporgeklettert und sein Blick auf den Torbogen von Slains Castle gefallen war. In Cruden Bay jedenfalls geht die Legende, daß Sir Henry Irvings geschäftsführender Direktor vom Earl und der Countess von Erroll in das Schloß eingeladen wurde, und daß auch er mit Freude auf den für das Abendessen gedeckten Tisch und das Feuer im Kamin sah.

Doch nicht hier, sondern in Bloomsbury, im runden Lesesaal des British Museum, sollte Bram Stoker den größten Teil des detaillierten Quellenmaterials finden, mit dem er seine in den Ferien begonnene Geschichte anreicherte. Und dieses Material betraf nicht Whitby oder Port Erroll, sondern Transsylvanien. Gleich auf der ersten Seite des *Dracula* heißt es:

> Da mir in London noch einige Zeit zur Verfügung stand, hatte ich das Britische Museum besucht und mich dort unter den Büchern und Karten über Transsylvanien unterrichtet, da ich hoffte, einige Vorkenntnisse würden mir für den Verkehr mit einem Edelmann des Landes jedenfalls von Nutzen sein . . .

Ursprünglich sollte der Schauplatz des Romans – wie in *Carmilla* – die Steiermark sein. Doch nach der Lektüre einer Reihe romantischer Reiseberichte und Sammlungen osteuropäischer Folklore, die zumeist aus der Feder pensionierter britischer Beamter stammten (z. B. aus der William Wilkinsons, ehemals Konsul in Bukarest), hatte Stoker seine Pläne geändert und die Handlung weiter nach Osten verlegt. Unter den Büchern, die er zu dieser Zeit las, war auch *The Land Beyond the Forest* von Emily Gerard, der Frau eines Offiziers in der österreichisch-ungarischen Kavallerie. Sie behauptete, daß „Transsylvanien mit Fug das Land des Aberglaubens genannt werden kann". Weiter heißt es: „Denn nirgendwo sonst gedeiht diese eigenartige, verderbende Pflanze der Täuschung derart unbeirrt und in einer solch verwirrenden Vielfalt. Es hat fast den Anschein, als ob das ganze Geschlecht der Dämonen, Feen, Hexen und Kobolde, nachdem sie aus dem übrigen Europa durch den Zauberstab der Wissenschaften vertrieben wurden, Zuflucht hinter dem Schutzwall dieser Berge gesucht hätte . . ."

Ausführlich berichtet sie über die teuflischen *Scholomancen,* wo okkulte Praktiken vermittelt werden; und schließlich über „den Vampir oder *Nosferatu,* an den jeder rumänische Bauer so fest glaubt wie an die Existenz von Himmel und Hölle". Generell geht es ihr um den Einfluß der Volkssagen – sie nennt es Aberglauben – auf den Alltag des bäuerlichen Lebens, wie er sich in den Feiern zum Wechsel der Jahreszeiten, der Angst vor Wölfen, traditionellen Beerdigungsgewändern und dem Glauben an die reinigende Kraft des Knoblauchs ausdrückt.

„Ich las", schreibt Jonathan Harker am 3. Mai in sein Tagebuch, „daß jeder nur erdenkliche Aberglaube dort unten in dem hufeisenförmigen Zuge der Karpaten zu Hause sei, als sei dort das Zentrum eines Wirbels abergläubischer Vorstellungen."

Ein anderes Buch, *Transylvania: its products and its people* von Charles Boner

§lains Castle, an der Buchan-Küste im Nordosten Schottlands auf einem Felsen nördlich von Cruden Bay gelegen. Bram Stoker besuchte das Schloß zum ersten Mal 1893, dem Jahr, in dem sein Roman spielt.

lieferte Stoker zahlreiche Informationen über Geschichte und Geographie der Karpaten, über die Stadt Bistritz, den Borgó-Prund oder -Pass und den Zustand der Straßen. Außerdem verfügte das Buch über ausgezeichnete Straßenkarten:

> Östlich von Bistritz liegt der Borgó-Prund . . . hier befindet sich das soge-
> nannte „Mittelland", eine niedrige Hügelkette, die sich in dem Tal zwischen
> den höheren Bergen erhebt. Selbst zu dieser Jahreszeit war der Anblick ihrer
> kühn geschwungenen Formen und sanften Hänge außerordentlich reizvoll;
> und im Sommer, wenn die Wälder des Hochlandes Laub tragen und die
> Weiden grün sind . . . muß die Aussicht ganz besonders schön sein.

„Alles in reichster Blüte", schreibt Jonathan Harker am Abend des St. Georg-Tages, „und als wir näher herankamen, sahen wir auch den grünen Rasen unter ihnen gesprenkelt von herabgefallenen Blütenblättern. Durch diese liebliche Hügellandschaft, die man das Mittelland nennt, zog sich die Straße . . . der Fuhrmann war scheinbar darauf erpicht, ohne jeglichen Zeitverlust den Borgó Prund zu erreichen. Man sagte mir, daß diese Straße im Sommer ausgezeichnet sei . . ."

In einem weiteren Buch, *Round About the Carpathians,* beschreibt der Autor Andrew Cross, „Mitglied der Chemical Society", in kernigem Stil seine Reise durch die wilden Karpaten, nur mit einem Bowiemesser, einem Revolver und einer doppelläufigen Flinte bewaffnet. Einige von Harkers blumigeren Formulierungen (wie „in dem hufeisenförmigen Zuge der Karpaten") stammen von Cross, sowie auch das Rezept für das „Paprikahendl":

> In allen Teilen des Landes, in denen ein Reisender anzutreffen ist, wird die Bitte um etwas zu essen mit der stets gleichen Frage beantwortet: „mag der Herr vielleicht ein Paprikahendl?", und er tut gut daran, es zu mögen, denn die Chancen, etwas anderes zu bekommen, sind gering. Während ich mich um mein Pferd kümmerte, fing die Frau aus dem Gasthof ein mageres Hühnchen, welches, da bin ich mir sicher, dieses Leben ohne Bedauern verließ; und in erstaunlich kurzer Zeit war der Vogel in rotem Pfeffer gebraten und nannte sich Paprikahendl.

„Zum Diner oder vielmehr Souper", erinnert sich Jonathan Harker, „aß ich ein Huhn, das mit rotem Paprika zubereitet war; sehr schmackhaft, aber dursterregend . . . Auf meine Frage sagte mir der Kellner, man nenne es ‚Paprikahendl' und ich würde es, da es Nationalgericht sei, überall in den Karpaten bekommen."

On the track of the Crescent: Erratic notes from the Piraeus to Pesth von Major E. C. Johnson, der an der nepalesischen Grenze und wohl auch in Irland gedient hatte, wie sich aus seinen zahlreichen Vergleichen zwischen den Bauern der Walachei und „unserem Freund Paddy" schließen läßt, informierte Stoker über die Wirkung des bereits erwähnten Paprika („meine Kehle signalisierte mir am nächsten Morgen ‚Gefahr' . . .") und lieferte ihm eine Reihe von Begriffen zur Beschreibung des Schlosses („seine grimmigen Zinnen und düsteren, alten Türme") sowie einige ausgezeichnete Beschreibungen der örtlichen Gegebenheiten:

> Ein großes Kreuz mit einer grob geschnitzten Figur unseres Erlösers ragte am Wegesrand auf, und ihm erwiesen alle Walachen größte Ehre . . . Vor uns, so weit das Auge reichte, lag ein endlos erscheinender Waldstreifen, der bis zum Fuß des Gebirges reichte. Er leuchtete in zahllosen Schattierungen von Grün, Blau und Braun, ging weiter oben, wo die Bäume immer kümmerlicher wuchsen, in ein dunkles Violett über und verlor sich schließlich im Dunst, der die felsigen Bergzinnen umgab. Diese erhoben sich Türmen gleich Reihe um Reihe, bis sie von dem mächtigen „Isten-Szék" (Sitz Gottes) gekrönt wurden, dem Reich des ewigen Schnees.

Bram Stoker notierte sich „viele Kreuze am Wegesrand" und „Folterturm – schmale Fenster". Jonathan Harker schreibt in sein Tagebuch:

> Rechts und links von uns stiegen sie an; die Abendsonne ruhte voll auf ihnen und brachte all die herrlichen Farben dieses entzückenden Lands zur Geltung; tiefes Blau und Purpur in den Schatten, Grün und Braun da, wo Gras und Fels sich trafen; endlose Perspektiven von gezacktem Gestein und spitzen Klippen bis dahin, wo die Schneehäupter majestätisch in die Lüfte ragten . . . Einer meiner Gefährten berührte meinen Arm, als wir gerade einen Hügel umfuhren und sich der Ausblick auf einen ungeheuren schneebedeckten Gipfel öffnete, der uns gerade gegenüber zu liegen schien, als wir die gewundene Straße hinaufklommen: „Sieh, Herr, Isten Szék!" „Gottes Sitz", und er bekreuzigte sich andachtsvoll . . . Am Wegrand standen viele Kreuze, und wenn wir ein solches passierten, bekreuzigten sich alle meine Wagengenossen.

Das *Book of Were-Wolves* des Reverend Sabine Baring-Gould – Rektor einer abgeschiedenen Gemeinde in Dartmoor, der nicht nur die Hymne „Onward Christian Soldiers" schrieb, sondern auch mehr als 100 Bücher über topographische und volkskundliche Themen veröffentlichte – ist voll von Fakten und Fiktionen über das Verhalten der Wölfe und Werwölfe, die ihr Fell *innen* tragen.

Diese Tiere sollten eine wichtige Rolle im *Dracula* einnehmen: Von den Wölfen der Karpaten mit ihrem „wilden Geheul" über den riesigen Hund, der in Whitby von Bord der *Demeter* an Land springt, bis hin zu dem norwegischen Wolf mit dem Namen Bersicker im Zoo von London.

„Hören Sie die Kinder der Nacht? Was für eine Musik sie machen!" sagt der Graf. Bram Stokers Musik der Wölfe speiste sich aus Baring-Goulds Kapitel über „Märchen und Sagen die Werwölfe betreffend".

Wenn man Stokers Notizen, die er sich im British Museum machte, mit dem veröffentlichten Text vergleicht, wird deutlich, daß er die Passagen des Romans, die in den Karpaten spielen – also Jonathan Harkers Tagebucheinträge vom 3. Mai bis zum 30. Juni, die Kapitel I–IV, die die bekanntesten des gesamten Textes sind –, genau zu dem Zeitpunkt schrieb, an dem er auch seine Quellen studierte.

Formulierungen und Gedankengänge aus Büchern, die er zwar las, aber nicht abschrieb, wurden dennoch beinahe unverändert in das *Tagebuch* übernommen. Die Ansichten, die in den Reiseberichten vertreten werden, standen mit Sicherheit im Einklang mit Stokers eigener Einstellung: Zigeunern und farbenprächtigen Eingeborenen ist prinzipiell zu mißtrauen; in rührender Weise legen sie die Hand an die Stirn, sobald ein Mitglied des Adels vorbeikommt; nur aus der Entfernung sehen sie anziehend oder hübsch aus, ihre „malerischen" Kostüme wirken „seltsam" und nach westlichen Standards wenig praktisch; die Beobachtungen eines britischen Kolonialoffiziers sind wesentlich verläßlicher als die von Menschen, die „auf den Stationen . . . wie orientalische Räuberbanden" beieinanderhocken: Alles, was aus dem Osten kam, verstößt offensichtlich gegen die britischen Interessen. Und so fort.

Es war Stoker zweifelsohne bewußt, daß sich solche Bücher in den 1890er Jahren gerade deshalb solcher Beliebtheit erfreuten, weil das bäuerliche Osteuropa „jenseits des Zauberstabes der Wissenschaften" lag und damit ein exotisches und attraktives Gegenmittel gegen die zunehmende Urbanisierung des viktorianischen Zeitalters darstellte.

Trotz der Parallelen, die sich zwischen den Quellen und dem Roman ziehen lassen, hat das Lokalkolorit des *Dracula* doch eine ganz eigene Funktion. Es liefert den passenden Schauplatz für eine Vampirgeschichte und reiht sich damit in die Tradition der Vampirliteratur ein, die bis in das Jahr 1820 zurückreicht. Dem ersten Teil des Romans fehlt die Unmittelbarkeit der folgenden, in Whitby spielenden Passagen. Doch die hier erzeugte Atmosphäre und die landeskundlichen Details machen diesen Mangel mehr als wett. Das detaillierte Wissen über die Region bezog Stoker aus den genannten Reiseberichten und aus Baedekers *Handbuch für Reisende. Süddeutschland und Österreich (nebst Ungarn und Transsylvanien)*, wo sich Informationen über Hotels, Zugfahrpläne, Stadtführer und Sehenswürdigkeiten fanden. Die Atmosphäre entsprang Stokers Vorstellungskraft – dem Transsylvanien, das er im Kopf trug. Einem Land, wo die Wölfe heulen, wo sich die Dorfbewohner bekreuzigen, wenn sie sich dem Schloß nähern, an jeder Türe Knoblauchblüten hängen und der finstere Wald voller Überraschungen steckt. In Wirklichkeit gleicht Bram Stokers Transsylvanien eher dem Schwarzwald oder dem Land der Gebrüder Grimm – doch das ist nicht entscheidend.

Nehmen wir beispielsweise seinen Bericht über Vlad Dracula, Sohn des Fürsten Dracula, der auch „Tepes" oder „Der Pfähler" genannt wurde, weil er seine Gegner, rivalisierende walachische Bojaren und türkische Gefangene, durch stumpfe Holzstangen umbringen ließ, um den Schmerz zu erhöhen. Vlad Dracula hatte den Rang eines Woiwoden der Walachei. Stoker hatte ein wenig über ihn in Wilkinsons *Wallachia and Moldavia* gelesen, und seine Notizen deuten darauf hin, daß er Vater und Sohn verwechselte. Aller Wahrscheinlichkeit nach warf er einen Blick auf eine 1491 in Bamberg gedruckte und im frühen 19. Jahrhundert vom British Museum erworbene Flugschrift, die einen Holzschnitt mit dem Porträt Vlads abbildet. Mehr als angesehen haben dürfte sich Stoker das Buch allerdings nicht, denn abgesehen von dem Holzschnitt und dem Deckblatt wird er wohl kaum etwas verstanden haben. Der deutsche Text, zumal in Fraktur gedruckt, dürfte für ihn nur schwer lesbar gewesen sein.

Die Gleichsetzung von Bram Stokers Dracula mit der historischen Figur des Vlad Dracula erwies sich als äußerst profitträchtig und ließ in Rumänien eine ganze Tourismusindustrie entstehen. Und dennoch bestehen beträchtliche Unterschiede: Stokers Dracula ist ein Graf, dessen Schloß in Transsylvanien liegt, in der Nähe des Borgó-Passes. Vlad Dracula dagegen lebte in der Walachei, sein Schloß befand sich in Poenari, in der Nähe von Cuerta des Arges, also denkbar weit von der Grenze zwischen Transsylvanien und der Bukowina entfernt.

Vereinfacht läßt sich sagen, daß Stoker einen Schurken brauchte, der in den Kontext des Schauerromans paßte, und solche Schurken waren nun einmal in aller Regel „Grafen". Zudem hatten sie, um das Klischee zu erfüllen, Mitglieder des heruntergekommenen Adels und aus irgendeinem Grunde auch noch vorzugsweise ungarischer Abstammung zu sein. Außerdem brauchte er einen klangvollen, einprägsamen Namen, und *Dracula* erfüllte genau diese Kriterien (eigentlich müßte Dracula ein weiterer Name voranstehen: Vlad Dracul bedeutet „Vlad, Sohn des Drachen" oder „Sohn des Teufels"). Dann brauchte Stoker ein Märchenambiente, das ihm die Reiseberichte über ein Land der „Hexen und Kobolde" lieferten. Er brauchte einen Stammbaum für seinen Vampir-Grafen, der bis auf Attila den Hunnen zurückging. Als er in einer seiner Quellen las, daß die „Szekler" sich auf ihre Abkunft von Attila beriefen, machte er den Grafen Dracula zum stolzen Mitglied dieses Geschlechts. Und er mußte sich eine Vorstellung machen, wie Vlad ausgesehen haben mochte. Der Holzschnitt, den er im British Museum fand, kam ihm nur allzu gelegen: adlergleiches Gesicht, schmale Nase, geschwungene Nasenflügel, buschige Augenbrauen, dichter Schnurrbart, außergewöhnliche Blässe. Das Gesicht eines Befehlshabers, weniger das eines Salonlöwen.

Bram Stoker machte in der gleichen Art Gebrauch von der historischen Gestalt des Vlad Tepes wie vom Quellenmaterial über das Land jenseits des Waldes. Was er beschreibt, ist ein Transsylvanien der Phantasie, wo sich ein Fürst des 15. Jahrhunderts in einen Vampir verwandeln kann. Während er an seinem *Dracula* schrieb, reiste Stoker nie weiter nach Osten als bis Whitby.

Da seine „Karpaten-Notizen" undatiert sind, läßt sich nicht mit Sicherheit sagen, ob er sie vor oder während seiner Aufenthalte in Cruden Bay anfertigte. An der Anordnung der Ereignisse des „Karpaten"-Teiles feilte er bis mindestens 1892. Am wahrscheinlichsten ist, daß er unmittelbar nach seinem Alptraum zunächst die „Whitby"-Passagen schrieb, dann Teile der „Karpaten"-Handlung und während der Jahre, in denen er nach Cruden Bay fuhr, die „Dr. Seward"- und „London"-Passagen vorbereitete. Wir wissen, daß Stoker die einzelnen Teile nicht in der Reihenfolge schrieb, wie sie im Roman angeordnet sind, und Leerstellen offenließ, wenn er den Eindruck hatte, daß eine Passage noch gründlicher Recherchen bedurfte.

Nachdem Graf Dracula an Bord der *Demeter* England erreicht hat und seinen Aufenthaltsort von Whitby im Norden des Landes nach Carfax und London im Süden verlegt hat, beginnt sich sein Gift auszubreiten. Lucy Westenra, eine Freundin der Heldin Mina Harker (geborene Murray), wird von dem Vampir gebissen und stirbt. Schließlich ersteht sie auf aus ihrem „noblen Totenhaus [auf dem Friedhof von Highgate], wo die Luft kühl und frisch ist", um auf der nahegelegenen Heide von Hampstead kleine Kinder in Angst und Schrecken zu versetzen. Sie war schön im Leben, heißt es, doch nach ihrem Tod umgibt sie eine noch größere, schrecklichere Schönheit – die Schönheit der Medusa.

Während Stoker an diesem Teil des Romans arbeitete, wurde er von einer Geschichte inspiriert, die sich wirklich zugetragen hatte und dem zum Kreis der Präraffaeliten gehörenden Maler und Dichter Dante Gabriel Rossetti, einem Neffen John Polidoris, zugestoßen war. Stoker kannte Rossetti aus dem Lyceum. Zudem war er einige Zeit sein Nachbar gewesen, als er im Cheyne Walk 27 in Chelsea wohnte. Rossetti hatte dem Sarg seiner verstorbenen Frau Elizabeth Siddal, die in der Familiengruft der Rossettis auf dem Friedhof von Highgate beerdigt worden war, ein kleines Buch mit Liebesgedichten beigelegt. Siebeneinhalb Jahre später beschloß er, die Gedichte doch noch zu veröffentlichen und holte daher die Genehmigung des Innenministeriums ein, den Leichnam zu exhumieren und dem Sarg das Buch zu entnehmen.

Eines Nachts wurde also neben dem Familiengrab in Highgate ein Feuer entzündet, der Sarg wurde ausgegraben und geöffnet, und Rossetti zog das Buch aus den rotgoldenen Locken seiner Frau hervor, in die er es gewickelt hatte. Den Beschreibungen nach war der Leichnam Elizabeth Eleanor Siddals vollkommen erhalten und ihr Gesicht noch immer schön. Als Licht auf ihren Körper fiel, umgab sie für ein paar Sekunden so etwas wie eine Gloriole in allen Farben des

lad Dracula, Mitte des 15. Jahrhunderts Woiwode der Walachei. Holzschnitt aus einer 1491 in Bamberg gedruckten Flugschrift, die sich im British Museum befindet und Bram Stoker vorgelegen haben könnte, als er dort recherchierte.

Regenbogens. „Als das Buch herausgenommen wurde", schreibt der Romancier Hall Caine in seinen *Recollections of Dante Gabriel Rossetti* (1882), „löste sich etwas von dem wunderschönen goldenen Haar, das Rossetti um es geschlungen hatte."

Vielleicht hatte Stoker die Geschichte von Hall Caine gehört, vielleicht auch von Rossetti selbst. In seinen Händen nahm sie jedenfalls eine vollkommen andere Wendung, die ihm die Möglichkeit bot, sich Lucy Westenras zu entledigen, die sich nach ihrem Tod in einen sexuell attraktiven, vollblütigen Vampir verwandelt hatte. Aus Lucy ist ein Wesen voller erotischer Begierden geworden, das wieder in den Sarg verbannt werden muß.

Am 27. September schreibt Dr. John Seward in sein Tagebuch:

> Sie war, wenn möglich, von noch bestrickenderer Schönheit als damals, und es war mir unfaßbar, daß sie tot sein sollte. Die Lippen waren rot, röter als ich sie je bei ihr gesehen, und auf den Wangen lag ein rosiger Schimmer . . . „Sind Sie nun überzeugt?" gab der Professor als Antwort zurück; dabei zog er mit einer Hand die toten Lippen in die Höhe, daß mich schauderte, und zeigte mir die weißen Zähne.

„Sehen Sie", fuhr er fort, „sehen Sie, sie sind noch schärfer geworden. Mit diesem und diesem hier", er berührte einen der Eckzähne und den darunterliegenden – „können die Kinder wohl gebissen worden sein . . ."

Und zwei Nächte später fährt Dr. Seward fort:

> Arthur {Lord Godalming, Lucys Verlobter} ergriff den Pfahl und den Hammer, und da er fest entschlossen war, zitterten sie nicht in seinen Händen. Van Helsing schlug sein Meßbuch auf und begann zu lesen . . . Arthur richtete die Spitze auf das Herz des Leichnams, ich konnte genau ihren Eindruck in dem weißen Fleisch erkennen. Dann schlug er mit aller Kraft zu. Das Wesen im Sarge krümmte sich zusammen, scheußlicher, blutiger Schaum trat auf seine geöffneten roten Lippen . . . Aber Arthur wich nicht . . . Dort im Sarge lag nun nicht mehr das unheimliche Wesen, das wir so gefürchtet und gehaßt hatten . . . sondern da lag Lucy, wie wir sie im Leben gekannt, das Gesicht verklärt von überirdischer Reinheit und Schönheit.

Obgleich Stoker ganz offensichtlich die von Lord Arthur angeführten, gegen das

Böse zu Felde ziehenden „guten und tapferen Männer" als Helden verstanden wissen wollte, erscheinen sie dem heutigen Leser eher in einem negativen Licht, als diejenigen, die Lucys sexuelle Wünsche zerstören.

Ein Teil der Faszination der Friedhofsszene liegt in der genauen Beschreibung der Details. Beispielsweise der Moment, in dem Professor Van Helsing „einen der Eckzähne und den darunterliegenden" berührt, zeigt, daß Stoker sich sehr wohl überlegt hatte, wie Vampire vorgehen könnten, wenn sie ihre Zähne in die Hälse der Opfer graben. Eine Einzelheit, von der sich die meisten Autoren von Vampirgeschichten bis auf den heutigen Tag offenbar kein eindeutiges Bild haben machen können.

In Horrorromanen und ihren unzähligen Verfilmungen neigen die Vampire dazu, ihre Opfer mit den beiden oberen Eckzähnen anzugreifen und dabei zwei deutlich sichtbare Wunden im Hals zu hinterlassen, aus denen sie dann das Blut saugen. In diesem Falle müßten sich allerdings auch die Schneidezähne ins Fleisch graben und die Wundmale der Eckzähne relativ weit auseinander stehen. Den volkstümlichen Überlieferungen zufolge – so wie in Bram Stokers *Dracula* – benutzt der Vampir jedoch die oberen und unteren Eckzähne nur einer Seite des Gebisses, um sein Opfer wie ein Wolf zu reißen und eine Hautfalte zwischen die Zähne zu bekommen. Folglich sind nur zwei kleine, dicht beieinanderliegende Wundmale zu sehen – wie bei Lucy und ihren Opfern. Der Vampir beißt also nicht mit den Schneide-, sondern den Reißzähnen zu. Der Vampir Byronscher Ausprägung mag zwar von bissiger Arroganz gewesen sein, aber das ist noch lange kein Grund, seine Zähne durcheinanderzubringen!

tokers Roman setzt sich aus einer Reihe von Briefen, Tagebucheinträgen, Zeitungsausschnitten und weiteren schriftlichen Dokumenten zusammen, in denen die bizarren Ereignisse aus der Sicht aller Charaktere mit Ausnahme des Grafen geschildert werden. Zugleich spiegeln sie den Entstehungsprozeß des *Dracula* wider. Erst nachdem Stoker die Arbeit an dem Buch abgeschlossen hatte, entschied er sich in letzter Minute für den endgültigen Titel. Der Roman sollte nun nicht mehr, wie ursprünglich vorgesehen, *Der Untote* oder *Der tote Untote* heißen, sondern *Dracula*. Eigenartigerweise wird in Stokers Vertrag mit dem Verlag Archibald Constable and Co, der am 20. Mai 1897 unterzeichnet wurde – zu einem Zeitpunkt also, als das Buch schon lange im Satz war – noch immer der Titel *Der Untote* genannt. Das war zwar zweifellos besser als *Count Wampyr*, aber *Dracula* war entschieden der beste Titel.

Stoker scheint buchstäblich bis zur letzten Minute noch an der maschinengeschriebenen Fassung seines Textes herumgebastelt zu haben. Die Seiten des Typoskriptes, das der Publikation zugrunde lag, sind an zahlreichen Stellen zerschnitten und neu zusammengeklebt. Das Eingangskapitel des Romans, in dem ausführlich Jonathan Harkers Aufenthalt in München auf dem Weg nach Transsylvanien beschrieben wird, wurde aus der Druckfahne gestrichen. Florence Stoker zufolge geschah dies wegen „der Länge des Buchs". Möglicherweise hatte es aber auch damit zu tun, daß dieses Kapitel allzu große Ähnlichkeiten mit Le

Fanus *Carmilla* hatte. Die Seitenzählung des Typoskripts zeigt, daß Bram Stoker am Anfang des Romans wohl noch viel mehr kürzte. Bei den ausgelassenen Passagen dürfte es sich um den in den Arbeitsnotizen der Jahre 1890-93 ausgearbeiteten Briefwechsel der Anwälte gehandelt haben, in dem Draculas Kauf des Hauses in England vorbereitet wird. Im April 1914, zwei Jahre nach Stokers Tod, veröffentlichte Florence das München-Kapitel als Kurzgeschichte unter dem Titel *Draculas Gast*.

Zudem sollte ursprünglich der Amerikaner Quincy Morris bei seinem Besuch in den Karpaten von einem Werwolf gebissen werden, doch Stoker strich die entsprechende Stelle. Und schließlich nahm er massive Änderungen am Schluß des Romans vor, wie der Prospekt eines kalifornischen Antiquariats von 1984 erklärt, in dem über die Wiederentdeckung der Druckfahnen berichtet wird. Ursprünglich sollte das Ende wesentlich apokalyptischer sein und das Schloß des Grafen in einem Vulkanausbruch vollkommen zerstört werden.

„Schloß Dracula lag im roten Licht der untergehenden Sonne vor uns", schreibt Mina Harker am 6. November in der veröffentlichten Fassung des Textes, „jeder Stein der zerbrochenen Zinnen hob sich scharf gegen den Abendhimmel ab". Stokers Typoskript fuhr fort:

> Während wir noch auf das Schloß sahen, begann die Erde zu beben, so daß wir hin- und herschwankten und auf die Knie fielen. Im gleichen Augenblick, unter einem Tosen, das selbst den Himmel zu erschüttern schien, hob sich das ganze Schloß und der Felsen, ja der Berg selbst in die Luft und zersprang in Stücke, während eine gigantische, nicht enden wollende schwarz-gelbe Rauchwolke Stoß um Stoß mit unglaublicher Geschwindigkeit nach oben schoß. Dann war einen Moment lang alles um uns herum wie erstarrt, während sich das Echo jenes brüllenden Tosens mit dem hohlen Dröhnen eines Donnerschlags zu nähern schien – einem langen widerhallenden Rollen, das sich anhörte, als ob die Festen des Himmels bebten. Dann stürzten in einem gewaltigen Steinhagel die Ruinen herab, die in der verheerenden Umwälzung himmelwärts geschleudert worden waren . . .

Mit der Streichung dieser Passage und der der Verletzung von Quincy Morris scheint Stoker eine Fortsetzung seines *Dracula* für sich ausgeschlossen zu haben. Ihn schien diese Vorstellung nicht gereizt zu haben. Einmal war genug. Vielleicht strich er die Vulkan-Passage aber auch nur, weil sie schlecht geschrieben war.

In letzter Minute fügte Stoker dem Vorwort noch seine Adresse bei, die allerdings nicht abgedruckt wurde: „18 St Leonard's Terrace, Chelsea, London SW", wohin er erst kurz zuvor aus dem Nachbarhaus (Nr. 17) gezogen war. Und er fügte die Widmung „meinem lieben Freund Hommy-Beg" hinzu. Hommy-Beg ist ein auf der Insel Man geläufiger gälischer Kosename, der so viel wie „kleiner Tommy" bedeutet. Dies war der Name, mit dem die Großmutter von Thomas Henry Hall Caine (eigentlich „an Thommy beag") ihren Romane schreibenden Enkel rief.

Hall Caine hatte, wie oben erwähnt, an den Gesprächen im Beefsteak Room teilgenommen, ein Buch über Rossetti und Elizabeth Siddal geschrieben und war ein Freund der Stokers. Möglicherweise könnte er sogar, so ist vermutet worden, Stoker bei der Strukturierung seines Romans geholfen haben, obgleich sich darauf kein Hinweis in den Arbeitsmaterialien findet. Außer Stokers eigener läßt sich nur noch eine andere Handschrift im Manuskript ausmachen – die eines Arztes (möglicherweise die des Chirurgen Sir William Thornley Stoker), der ein paar Hinweise zu den Themen Bluttransfusion und Leichenbeschau notierte.

racula erschien im Juni 1897 zum Preis von 6 Shilling in einer Auflage von 3000 Stück. Drei Jahre später, 1901, wurde der Roman neu aufgelegt; dieses Mal in einer leicht gekürzten Fassung als preiswertes, gelb eingebundenes Taschenbuch. Den Umschlag dieser Ausgabe zierte auch die einzige Darstellung des Grafen, auf die Stoker Einfluß hatte. Sie zeigt einen weißhaarigen, militärisch aussehenden Befehlshaber in einem fledermausartigen Umhang mit riesigen, bloßen Füßen, der die Mauern von Schloß Dracula hinunterklettert, während ein schnurrbärtiger Jonathan Harker ihn angsterfüllt von einem vergitterten Fenster aus beobachtet. Bram Stokers verwitwete Mutter Charlotte schrieb ihm gleich nach der Erstveröffentlichung aus Irland:

> Mein Lieber, es ist großartig, tausend Mal besser als alles, was Du je geschrieben hast, und ich bin sicher, daß es Dir einen Platz unter den ersten Schriftstellern der Gegenwart einräumen wird . . . Kein Buch vor oder nach Mrs. Shelleys *Frankenstein* kommt Deinem in Originalität und Schrecken gleich – Poe ist nichts dagegen. Ich habe viel gelesen, aber ein Buch wie Deines ist mir nie begegnet. Mit seinem Schrecken und seiner Spannung sollte es Dir einen Namen machen und viel Geld einbringen.

Die Rezensionen, die in der Folge erschienen, zeigten sich weniger überzeugt. Die Zeitschrift *The Athenaeum* hatte bereits *The Watter's Mou* und *The Shoulder of Shasta* (ein romantisches Märchen über einen Mann mit dem Namen Grizzly Dick, das am Mount Shasta in Nordkalifornien spielt) wegen des Fehlens glaubhafter Charaktere und zu großer Theatralik verrissen. Im *Dracula* sah sie „einen Mangel an künstlerischer Komposition und höherem Literaturverständnis". Andere Rezensenten äußerten sich ein wenig freundlicher: „die unheimlichste aller unheimlichsten Geschichten", schrieb *Punch;* „wir haben fast das ganze Buch mit gefesselter Aufmerksamkeit gelesen", bemerkte *The Bookman;* und „*Dracula* ist erschreckend in seiner düsteren Faszination", urteilte die *Daily Mail.*

Doch die Reaktion auf den Roman war weit davon entfernt, seinem Autor „einen Namen zu machen", wie Charlotte Stoker vorausgesagt hatte. Die meisten Kritiker fanden das Buch geschmacklos, wenn auch nicht annähernd so geschmacklos wie die Werke Oscar Wildes und die Stücke von Henrik Ibsen.

Und was das Geld anging, so erschienen zwar zu Lebzeiten Stokers insgesamt acht englische Ausgaben des *Dracula,* doch ein nennenswertes Einkommen scheint er damit nie erzielt zu haben.

In einem Punkt hatte Charlotte Stoker allerdings recht. Der Roman war tausend Mal besser als alles, was ihr Sohn je geschrieben hatte oder noch schreiben sollte. Stoker schusterte noch sieben weitere Romane zusammen und drei Bände mit nicht-fiktionalen Texten, doch nichts davon war mehr als Mittelmaß. Folgerichtig bemerkte einer der Kritiker: „Wenn ein solcher Mann nur ein einziges Mal von Angst erschüttert wird, endet die Scharade, und was dabei herauskommt ist ein Buch wie *Dracula*."

Hundert Jahre nach Erscheinen des Romans ist der kritische Kontext, in dem er betrachtet wird, allerdings ein vollkommen anderer: Vor allem im Laufe der letzten zwanzig Jahre haben sich freudianische, marxistische, feministische und postmoderne Interpreten an *Dracula* versucht, so daß das Buch heute gründlicher und ausführlicher diskutiert wird als je zu Lebzeiten Stokers. Freudianer haben den Text als Parabel auf die unterdrückten sexuellen Wünsche und die Verdrängung des Sexualtriebs gedeutet. Maurice Richardson nannte ihn „eine Art inszestuösen, nekrophilen, oral-anal-sadistischen Ringkampf. Und eben daraus bezieht die Geschichte ihre Stärke." Andere haben das Buch als Neufassung des Ödipus-Komplexes interpretiert. Dracula als Übervater, als Verteidigungsschrift traditioneller familiärer Werte gegen die Unzulänglichkeiten der modernen Zivilisation, als den geheimen Wunsch, alle nur denkbaren Tabus zu brechen.

Einer anderen Meinung zufolge ist einer der Gründe, warum der *Dracula* vor allem bei Heranwachsenden so beliebt ist, darin zu suchen, daß das Buch nur von Sex „vom Hals ab aufwärts" handelt. „Sex", schreibt der Literaturwissenschaftler James Twitchell, „ohne Genitalien, Sex ohne Verwirrung, Sex ohne Verantwortung, Sex ohne Schuldgefühle, Sex ohne Liebe – noch besser: Sex, über den man nicht sprechen muß."

Marxistische Kritiker haben im *Dracula* eine Allegorie auf den Kolonialismus gesehen, in der sich der Osten gegen den Westen behauptet, oder den Roman als Versuch des viktorianischen Zeitalters interpretiert, sich mit den Kräften der Natur gegen die Kräfte des Übernatürlichen zu wappnen. Darüber hinaus gibt es Interpreten, die das Buch als Ausdruck eines kosmischen Rassenkonflikts lesen, der zwischen den Repräsentanten der modernen angelsächsischen Rasse und den Repräsentanten einer 1400 Jahre alten, sich auf den Hunnen Attila zurückführenden Rasse ausgetragen wird.

Die feministische Einschätzung ist zum großen Teil ablehnend. Es handle sich um „eine Erzählung, die dazu bestimmt war, zum Allgemeingut anti-feministischer Obsessionen des 20. Jahrhunderts zu werden" (Bran Dijkstra); „die Frauen werden in . . . große, moderige Parasiten verwandelt . . ., [die] erst im Tod den Sex begreifen lernen" (Andrea Dworkin). Es gibt aber auch die optimistische These, daß das Buch von der Stärke der Frauen und dem Wachsen ihrer Macht handelt. Mit dem Aufkommen der *gender studies* ist *Dracula* mit Sicherheit zu einem – wenn man so will – „seminalen" Text geworden, vor allem an den Universitäten der USA.

Bram Stoker selbst wäre über all diese Analysen vermutlich höchst erstaunt gewesen. Für ihn gehörten die Themen Sex und Sexualität zum Unaussprechlichen. Im September 1908, in einem Artikel über *The Censorship of Fiction*, schrieb er voller Überzeugung:

. . . die Korruption des Einzelnen ist schuld an diesem Schaden. Eine nähere Untersuchung wird zeigen, daß die einzigen Gefühle, die auf die Dauer Schaden anrichten, diejenigen sind, die aus den geschlechtlichen Impulsen herrühren, und haben wir dies erst einmal begriffen, haben wir die eigentliche Gefahr ausgemacht . . . Daß Zurückhaltung in der einen oder anderen Form vonnöten ist, zeigt die Geschichte der letzten Jahre im Hinblick auf die Produktion literarischer Werke.

Sein Roman *Lady Athlyne*, der von der Obsession der Amerikanerin Joy Ogilvie für den heldenhaften britischen Earl of Athlyne handelt, erschien im gleichen Jahr wie *The Censorship of Fiction* und enthält Stokers ausgereifteste Stellungnahme zu dem, was er „das Problem des Geschlechtes" nannte – ein „Problem", das in seinem Alptraum von 1890 zum Vorschein gekommen war. In *Lady Athlyne* faßt Stoker die kurz zuvor veröffentlichte Studie *Geschlecht und Charakter* von Otto Weininger folgendermaßen zusammen:

> Nach ihm tragen alle Männer und Frauen in sich die Zellen beider Geschlechter; und die zugeschriebene Männlichkeit oder Weiblichkeit des Individuums wird durch die Anzahl und Entwicklung dieser Zellen bestimmt. Daher ist der ideale Mann vollständig oder fast vollständig männlich, und die ideale Frau ist vollständig oder fast vollständig weiblich. In jedem Individuum muß es ein wenn auch noch so geringes Überwiegen der Zellen des eigenen Geschlechts geben; die Attraktivität eines jeden Individuums für das andere Geschlecht hängt von seiner Stellung auf der Skala mit dem höchsten und dem niedrigsten Grad des Geschlechts ab. Der männlichste Mann zieht die weiblichste Frau an und umgekehrt; und so geht es auf der Skala immer weiter nach unten, bis sich kurz vor ihrem Ende die große Masse der Menschen findet, die nur einige wenige Qualitäten ihres Geschlechts entwickelt haben und sich daher mit jedem paaren würden . . .

Stoker hielt sich selbst für äußerlich „beinahe vollkommen männlich". Eine Eigenschaft, die ihm durchaus zugeschrieben wurde. Innerlich jedoch sah er sich eher „weiblich", und das hieß in Weiningers Terminologie: sentimental und mit Tendenz zur Abhängigkeit. Er war von Florence Balcombe angezogen worden, einer in den Augen vieler Zeitgenossen hochgradig „weiblichen" Frau, und machte sich Sorgen wegen seiner Männlichkeit. Es gab Beobachter, die sich über seine Eheschließung mit Florence äußerst überrascht zeigten.

Mit dem *Dracula* begegnete er seinen eigenen Ängsten auf der Ebene der literarischen Verarbeitung, indem er eine Gruppe „idealer Männer" vor die Aufgabe stellte, die „idealen Frauen" an die ihnen wesentliche Weiblichkeit zu erinnern. Auf der Ebene der lebenspraktischen Verarbeitung dagegen setzt Stoker seinen Ängsten Weiningers Theorie der „Zellen" entgegen.

Die in den letzten Jahren vorgenommenen Interpretationen seines Werks hätten ihn wohl kaum amüsiert. Schon zeitgenössische Kritiker beklagten das vollkommene Fehlen von Humor in seinen Büchern. Und auf keiner der von ihm erhaltenen Photographien macht er auch nur den Versuch zu lächeln. Nimmt man die Figur des Grafen Dracula als Anhaltspunkt, so kann man davon ausgehen, daß Stoker der Überzeugung war, zu viel Nachsicht mit sich selbst führe zu Haarwuchs auf den Handinnenflächen, einem blassen Teint und blutunterlaufenen Augen. Dem vorliegenden Material nach zu urteilen, betrachtete er seinen Roman als Abenteuergeschichte (eine Art von Techno-Fiction des ausgehenden 19. Jahrhunderts, die Neuerungen wie Reiseschreibmaschinen, Phonographen und Bluttransfusionen beinhaltete), als die Geschichte einer Gruppe anständiger und aufrechter Kerle, die ihre Frauen verteidigen und nichts für Osteuropäer übrig haben, die einen Engländer in ihre üblen Machenschaften hineinzuziehen versuchen.

Doch all das erklärt selbstverständlich nicht im mindesten, warum das Buch bis auf den heutigen Tag so überaus populär ist . . .

er Mensch, den Bram Stoker *wirklich* beeindrucken wollte, war sein Arbeitgeber Henry Irving. Die Chance dafür erhielt er, als kurz vor dem Erscheinungstermin, am 18. Mai 1897 um 10 Uhr morgens, eine Lesung des Romans im Lyceum Theatre stattfand, um das Copyright für die Bühnenfassung zu sichern. Die Lesung dauerte beinahe fünf Stunden und bestand aus fünf Akten. Sie umfaßte insgesamt 47 Szenen, von denen 23 einen Szenenwechsel erforderten. Zwei Programme waren für die Vorstellung gedruckt worden, die einen Mr. Jones in der Rolle des Dracula und Ellen Terrys Tochter Edith als Mina Harker ankündigten. Die Plakate wurden erst eine halbe Stunde vor Beginn ausgehängt, und der Preis für den Einlaß betrug die exorbitant hohe Summe von einer Guinee. Ganz offensichtlich war Publikum bei dieser Vorstellung *nicht* erwünscht.

Auf der Vorderseite des Programms wird zwar der Titel erwähnt – „Dracula oder Der Untote. Premiere" – aber nicht der Name des Autors. Auf der Rückseite ist die übliche Standarderklärung des Lyceum abgedruckt, in der die Zuschauer aufgefordert werden, „sich an den Geschäftsführer zu wenden, sollten sie irgendwelche Gründe zur Klage haben". Da das Publikum Harry Ludlam zufolge ohnehin nur aus Freunden der Schauspieler, Mitgliedern des Theaters, einem Teil des Reinigungspersonals sowie der Köchin der Stokers, Maria Mitchell, und natürlich Bram Stoker selbst bestand, war die Wahrscheinlichkeit von Klagen gering. Und selbstverständlich war auch Henry Irving („alleiniger Pächter und Direktor") anwesend.

Nach der dramatischen Lesung fragte Bram Stoker Irving, was er von der Geschichte halte. „Schrecklich!" war die Antwort, und zwar so laut, daß jeder sie hören konnte. Wahrscheinlich sollte das ein Scherz sein. Doch scheint fraglich, ob Stoker diesen Scherz auch verstand.

Daß der Stoff des Dracula vor Copyrightverletzungen nicht geschützt war, zeigte sich mit aller Deutlichkeit im Frühjahr 1922, als Stokers vierundsechzigjährige Witwe Florence, die inzwischen in eher bescheidenen Verhältnissen in der William Street in Knightsbridge lebte, ihre finanziellen Rechte gegenüber der Prana Film geltend zu machen versuchte. Die deutsche Filmgesellschaft

hatte die erste Verfilmung des Romans mit dem Titel *Nosferatu – Eine Symphonie des Grauens* unter der Regie des jungen Friedrich Wilhelm Murnau herausgebracht. Es wurden zwar einige Namensänderungen vorgenommen, ansonsten aber kümmerte man sich nicht um die Copyrightbestimmungen. (Genau genommen war dies nicht der erste *Dracula*-Film: Bereits 1920 hatte es eine ungarische Produktion unter diesem Titel gegeben. Doch dieser inzwischen verschollene Film scheint sich mehr mit der Figur des Fürsten Vlad als mit der des Grafen Dracula beschäftigt zu haben.) Prana meldete Konkurs an, so daß Florence drei Jahre später beschloß, wenigstens ein Verbot des Films zu erreichen. Ein deutsches Gericht verfügte schließlich die Vernichtung aller von *Nosferatu* vorhandenen Kopien. Doch kurze Zeit später tauchte eine Kopie in London auf, und die Prozesse, die sich bis zum April 1929 hinzogen, gingen von vorne los.

Florence Stokers Hartnäckigkeit macht deutlich, daß sie um den kommerziellen Wert des *Dracula,* dem einzigen wirklich erfolgreichen Buch ihres verstorbenen Mannes, wußte. Und ihr war bewußt, daß man die Verbreitung des Stoffes nicht mehr aufhalten konnte, wenn er einmal in den Blutkreislauf der Öffentlichkeit geraten war. Die Verwandlung von Bram Stokers militärisch geprägtem Befehlshaber in einen rotäugigen Salonlöwen im Gesellschaftsanzug hatte begonnen. Nicht länger war er die abstoßende Figur der Volkslegende, sondern wurde nun in zahlreichen Bühnen- und Filmadaptionen zum unwiderstehlichen Verführer der weiblichen Charaktere und, wie man zweifellos hoffte, auch des zahlenden Publikums. Am Valentinstag 1931 hatte die erste Hollywood-Version des *Dracula* am Roxy Theatre in New York Premiere. In der Ankündigung stand, der Film sei „spannend bis zum letzten Atemzug!"

B ram Stoker starb am 20. April 1912 im Alter von 64 Jahren, kurz nachdem er einen weiteren Artikel über Henry Irving vollendet hatte. 1905 hatte er dem alten Mann die Augenlider geschlossen und aufgrund des Schocks einen leichten Schlaganfall erlitten, der eine Beeinträchtigung seiner Sehkraft zur Folge hatte. „Und nun", schrieb er, „diese *Stille . . .!"* Und er hätte hinzufügen können, dieser Verlust eines geregelten Einkommens.

Von jetzt an mußte er seine Familie allein durch seine schriftstellerische Tätigkeit ernähren. In den folgenden sechs Jahren schrieb er acht Bücher und siebzehn Artikel. Einer der Artikel, die er sich in dieser Zeit abrang, war über die Reederei Harland und Wolff in Belfast.

Er starb genau fünf Tage nach dem Untergang der *Titanic.* Kaum eine Zeitung außer der *Times* und dem *Telegraph* nahm von seinem Tod Notiz. Der Nachruf der *Times* handelte zum größten Teil von seiner langjährigen Zusammenarbeit mit Henry Irving, doch eine kurze Erwähnung fanden auch die „besonders düsteren und unheimlichen Prosastücke", die in seiner freien Zeit zu schreiben er nicht müde geworden sei. Sein Leichnam wurde im Krematorium von Golders Green verbrannt und die Marmorurne im East Columbarium beigesetzt. Die schlichte Inschrift lautet: „Bram Stoker, geboren am 8. November 1847, gestorben am 20. April 1912." Nur eine kleine Gruppe Trauernder war

raf Orlok steigt die Stufen zu Ellen Hutters Schlafzimmer empor — und enthüllt, daß er doch einen Schatten hat. Szenenfoto aus Friedrich W. Murnaus Dracula-Verfilmung Nosferatu *von 1922, die unter Nichtbeachtung der Copyrightbestimmungen entstand.*

zugegen, unter ihnen auch Hall Caine, der am Tag der Beisetzung im *Daily Tele-graph* unter der Überschrift *Bram Stoker – die Geschichte einer großen Freundschaft* schrieb:

> Der gewaltige, atemlose und ungestüme Hurrikan von einem Mann, der Bram Stoker war, liebte es nicht, im Rampenlicht der Öffentlichkeit zu stehen . . . In einem war unser armer Bram, der gewiß auch viele Fehler hatte, wirklich groß. Er war der Schutzgeist der Freundschaft. Ich spreche als sein wahrscheinlich ältester noch lebender Gefährte außerhalb des Kreises seiner Familie, und ich sage, daß ich in keinem anderen Menschen je eine solche Fähigkeit zur Hingabe an einen Freund gesehen habe. Viel ist über seine Beziehung zu Henry Irving geschrieben worden, doch ich frage mich, wie viele sich der Tiefe und Bedeutung dieser Verbindung wirklich bewußt sind. Bram schien ihr sein Leben zu opfern . . . in der stärksten Liebe, die ein Mensch für einen anderen empfinden kann . . . Ich kann nicht behaupten, daß die tiefere Seite dieses Mannes in seinen Werken Ausdruck gefunden hätte. Er bildete sich nichts auf seine Bemühungen als Schriftsteller ein. Offen gesagt, er schrieb seine Bücher, um sie zu verkaufen . . .

Um so trauriger ist es, daß Bram Stoker nicht mehr als 4700 Pfund hinterließ. Doch er hinterließ noch etwas anderes – selbst wenn seine Frau nie davon profitieren sollte. Er hinterließ eine Geschichte, die den Grundstein für zahllose Fortsetzungen, Adaptionen und Parodien legte – die Basis für eine ganze Industrie des 20. Jahrhunderts. Niemand, der heute eine Vampir- oder Horrorgeschichte schreibt, kann sich der Größe und dem Einfluß des *Dracula* entziehen.

Wir sind im Gegensatz zum Autor in der Lage, die verborgenen Themen des Romans offen auszusprechen: Repression, Ansteckung, Verunreinigung, Abhängigkeit, sexuelle Initiation . . . Doch noch immer scheinen wir die Metapher des Vampirs vorzuziehen, die Märchenversion. *Dracula* hat ein Eigenleben gewonnen und die Welt der Literatur schon lange verlassen. Der Graf ist so erfolgreich, daß er nicht zur Ruhe kommt. Entstünden die Nachrufe auf Stoker heute, würde in ihnen nichts anderes erwähnt als der *Dracula*.

hristopher Lee stillt seinen Blutdurst. Szenenfoto aus der Hammer Films-Version Dracula*, entstanden 1958 unter der Regie von Terence Fisher.*

3

Dr. Jekyll und Mr. Hyde

Ich hatte lange versucht, . . . eine geeignete Gestalt, ein Vehikel zu finden, für jenes starke Empfinden von der Doppelnatur des Menschen, das ab und zu aufwallen muß und den Verstand eines jeden denkenden Wesens überwältigt . . . Zwei Tage zermarterte ich mir auf der Suche nach einem wie auch immer gearteten Stoff das Hirn; in der zweiten Nacht träumte ich die Szene am Fenster und die später in zwei Abschnitte geteilte Szene, in der Hyde, gejagt wegen eines Verbrechens, vor den Augen seiner Verfolger das Pulver nimmt und sich verwandelt. Der ganze Rest entstand, als ich wach und bei Bewußtsein war, obgleich ich in großen Teilen Spuren des Einflusses meiner Brownies zu erkennen meine. Die Aussage der Erzählung stammt also von mir . . . Von mir stammen auch der Schauplatz und die Charaktere. Was mir zufiel, waren einzig die drei Szenen und der zentrale Gedanke von der freiwilligen Wandlung, die zunehmend unfreiwillig wird.

ROBERT LOUIS STEVENSON

Der alptraumhafte Schatten von Hyde verfolgt Dr. Jekyll in seinem Laboratorium. Illustration von S.G. Hulme Beaman (1930), die auf dem Film Das Kabinett des Dr. Caligari von 1919 basiert.

u Beginn des Jahres 1886 erschien ein Buch, das die Landkarte des Schreckens neu skizzierte. Es handelte nicht mehr von den Dämonen und Teufeln, die uns umgeben, sondern von den Dämonen und Teufeln *in* uns. Ein neuer Begriff hielt Einzug in die englische Sprache: der des „Jekyll-und-Hyde"-Charakters. Das Buch kostete einen Shilling und gehörte damit zu den einbändigen „Shilling-Shockers", die ihr Äquivalent in den sogenannten „Penny Dreadfuls" (Groschenromanen) fanden, die als Fortsetzungen in Zeitschriften erschienen. Die 141 Seiten trugen den Titel *Strange Case of Dr. Jekyll and Mr Hyde* (erst in späteren Ausgaben wurde daraus *The strange Case . . .*) und bedeuteten den ersten kommerziellen Erfolg für den Autor, den fünfunddreißigjährigen Robert Louis Stevenson.

Mit seinem rehbraunen Umschlag sah das Buch zwar wie die zu jener Zeit überaus populären „Schocker" aus, doch sein Inhalt entsprach nicht im mindesten den gängigen Mustern. Die Handlung ist durch die Erinnerungen zweier Personen, einen Bericht im Stil einer Zeitungsreportage und die Erzählung einer dritten, ausschließlich durch Hörensagen unterrichteten Person strukturiert. Es werden die gleichen Ereignisse erzählt – nur aus verschiedenen Perspektiven, so daß kein linearer Erzählfaden gesponnen, sondern eher ein Handlungsmosaik ausgelegt wird. Trotzdem wurde das Buch bis zum September desselben Jahres allein in Großbritannien 39 000mal verkauft, und bis zum Ende des Jahrhunderts waren, folgt man den Angaben von Stevensons erstem Biographen, in Amerika mindestens eine Viertelmillion autorisierte Exemplare und Raubdrucke abgesetzt worden.

Das Thema „der Doppelnatur des Menschen", wie Stevenson es selbst nannte, war zu jener Zeit von geradezu übermächtiger Bedeutung. Die Schriftsteller der 80er Jahre des letzten Jahrhunderts waren in ihrer eigenen Doppelrolle als Künstler und Bürger geradezu besessen davon. Und es war ein Thema, das die im ausgehenden viktorianischen Zeitalter offensichtlichen „Dualitäten" von privat vs. öffentlich, innen vs. außen, männlich vs. weiblich und den Gedanken vom „Tier im Menschen" reflektierte.

Der Schriftsteller und Kritiker Andrew Lang, ein Freund Stevensons, der die Erzählung bereits vor der Veröffentlichung gelesen hatte, zog sofort die Verbindung zu der literarischen Tradition der „Doppelung" bzw. des „Spiegels", indem er auf Parallelen zu Edgar Allan Poes Kurzgeschichten *William Wilson* und *The Tell-tale Heart* sowie Théophile Gautiers *Le Chevalier Double* verwies. Er hätte noch wesentlich deutlichere Beispiele wählen können, wie zum Beispiel den einige Jahrzehnte zuvor erschienenen *Frankenstein* von Mary Shelley, *Hoffmanns Erzählungen* oder – geographisch näherliegend, da das Buch im kalvinistischen Schottland spielt – James Hoggs *Confession of a Justified Sinner* oder sogar Dostojewskis *Schuld und Sühne*. Stevenson hatte den Roman des Russen in einer französischen Übersetzung gelesen und meinte, es sei „das großartigste Buch, das ich in den letzten zehn Jahren gelesen habe". Lang hingegen zog den Vergleich mit Poe und Gautier vor:

Dieses kleine Werk ähnelt den Geschichten Poes, nur daß es auch noch eine moralische Bedeutung hat . . . Mr. Stevensons Grundgedanke, sein (offenes)

Geheimnis besteht darin, daß jeder Mensch eine zweite Persönlichkeit hat. Die Idee an sich ist nur allzu vertraut . . . doch die Originalität ihrer Behandlung ist dennoch eindrucksvoll und erstaunlich. In dieser Erzählung nimmt die doppelte Persönlichkeit nicht die Form eines personifizierten Gewissens an, eines Doppelgängers des Sünders . . . Einem Geist, einem Ghul oder sogar einem Vampir würden wir etliche Male lieber begegnen als diesem Mr. Edward Hyde.

Stevenson hatte die bekannten Motive der teuflischen Besessenheit, des Doppelgängers und der Wiederherstellung der Normalität am Ende der Geschichte überschritten und dem Herzen der Dunkelheit physische Gestalt gegeben (mit einer „schrecklichen Macht zu Wachstum und Steigerung"). Er führte den Leser aus der Normalität in eine Welt des Chaos und des Zerfalls. Eine wahrhaft erschreckende Aussicht und eine vehemente Bedrohung für die Selbstgefälligkeit des viktorianischen Zeitalters!

Auf Langs einfühlsamen Kommentar antwortete Robert Louis Stevenson Anfang Dezember 1885:

> Ja, ich kenne *William Wilson,* aber zum ersten Mal (und mit Bedauern) höre ich von dem *Chevalier Double.* Wer zur Hölle war er? Ich hoffe nur, daß er nicht in mein Revier eingedrungen ist. Mir geht es um die nur unter Schwierigkeiten gewahrte Identität. Ich war der Ansicht, das sei ein origineller Gedanke, etwas Neues . . .

Robert Louis Stevenson bei der Arbeit in Bournemouth (1886/87). Stich nach einer Photographie von seinem Stiefsohn Lloyd Osbourne.

Zunächst scheinen die Kritiker den *Dr. Jekyll* mit Skepsis betrachtet zu haben. Einer nannte ihn einen „Shilling-Shocker für die Bahnhofsbuchhandlungen", den als „literarische Kunst" ernst zu nehmen schwerfalle. Das Buch kam als preiswertes Taschenbuch daher und glich damit unzähligen anderen Bänden im Bereich der Horrorgeschichten und billigen Reißer, die die neuen Hochleistungsdruckpressen ausspuckten. In den Universitäten, in Zeitschriftenartikeln und Leserbriefen schlug man zu jener Zeit verzweifelt die Hände über dem Kopf zusammen über den Publikumsgeschmack und beklagte die schleichende Gefahr der „Sensationslust". Man war der Ansicht, die neue Massenkultur könne sich wie eine Seuche ausbreiten, wenn die Hüter kultureller Werte sich nicht dagegen wehrten.

Stevenson selbst äußerte sich mit einer gewissen Gereiztheit über sein Buch,

Der seltsame Fall des Dr. Jekyll und Mr. Hyde

DIE GESCHICHTE

Dr. Henry Jekyll, Mitglied der Royal Society, ist ein respektabler Arzt und Pharmazeut. Gabriel Utterson (sein Anwalt) und Dr. Hastie Lanyon (ein Studienfreund und Kollege) sind besorgt wegen der Richtung, in die seine wissenschaftlichen Forschungen ihn führen. Zudem gibt ihnen seine enge Bindung an den finsteren und brutalen Mr. Edward Hyde zu denken. Richard Enfield berichtet seinem Cousin Utterson, daß er zugegen war, als Hyde in der Nähe des Hintereingangs zu Jekylls Haus ein achtjähriges Mädchen brutal umstieß. Dr. Jekyll hat seinem Anwalt ein Testament ausgehändigt, in dem er Hyde eine Viertelmillion Pfund vermacht. Obwohl Utterson befürchtet, daß diese Verfügung aufgrund irgendeiner „Schurkerei", etwa durch Erpressung, zustande gekommen ist, sichert er Jekyll die Ausführung der Bestimmung zu. In einer Nebelnacht prügelt Hyde den Abgeordneten Danvers Carew zu Tode, der einen Brief an Utterson in der Tasche hat. Die Polizei verschafft sich Zutritt zu Hydes Wohnung in Soho und findet dort ein halbverbranntes Scheckbuch. Utterson fällt auf, daß Hydes Handschrift der von Dr. Jekyll sehr ähnlich ist. Aber Hyde bleibt verschwunden, während Dr. Jekyll sich karitativer Arbeit und der Religion widmet.

Einige Wochen später übergibt der im Sterben liegende Dr. Lanyon dem Anwalt Utterson ein versiegeltes Dokument, das erst im Falle des Todes von Dr. Jekyll geöffnet werden darf, und über dessen Inhalt er jegliches Gespräch verweigert. Zufällig bemerken Utterson und Enfield Dr. Jekyll am Fenster seines Stadthauses. Doch er wendet sich offensichtlich zutiefst verzweifelt von ihnen ab. Utterson bricht in Jekylls Laboratorium ein und findet dort den Leichnam Hydes, der sich selbst vergiftet hat, entdeckt aber keine Spur von Jekyll. Aus *Dr. Lanyons Bericht* erfährt man, daß dieser kurz vor seinem Tod auf Jekylls Bitten hin in dessen Labor eingebrochen ist und etwas weißes Pulver sowie eine Phiole mit blutroter Flüssigkeit mitgenommen hat, um sie dem flüchtigen Hyde auszuhändigen. Hyde verwandelte sich vor Lanyons Augen in Dr. Jekyll. *Henry Jekylls vollständiger Bericht* am Ende des Buches gibt schließlich Auskunft über das Doppelleben, das er führte, über seine Forschungen, mit denen er versuchte, seine Persönlichkeit in Gut und Böse zu spalten, und darüber, wie das Böse, Mr. Hyde, allmählich die Oberhand über den heuchlerischen Dr. Jekyll gewinnt. Eines Tages ist Jekyll schließlich nicht mehr in der Lage, die Verwandlung rückgängig zu machen, weil sein Vorrat an dem dafür benötigten Pulver zur Neige gegangen ist. „Der lange Zeit in mir eingekerkerte Teufel" hat nun die Gewalt über ihn gewonnen.

besonders in seinen Briefen an Autoren oder Kritiker, die er bewunderte. Er nannte Dr. Jekyll seinen „gotischen Gnom . . . doch der Gnom ist nicht uninteressant, glaube ich". Er fährt fort, daß das Buch ein „wertloser Groschenroman" sei, ein „billiger Zwölf-Penny-Schocker, der verdammt reißerisch ist", eine „schöne Lügengeschichte", an der „nur die Brownies schuld sind". Mit „Brownies" bezeichnete er seine nächtlichen Traumgeister oder genauer sein Unterbewußtes. Und er schrieb die Entstehung des Textes seinen „finanziellen Schwankungen" zu, ein Heilmittel für „den Bankrott", der ihm „auf den Fersen" sei, der „monetäre Impuls", eines jener Werke, „die man für klingende Münze . . . herunterschreibt".

Es lag ihm viel daran, als Schriftsteller und Künstler ernst genommen zu werden und den Lebensstil eines Bohemiens zu kultivieren, auch wenn er seit April 1885 wenig spektakulär in einem Vorort von Bournemouth in der Villa Skerryvore lebte. Und er hatte sich die unter der Elite der Hauptstadt weit verbreitete Abneigung gegen das zu eigen gemacht, was Matthew Arnold kurz zuvor „eine billige Literatur" genannt hatte, „häßlich und wertlos in ihrem Auftreten . . ., die für Leute mit geringen Ansprüchen gemacht zu sein scheint".

Anfang Januar 1886, drei Tage vor dem Erscheinen von *Dr. Jekyll und Mr. Hyde,* gab Stevenson seiner Sorge über eine zu große „Popularität" in einem Brief an den Schriftsteller und Kritiker Edmund Gosse Ausdruck:

> Man setzt sich ein hohes Ziel und verwendet viel Zeit auf sein Werk; und es wird nicht so erfolgreich sein, als wenn man das Ziel niedriger gesteckt und schneller gearbeitet hätte. Dem Publikum gefällt ein Werk (gleich welcher Art), auf das nicht allzu große Sorgfalt verwendet wurde; solange es ein wenig weitschweifig ist, ein wenig locker, ein wenig düster und geradlinig, wird das verehrte Publikum es mögen . . . Ich schreibe nicht für das Publikum; ich schreibe für Geld, eine vornehmere Gottheit; und vor allem für mich selbst, der ich zwar vielleicht nicht vornehmer bin, dafür aber intelligenter und näher an der Sache. Erzählen wir uns gegenseitig traurige Geschichten über die Bestialitäten der Bestie, die wir füttern . . . irgend etwas an mir muß falsch sein, sonst wäre ich nicht populär.

Entscheidend war, daß er den Entschluß gefaßt hatte, das Schreiben zum *Beruf* zu machen, um nicht länger von der finanziellen Unterstützung seines alten, kränkelnden Vaters abhängig zu sein. Mit Mitte Dreißig sollte man auf eigenen Füßen stehen können. Wie auch immer sich die von Hause aus vermögenden Schriftsteller der Hauptstadt über Fragen des Einkommens äußern mochten, er mußte seine Rechnungen bezahlen. Und daher rührte sein trotziges „ich schreibe für Geld". Dennoch wollte er auch in der literarischen Welt respektiert werden.

Ende Januar 1886 erschien eine anonyme Rezension in der *Times,* die wesentlich dazu beitrug, daß die Erzählung zu einer ernst zu nehmenden Lektüre erhoben wurde:

> Bisher hat Mr. Stevenson nichts geschrieben, das uns so durch die Vielseitigkeit seines außerordentlich originellen Genies beeindruckt hat wie dieses sparsam ausgestattete kleine Bändchen. Vom geschäftlichen Standpunkt aus können wir uns in dieser praktisch orientierten Zeit nur über die großzügige Verschwendung des erstaunlichen Materials wundern, und im Vergleich zu dem vorliegenden Ergebnis muß es uns wie eine unverhältnismäßige Verausgabung von Verstand vorkommen. Entweder verdankt sich die Erzählung einem Geistesblitz an intuitiver, psychologischer Einsicht, niedergeschrieben in einem Anfall von Eingebung; oder sie ist das Produkt einer höchst kunstvollen Planung, der es gelungen ist, alle Teile eines raffinierten und unergründlichen Puzzles zusammenzufügen. Jeder *Connaisseur,* der die Erzählung einmal gelesen hat, wird sie mit Sicherheit ein zweites Mal lesen müssen.

Kurz gesagt war Stevensons „sensationelle" Geschichte über einen ehrbaren Mann, der „sich allmählich und unausweichlich dem Einfluß ihn beherrschender Schwächen ergibt", geeignet, sowohl die Leserschaft von Groschenromanen als auch den „kultiviertesten Verstand" und die „kompetentesten Kritiker" in ihren Bann zu ziehen – also die Leute, die das Buch einmal, und die *Connaisseurs*, die es ein zweites Mal lasen.

Das Argument, daß man das Buch nicht nach seinem Einband beurteilen dürfe, wurde auch von der Zeitschrift *Academy* aufgegriffen. Der Autor der dort erschienenen Rezension war James Noble, der bald darauf eine Studie mit dem Titel *Morality in English Fiction* veröffentlichte, ein Thema, bei dem er keinerlei Kompromisse einging:

> [*Dr. Jekyll*] ist kein nach den strengen Regeln der Kunst geschriebener Roman in drei Bänden; es ist nicht einmal ein einbändiger Roman der gewöhnlichen Sorte; es ist einfach ein in Pappe gebundener Groschenroman, der, urteilt man nach seinem Äußeren, der Klasse von Literatur angehört, die in den Köpfen der meisten Leser, die sich mit ihr vertraut gemacht haben, ein gewisses Maß an Verachtung nährt. Der Schein, so wurde schon des öfteren bemerkt, kann trügen; und in diesem Fall trügt er wahrhaftig, denn trotz des Pappeinbandes und des niedrigen Preises stellt Mr. Stevensons Erzählung die drei- und einbändige Konkurrenz so unzweifelhaft in den Schatten, daß der einzige Platz, der ihm gebührt, der Ehrenplatz ist.

Der Rezensent fuhr fort, *Dr. Jekyll* käme zwar daher wie ein Schauerroman, sei in Wahrheit aber „eine Parabel" auf den Kampf zwischen Gut und Böse, was schon bald von zahlreichen Kirchenmännern und deren Hauspostillen aufgegriffen wurde. Am 6. Februar stieß auch der *Punch* in dasselbe Horn:

> . . . Ich, Dr. Trekyl (i. e. Treacle [dt. Sirup], reimt sich auf Jekyll), stellte eines Tages fest, daß ich eine große Menge Zucker in meiner Formel hatte. Ich entdeckte, daß ich mich in einen anderen verwandeln konnte, wenn ich meiner Mischung zu Pulver zerstoßene saure Fruchtbonbons beimengte. Das war sehr süß! Also teilte ich mich in zwei und dachte mir das eine oder andere aus. Ich malte mir aus, wie schön es doch sei, wenn ich kein Gewissen mehr hätte und ein echter Schurke wäre. Ich schluckte die pulverisierten Fruchtbonbons und verwandelte mich auf der Stelle in ein kleines, merkwürdiges Wesen, Mr. Hidanseek [hide-and-seek: Versteckspielen], das mit Vorliebe auf den Schädeln von Kindern herumtrampelte und Baronets, die sich um Mitternacht verliefen, mit einem Regenschirm zu Tode prügelte. Ich amüsierte mich bestens! Und das um so mehr, als ich entdeckte, daß ich mich wieder in den berühmten Arzt zurückverwandeln konnte, wenn ich die Drops durch Zucker ersetzte . . .

Bei der Attacke auf die „Sensationsgier" hatte der *Punch* in vorderster Linie gekämpft. Doch wenn sich *Dr. Jekyll und Mr. Hyde* als Parabel über den Kampf zwischen dem zuckersüßen Dr. Treacle und dem gewissenlosen Mr. Hidanseek interpretieren ließ, war das Buch doch ganz annehmbar.

J. A. Stuart, der in den 20er Jahren dieses Jahrhunderts eine der ersten Biographien Stevensons verfaßte, hat diesen Prozeß der immer breiter gestreuten Rezeption untersucht. Einige der enthusiastischen Kritiker legten großen Wert auf die Feststellung, daß *Dr. Jekyll* „in einer bemerkenswerten Verbindung sowohl Kunst als auch Moral bietet"; daß zwar „etliche Leser es nicht bemerken werden", der „wunderbaren

Geschichte" aber dennoch „eine edle Moral unterliegt". Und von da an

> . . . wurde das Buch zur Kenntnis genommen und mit geradezu apostolischem
> Eifer angepriesen. Einem Kanonikus der Kirche von England, der über seinen
> morgendlichen *bacon and eggs* die *Times* las, fiel auf, was über das Buch gesagt
> wurde. Er sah sein Interesse geweckt, beschaffte sich ein Exemplar und las es.
> Eine so seltene Gelegenheit beim Schopfe packend, machte er das Buch zum
> Gegenstand seiner Predigt, die er vor der Gemeinde der St. Paul's Cathedral
> hielt. Andere Kanoniker, Vikare und Geistliche der Nonkonformisten folgten
> dem vorzüglichen Beispiel und legten die Parabel von mehreren Kanzeln im
> ganzen Land aus . . . Es gibt keine wirksamere Werbung für eine Erzählung als
> eine Reihe von Predigten . . . Es war ein exzellentes Geschäft. Von der Kanzel
> aus zog der *Jekyll & Hyde* im Triumphmarsch in die Boudoirs und Salons ein
> und fand seinen Weg zu den feinen Tischgesellschaften. Das Establishment nahm
> das Buch auf . . . Ältliche Damen mit streng viktorianischen Überzeugungen
> begrüßten sich mit einem „Meine Liebe, es ist furchtbar" . . . und in jedem Falle
> lieferte es ein geeignetes Thema für den Small-Talk, so wie Dr. Darwins Affen
> oder Mr. Gladstones Irlandpolitik. Wenn ein Buch in dieser Weise geehrt wird,
> dann „boomt" es, und *Jekyll & Hyde* „boomte" schon sehr bald . . .

Drei Monate nach Erscheinen des *Jekyll und Hyde* fand sich unter dem Titel
„Geheime Sünde" eine Rezension im *Rock,* der Zeitschrift der Vereinigten Kirche
von England und Irland:

> [Das Buch] ist eine Allegorie, gegründet auf die zwiespältige Natur des Men-
> schen, die uns der Apostel Paulus im Römerbrief (7, 21) lehrt: „So finde ich mir
> nun ein Gesetz, der ich will das Gute tun, daß mir das Böse anhangt."

Tatsächlich handelt *Dr. Jekyll und Mr. Hyde* nicht im mindesten von dem Kampf zwischen Gut und Böse. Wie Stevenson immer wieder – allerdings nicht öffentlich –
betonte, ereignete sich „der merkwürdige Fall", weil Jekyll „ein Heuchler war . . .
der Heuchler hat die Bestie Hyde herausgelassen". Hyde ist ein Teil Jekylls so wie
Jekyll Teil von Hyde ist. Die Tragödie besteht darin, daß Jekyll dies nicht
akzeptieren will und deshalb versucht, „den immerwährenden Krieg zwischen
meinen Gliedern" zu gewinnen (eine Anspielung auf Jakobus 4,1: „. . . aus euren
Wollüsten, die da streiten in euren Gliedern"), indem er die beiden Teile seiner
Persönlichkeit trennt. Jekyll schreibt:

> Wenn ein jedes . . . nur in voneinander geschiedenen Identitäten untergebracht
> werden könnte, dann würde das Leben alles Unerträglichen enthoben sein; der
> Ungerechte könnte, befreit vom Trachten und der Gewissenspein seines redli-
> cheren Zwillingsbruders, seinen Weg gehen; der Gerechte könnte unbeirrbar und
> furchtlos seinem Pfad nach oben folgen, Gutes tun, das ihm zur Freude gereicht,
> und wäre nicht mehr der Schande und Buße durch das ihm wesensfremde Böse
> ausgesetzt. Es war der Menschheit Fluch, daß diese unvereinbaren Elemente so
> miteinander verbunden waren . . . Wie also konnte man sie trennen?

Mit anderen Worten, der Arzt erkennt – in gehobenem viktorianischem Stil – „die völlige und ursprüngliche Zwiegespaltenheit des Menschen", zieht daraus aber den Schluß, daß er auf „eine Trennung dieser Elemente" hinarbeiten muß. Seine Hypothese ist, daß „der Mensch wahrhaftig nicht aus einem, sondern in der Tat aus zwei besteht". Doch dabei hat er – unwissentlich – entdeckt, daß die beiden Personen in Wahrheit *eine* sind. Und er hat entdeckt, daß ein Mensch nicht nur zwei Naturen hat, sondern „als ein bloßes Gemeinwesen aus verschiedenartigen, nicht zueinander passenden und voneinander unabhängigen Bewohnern angesehen werden" muß.

Was Hyde angeht, so ist er nicht von Anfang ein „echter Schurke", und er läuft auch nicht durch die Gegend, um „Kindern auf dem Schädel herumzutrampeln" (was auch immer der *Punch* geschrieben haben mochte). Sein Verhalten wird um so grausamer, je entschiedener Jekyll seine Existenz leugnet, bis er sich schließlich, nach einer langen Zeit der Unterdrückung, mit Gewalt den Weg nach außen erzwingt: „Der lange Zeit in mir eingekerkerte Teufel brach brüllend hervor." Wenn Jekyll in der Lage gewesen wäre, sich wie Prospero in Shakespeares *Sturm* zu verhalten, der über Caliban sagt: „Und dies Geschöpf der Finsternis erkenn ich / Für meines an", hätte Mr. Hyde keinen Grund gehabt, hervorzutreten. Jene, die Hyde zu Gesicht bekommen, empfinden ein diffuses Gefühl des Unbehagens, das in Worte zu fassen ihnen Schwierigkeiten bereitet: „Ich sah noch nie einen Menschen, der mir so mißfiel, und dennoch weiß ich kaum, weshalb."

Er ist nicht der „Schwarze Mann", doch die Aura, die ihn umgibt, legt „irgendwie" Zeugnis von seiner Herkunft ab. Vor allem dann, wenn sein Gegenüber ein Mensch ist, der es gewohnt ist, die „ungerechten" Seiten seiner eigenen Persönlichkeit zu unterdrücken und sich gefestigter gibt, als er in Wirklichkeit ist.

Die Version des *Dr. Jekyll und Mr. Hyde*, die in den 80er Jahren des letzten Jahrhunderts von unzähligen Kanzeln gepredigt wurde, hat also wenig mit dem Buch zu tun, das Stevenson geschrieben hatte. Und auch die Redewendung von einer „Jekyll-und-Hyde-Persönlichkeit", mit der man einen Stimmen hörenden Psychopathen bezeichnete (und noch bezeichnet), gehört einem anderen „seltsamen Fall" an. Die Lesergemeinde der „Shilling Shocker" genoß den Roman als spannenden Thriller; die Literaten, zumindest die meisten von ihnen, und die Kirchenleute lasen es als „Parabel", die in ihrer Interpretation eine optimistische Botschaft beinhaltete. Beide Lesergruppen haben auch im Verlauf der weiteren Rezeption des *Dr. Jekyll und Mr. Hyde* ihre verschiedenen Standpunkte gewahrt.

Im Februar 1886 war dem Autor die Geschichte bereits aus den Händen geglitten und sozusagen zu einem „öffentlichen" Stoff geworden. In ihren Inhaltsangaben konzentrierten sich die meisten Rezensionen auf das geradlinige, aus einer einzigen Perspektive erzählte Kapitel mit der Überschrift *Henry Jekylls vollständige Darlegung des Falls*, das das letzte Fünftel des Textes umfaßt. Dafür ignorierten sie die Perspektiven von Jekylls Junggesellenkollegen: von dem Anwalt Mr. Gabriel Utterson („kalt, wortkarg und verlegen im Gespräch; Gefühlsausbrüchen abgeneigt . . . und doch irgendwie liebenswürdig"), von Uttersons Verwandtem Mr. Richard Enfield („einem . . . in der Stadt wohlbekannten Lebemann") und schließlich von Henry Jekylls Freund Dr. Hastie Lanyon (dessen

Umschlagillustration von Edmund J. Sullivan für eine Paperback-Ausgabe des Dr. Jekyll und Mr. Hyde *von 1897: Der mordgierige Hyde bedroht die Stadt.*

Herzlichkeit „ein wenig theatralisch" wirkt und dessen abgeschottete Welt in Trümmer zerbricht, als ihm deutlich wird, was sein Schulfreund und Kollege vorhat). Wie Henry James bemerkte, haben diese Männer außer ihrem sozialen Status noch etwas anderes gemein: Sie alle leben und arbeiten „ohne die Hilfe einer Frau".

Mit diesen Erzählperspektiven, allesamt subtile Variationen des Themas „der Heuchler", macht Stevenson deutlich, daß sein Interesse weit über Dr. Jekylls Laborexperiment hinausgeht. Er liefert wichtige Einblicke in die Figur des Mr. Hyde, bevor er Jekyll seine Version der Geschichte erzählen läßt. Zudem tragen die verschiedenen Erzählperspektiven zu der Atmosphäre des Undurchschaubaren und Geheimnisvollen bei, da auf diese Weise bis zum Augenblick des *dénouement* die Entdeckung hinausgezögert wird, daß Jekyll und Hyde ein und dieselbe Person sind. Es ist vom heutigen Standpunkt aus zwar schwer vorstellbar, aber die Leser des Jahres 1886 wußten das noch nicht.

Ebensowenig wie Stevenson in der Lage war, die Rezeption seines Buches und die Bandbreite zulässiger Interpretationen zu kontrollieren, hatte er Einfluß darauf, wie der Name der Hauptfigur ausgesprochen wurde. Er selbst legte Wert darauf, daß die erste Silbe in Jekyll lang ausgesprochen wurde, wie Jeekyl. Zum einen, weil das die Art war, wie gebildete Leute den Namen aussprechen würden, zum anderen, weil sich nur so *Hyde* und *Jekyll* auf *Hyde* und *Seek* bzw. *Jekyll* auf *Treacle* reimte. In der ersten Bühnenfassung der Erzählung betonte der Schauspieler Richard Mansfield den Namen allerdings mit kurzer Anfangssilbe als *Jeckyll* und etablierte damit die Aussprache, die sich in der Folge durchsetzte.

Doch Stevensons Geschichte, von der wir alle glauben, wir hätten sie gelesen, war um einiges reicher, als die zeitgenössischen, dem Establishment verpflichteten Rezensionen oder die Blut-und-Donner-Inszenierungen auf der Bühne und im Film glauben machten. Sie thematisiert Spannungen, die in Stevenson selbst bestanden; Spannungen, die die Grenze zwischen Realität und Traum berührten, zwischen öffentlichem und privatem Leben, zwischen Bürger und Bohemien, zwischen Unbeweglichkeit und Aktivität und selbst zwischen den engen Gassen und Höfen des alten Stadtkerns von Edinburgh und den offenen Plätzen der Neustadt. Und vor allem vielleicht zwischen dem Kind und dem Erwachsenen.

Die vorschnelle Übernahme des viktorianischen Konzepts von der „Dualität" und die Gleichsetzung mit dem biblischen „immerwährenden Krieg unter den Gliedern" als Interpretationshilfe birgt ein gewisses Risiko. Doch dies war deutlich der Rahmen, innerhalb dessen Stevenson sein eigenes Verhalten und zuweilen auch seine Kunst deutete.

D er *Seltsame Fall des Dr. Jekyll und Mr. Hyde* beginnt mit einem Alptraum, den Stevenson als Kind erlebte. Alpträume, so gestand er einem Reporter des *New York Herald* im September 1887, quälten ihn, so lange er denken konnte. Manchmal hätten sie ihn sogar „laut aufschreien" lassen. Als Erwachsener habe er jedoch gelernt, sie unter Kontrolle zu halten. Vor dem Einschlafen dächte er sich eine Geschichte aus, die dann von seinem Unbewußten übernommen und weitergesponnen würde:

Ich lasse mich nie von ihnen [den Träumen] täuschen. Selbst wenn ich tief schlafe, weiß ich, daß ich es bin, der sie erfindet. Und wenn ich aufschreie, dann geschieht das mit einer gewissen Befriedigung darüber, daß meine Geschichte so überzeugend ist. Wenn ich also aufwache – und von einer guten Geschichte werde ich immer wach – setze ich mich sofort hin, um sie aufzuschreiben. Alles, was ich zum Beispiel über Dr. Jekyll träumte, war, daß ein Mann in einen Schrank gesperrt wird, nachdem er eine Medizin geschluckt und sich in einen anderen verwandelt hat.

Dieser „Schrank" löste eine Erinnerung aus, die Erinnerung an „das Zimmer, in dem ich als Kind in Edinburgh geschlafen hatte [und in dem] sich ein Schrank befand – ein sehr schönes Stück – von der Hand des Zunftmeisters Brodie".

Auf die Verbindung zwischen dem Schrank aus Stevensons Kindheit und seiner Erzählung spielte auch Mrs. Fanny Stevenson in ihrer Einleitung zu der 1920 erschienenen Ausgabe von *Dr. Jekyll und Mr. Hyde* an:

In dem Zimmer in Edinburgh, das mein Mann als Kind bewohnte, standen ein Bücherschrank und eine Kommode, die von dem berüchtigten Zunftmeister Brodie gefertigt waren, der bei Tag ein geachteter Künstler war und bei Nacht als Einbrecher auf Beutezüge ging. [Seine Kinderschwester], der mein Mann seine *Child's Garden Verses* widmete, wob mit ihrer lebhaften schottischen Phantasie viele Märchen und Geschichten um diese prosaischen Möbelstücke, um ihren Schützling zu unterhalten. Jahre später zeigte sich mein Mann stark beeindruckt von einer Abhandlung, die er in einem französischen Wissenschaftsjournal über das Unterbewußtsein gelesen hatte. Dieser Artikel und seine Erinnerungen an den Zunftmeister Brodie bildeten den Keim für die Idee, die später ... während eines heftigen Fiebers, das er infolge einer Lungenblutung erlitt, im Traum von Jekyll und Hyde gipfelte.

Das betreffende Zimmer befand sich im obersten Stockwerk in der Heriot Row Nr. 17, einer sauberen und soliden Straße mit vierstöckigen, nach Süden blickenden Häusern, die zu Beginn des 19. Jahrhunderts im Herzen der Neustadt von Edinburgh errichtet worden waren. Robert Louis Balfour Stevenson war am 13. November 1850 am eher schmutzigen Howard Place Nr. 8 geboren worden. Der Platz bestand aus einer Reihe gedrungener, zweistöckiger Häuser und lag nördlich der Canonmills. Als Stevenson zwei Jahre alt war, zog die Familie in ein größeres Haus in der Inverleith Terrace, nur wenige Meter von der alten Wohnung entfernt. 1857 zog die Familie dann erneut um, dieses Mal in die höher gelegene und vornehmere Heriot Row, in das Haus, das aufgrund seiner Erinnerungen immer mit Stevenson in Verbindung gebracht wird.

Durch sein Schlafzimmerfenster konnte der Junge eine Gaslaterne und die Queen Street Gardens sehen. Und in diesem Zimmer stand auch jener Kleiderschrank (und nicht „ein Bücherschrank und eine Kommode"), den „der berüchtigte Zunftmeister Brodie" gefertigt hatte. Als Kind dachte sich „Louis", wie er genannt wurde, zahlreiche Geschichten über die Dinge aus, die im Schattenland von Brodies Schrank verschwanden, einem Schrank, der „in der Nacht unheimlich knarrte".

Sein Vater Thomas gehörte einer Familie von Ingenieuren und Erfindern an, die die meisten der Tiefsee-Leuchttürme vor den gefährlichen Küsten Schottlands gebaut hatten („wann immer ich Salzwasser rieche", schrieb Louis, „weiß ich, daß ich mich nicht weit von einem Werk meiner Vorfahren befinde"). Seine Mutter, Margaret Isabella Balfour, entstammte einer Familie von Anwälten und Kirchenmännern („und ich glaube, sie waren mit den sogenannten besten Familien Schottlands verwandt"). Louis, ihr einziges Kind, wuchs innerhalb der strengen viktorianischen Regeln von Edinburghs Mittelklasse auf, in der das Wort „ehrbar" das höchste Lob darstellte.

Doch Stevenson war ein kränkliches Kind, das immer einen unterernährten Eindruck machte und unter Bronchitis, gastrischem Fieber, Verdauungsstörungen, Lungenentzündungen und einer „nervösen Reizbarkeit" litt. Möglicherweise hatte er auch eine Schilddrüsenerkrankung, was seinen überaus zierlichen Knochenbau erklären würde. Aufgrund seiner Krankheiten verbrachte er den größten Teil der Kindheit in seinem Schlafzimmer in der Heriot Row Nr. 17. Später beschrieb er diese Jahre als eine Zeit der „Ängste, Alpträume und der Schlaflosigkeit, Tage voller Schmerzen und nicht enden wollende Nächte".

Da sein Vater als leitender Ingenieur beim Northern Lighthouse Board häufig beruflich unterwegs war und seine Mutter zu jener Zeit bereits so schwer krank war – sie litt unter schwachen Lungen, ein Leiden, das sich durch Anstrengung und Streß verschlimmerte –, daß sie oft tagelang ihr Zimmer nicht verlassen konnte, war die nächste Bezugsperson für Louis seine Kinderschwester Alison Cunningham, genannt „Cummy", die Tochter eines Fischers aus Fife und eine fromme Presbyterianerin.

Cummy beeinflußte die leicht prägbare Vorstellungskraft des Jungen mit Geschichten über Höllenfeuer und Verdammnis und las ihm religiöse Traktate und ein ums andere Mal die gesamte Bibel vor. Sie versuchte, ihn davon zu überzeugen, daß „es nur zwei Lager in dieser Welt gibt – das Lager der Frömmigkeit und Ehrbarkeit und das Lager des Profanen, Weltlichen und Lasterhaften. Die Angehörigen des einen beugen zumeist die Knie und singen Choräle, die anderen befinden sich hochtrabend auf dem Weg zum Galgen und den Abgründen der Hölle". Cummy half ihm, die Texte der Kirchenlieder auswendig zu lernen, erfand erbauliche Geschichten über die Möbel in seinem Zimmer und ermunterte ihn zum Spiel mit seinem Papptheater – „für einen Penny ohne, für zwei mit Farbe"–, vorausgesetzt, die Stücke hatten ein moralisch-lehrreiches Ende.

Mit anderen Worten, Cummy pflanzte Gottesfurcht nicht nur in das Herz ihres Ersatzkindes, sondern selbst noch in sein Spiel. Das Schreiben, sagte Stevenson später, ist für den Erwachsenen das, was für ein Kind das Spiel ist.

Nachts, wenn Cummy schlief, lag er, wie er in *Memoirs of Himself* (1879–1880) berichtet, stundenlang wach und weinte nach Jesus. Er hatte Angst, die Augen zu schließen, weil er glaubte, dann in die Hölle zu kommen. Es überrascht wohl kaum, daß er, wenn es ihm schon einmal gelang, die Augen zu schließen, häufig Alpträume hatte, die sich unauslöschlich in sein Gedächtnis eingraben sollten. Einmal wachte er aus einem „Traum über die Hölle auf, ich hatte mich an das

Gitter meines Bettes geklammert und meine Knie zum Kinn hinaufgezogen; meine Seele war erschüttert, mein Körper zuckte vor Schmerz".

Als Stevenson 20 Jahre später ein Resümee seiner Kindheit zog, kam er zu dem Ergebnis, daß Cummy engagiert, geduldig und zärtlich war, zugleich aber auch abergläubisch, zuweilen auch regelrecht gedankenlos im Hinblick auf die „religiösen Muster", mit denen sie sein kindliches Gemüt fütterte. Er sei sich der Gefahr der Überdramatisierung seiner Erinnerungen bewußt, doch trotzdem halte er daran fest:

Im großen und ganzen erinnere ich mich nicht gerne an diese frühen Jahre. Ich war damals genau so ein Egoist, wie ich es auch heute noch bin; ich hatte ein fieberhaftes Verlangen nach Aufmerksamkeit . . . Ich war sentimental, weinerlich, frömmelnd, auf morbide Art religiös . . . Ich habe bereits auf die Grausamkeit hingewiesen, ein Kind im Angesicht der schrecklichen Schatten des Lebens aufzuziehen, doch es sollte nicht vergessen werden, daß dieses Vorgehen auch unklug ist und dem Zwecke des Erziehers entgegenarbeitet. Die Vorstellung der Sünde, die mit bestimmten Taten verbunden wird, stößt die junge Einbildungskraft nicht ab, sondern wirkt im Gegenteil anziehend auf sie . . . Ich werde nie wieder eine Sache mit dem Interesse verfolgen, mit dem ich damals, in meiner Kindheit, Dinge vorsätzlich tat, von denen ich glaubte, sie seien sündhaft. Generell hat die falsche, allgemein verbreitete Doktrin der Sünde nur ein besonderes Interesse an der Lust zur Folge.

Stevenson erinnerte sich an einige Beispiele für seine sündhaften Gedanken: So stellte er Cummy die Frage, „warum Gott eine Hölle hat"; in einem „schrecklichen Experiment" verneinte er die Existenz Gottes, nur um zu

Heriot Row 17, im Herzen von Edinburghs Neustadt, wo Robert Louis Stevenson vom sechsten Lebensjahr bis zu seinem Auszug aus dem Elternhaus lebte.

sehen, was passieren würde; und er machte sich Sorgen um das Seelenheil seiner Eltern, die unten im Salon saßen und Karten spielten.

Die absolute, undifferenzierte Vorstellung von Sünde, die ihm eingehämmert wurde, ermutigte ihn zu derartigen Überlegungen, die er aus purer „Böswilligkeit" anstellte. In manchen seiner Träume erschien der Gedanke der Sünde eigenartig anziehend. Die Person, der es in *Dr. Jekyll und Mr. Hyde* am schwersten fällt, auch nur den *Gedanken* an einen Mr. Hyde zu akzeptieren, ist Dr. Hastie Lanyon: Hastie war der Mädchenname von Alison Cunninghams Mutter.

Stevenson wuchs in einer Stadt auf, die, wie er bemerkte, „halb eine Großstadt, halb ein Provinznest ist; die ganze Stadt führt ein Doppelleben". Auf der anderen Seite der Trennlinie, jenseits der Felsen, auf denen das Schloß steht, lag „die alte schwarze Stadt, die für alle Welt ein Kaninchenbau war, nicht nur wegen der vielen Bewohner, sondern auch wegen der verwirrenden Anlage der Gassen und Winkel".

In *Edinburgh; Picturesque Notes* (1879) beschreibt Stevenson im blumigen Stil seiner frühen Essays die düstere und schmutzige Altstadt mit ihren *closes* (engen Gassen) und *lands* (hohen Mietshäusern) wie ein Außenstehender, der einen Blick auf ein zerfallendes und schließlich sterbendes Gebäude wirft. Die Altstadt war ein mittelalterliches und daher für manche „pittoreskes" Viertel inmitten einer modernen Stadt. Einige nostalgisch veranlagte Schriftsteller mit dem „richtigen literarischen Gefühl" mochten sie den offenen Plätzen und der sauberen Luft der Neustadt vorziehen, doch in Stevensons Augen machte man es sich zu leicht, wenn man sich zum „Konservator der Trostlosigkeit anderer" aufspielte. In Wahrheit war die Altstadt ein übervölkertes Höllenloch und ein lebhaftes Symbol für die „offensichtliche . . . soziale Ungleichheit".

Der „Totenschädel unter der dünnen Haut" wurde, wie Stevenson schrieb, an einem Sonntagmorgen sichtbar, als eines der hohen Mietshäuser, ein *land* in der High Street, das „bis in den Kern verfault war", unter furchtbarem Donnern einstürzte und in sich zusammenfiel. Plötzlich bot sich ein Blick in die Lebensumstände von dreißig, mit einem Schlag von ihrer Geschichte abgeschnittenen Familien: „Hier ein Kessel auf dem Herd . . . dort eine billige Reproduktion der Queen an der Wand über dem Kamin." Ein altes Gebäude war *nicht* pittoresk. Doch während die Altstadt – die „Leber" der Stadt – zerfiel und im Schmutz versank, lief die Neustadt Gefahr, gewöhnlich und „kurzsichtig" zu werden:

> Der Architekt war im Grunde seines Wesens ein Stadtvogel, und er plante die moderne Stadt im Hinblick auf die Anlage der Straßen, und zwar ausschließlich der Straßen. Die ländliche Umgebung fand keinen Eingang in seinen Plan; er hatte nie den Blick zu den Hügeln erhoben. Wenn er nur gewollt hätte, wäre in jeder Straße am nördlichen Hang eine vornehme Häuserreihe entstanden mit einer weiten und schönen Aussicht. Doch das Areal wurde zu dicht bebaut; viele der Häuser sind falsch ausgerichtet . . .

Aber derartige Kritik war literarischer Snobismus, denn es ließ sich schließlich nicht leugnen, daß hier wenigstens „Sonnenstrahlen und frische Luft hereingelassen" wurden. Der Kontrast zwischen beiden Teilen der Stadt glich dem zwischen den beiden Eingängen zu Henry Jekylls Haus: Die Tür an der großbürgerlichen Front des Hauses, das „auf großen Reichtum und Wohlbehagen schließen" läßt, und der schäbige Hintereingang, „die Tür des alten Sezierraums", die „weder Glocke noch Klopfer besaß". Thomas Vernon Begbie hat auf seinen Fotografien, die er vor allem in den 50er Jahren des letzten Jahrhunderts machte, diesen Kontrast eingefangen.

Für den heranwachsenden Stevenson kristallisierte sich die Doppelgesichtigkeit der Stadt vor allem in den Legenden, die sich um William Brodie (1741–1788) rankten. Bei Tage war Brodie – wie schon erwähnt – ein ehrbarer und respektierter

Zunftmeister und Stadtrat, bei Nacht jedoch der Anführer einer Einbrecherbande aus der Altstadt. 1788 wurde er nach einem Einbruch in das Steueramt in Canongate festgenommen. Wie bereits zahlreiche Male zuvor gab er auch diesmal an, er habe sich zum Zeitpunkt der Tat in einem anderen Teil der Stadt aufgehalten, doch sein Alibi hielt vor Gericht nicht stand: Vor den Augen von 10 000 Menschen wurde er an einem von ihm selbst entworfenen Galgen gehängt.

Als Stevenson ein Kind war, wurden Brodies „Blendlaterne" und ein Schlüsselbund mit 25 Dietrichen im Museum der Society of Antiquities ausgestellt. Noch heute gibt es einen Pub in der High Street, vor dessen Tür ein Schild hängt, das auf der einen Seite den Brodie des Tages zeigt, auf der anderen Seite der der Nacht abgebildet ist. Der Schlüsselbund befindet sich heute im Lady Stairs Museum.

Im Alter von vierzehn Jahren schrieb Stevenson ein Stück über den Zunftmeister, „eine Art heimliches Melodrama", wie er es später nannte, das er im Herbst 1878 wieder „hervorkramte" und gemeinsam mit seinem Freund und Koautor William Ernest Henley unter dem Titel *Deacon Brodie, or, The Double Life* zu einem Stück in vier Akten umschrieb. In seinem frühen Entwurf, berichtet Stevenson, habe er das Stück „auf dem Gedanken [aufgebaut], daß Schlechtigkeit Stärke bedeutet" und Brodie ein „hervorragender Mann" war. In der Version, die Mitte der 80er Jahre des letzten Jahrhunderts auf die Bühne des Londoner Prince's Theatre kam, war es dann auch die Szene, in der Brodie dem Publikum das erste Mal sein verbrecherisches Geheimnis enthüllt, die besonders populär wurde:

BRODIE: Und nun nehmen wir uns der Kopfschmerzen des armen Zunftmeisters an! Spitzbuben, sie sind alle Spitzbuben! *(Geht zum Schrank, zieht seine Jacke aus und eine andere an)* Hinein in die neue Jacke und hinein in das neue Leben! Nieder mit dem Zunftmeister, es lebe der Räuber! *(Er wechselt Halstuch und Manschetten)* Ach Gott! Wie still es im Haus ist! Die Heuchelei hat doch etwas für sich. Wie stünde es um die Welt, wenn wir so gut wären, wie wir scheinen? Die Stadt hat ihre Maske abgelegt, und wir – wir sind nachts unser nacktes Selbst . . . Mein Vater und Mary – Nun! Der Tag gehört ihnen, die Nacht mir; die düstere, zynische Nacht, die alle Katzen grau und jede Ehrlichkeit gleich erscheinen läßt.

Der Seltsame Fall des Dr. Jekyll und Mr. Hyde enthält eine Passage, die um ähnliche Themen kreist: die Verkleidung, die aufregende Spannung, ein Doppelleben zu führen; der Gedanke, daß der Schurke sich in seiner nächtlichen Gestalt *selbst treu* sein kann, unabhängig von allen häuslichen Verpflichtungen. Es ist die Stelle, an der Henry Jekyll das Gefühl der Euphorie beschreibt, das ihn überfallen hat, als er sein Experiment das erste Mal erfolgreich durchgeführt hat.

Es ist möglich, daß die Geschichte von *Jekyll und Hyde* in ihren ersten Entwürfen mehr Ähnlichkeit mit *Deacon Brodie* haben sollte: Eine Abenteuergeschichte über eine Maskerade (Hyde als „neue Jacke"), die Spannung eines unentdeckten Verbrechens (nieder mit dem Arzt, es lebe der Räuber) und die kindliche Freude darüber, alle Verantwortung des Erwachsenendaseins abstreifen zu können. Spuren davon lassen sich noch in der veröffentlichten Fassung finden, aber es sind eben nur Spuren. *Dr. Jekyll und Mr. Hyde* geht viel weiter.

it siebzehn schrieb sich Robert Louis Stevenson an der Universität Edinburgh ein, um bei Professor Fleeming Jenkin Ingenieurwesen zu studieren. Mrs. Jenkin erinnert sich an ihn als „schlanken, braunen, langhaarigen Burschen mit großen dunklen Augen [und] einem strahlenden Lächeln, der seinen Kopf sanft, wie bittend neigte". Er trug eine „Samtjacke" wie ein Künstler, verübte gemeinsam mit seinem Cousin Bob Streiche und trank mit Studienfreunden in den Rutherford Arms in der Drummond Street (den Pub gibt es noch heute). Stevenson ging zu Prostituierten, worüber er auch schrieb, und liebte es, auf Dinner-Parties endlos und mit einer „unbekümmerten Brillanz" über den Dichter Robert Fergusson – einen Zeitgenossen Robert Burns' – zu reden, der sich früh zu Tode getrunken hatte. In den zwanziger Jahren unseres Jahrhunderts pflegte man jene Studienjahre Stevensons so darzustellen, als ob der Autor selbst ein wildes Doppelleben geführt habe, als sei er eine studentische Ausgabe seines Henry Jekyll gewesen: Tage voller presbyterianischer Frömmigkeit, Nächte voller Ausschweifungen; Religion versus Freidenkerei; ehrbare Damen aus

Edinburghs schmuddelige Altstadt, mit den typischen schmalen Gassen (closes) *und den zerfallenden Mietshäusern* (lands); *die saubere Neustadt, mit den als Gitternetz angelegten großzügigen Straßen, Plätzen und halbrund gebauten Häuserreihen; beide Aufnahmen wurden von dem Photographen Thomas Begbie gemacht, der sein Studio in der Leith Street hatte (ca.1850).*

der Neustadt versus Huren aus der Altstadt und so fort.

Zweifellos hielt sich Stevenson häufig in der Unterwelt der Altstadt auf. Er schrieb über sein Mitgefühl mit den Prostituierten, die er oft für ehrlichere Menschen hielt als ihre Kunden und freundlich und erfrischend aufrichtig fand. Er begann, Verachtung für alle „netten, sicheren und bequemen Dinge" zu empfinden. Hierin aber gleich ein „Doppelleben" zu sehen, wäre wohl eine zu simple Gleichsetzung von Werk und Biographie. Trotz der ungezwungenen Haltung, die er seinem Studium gegenüber einnahm, arbeitete Stevenson hart:

> Während meiner gesamten Kindheit und Jugend sah man in mir das Musterbeispiel eines Müßiggängers; und doch war ich in meinem eigenen Interessensbereich stets beschäftigt: Ich wollte schreiben lernen. Beständig hatte ich zwei Bücher bei mir, eines, das ich las, und ein anderes, in das ich schrieb. Während ich irgendwo entlangging, war mein Kopf beschäftigt, die passenden Worte für das zu finden, was ich sah . . .

Und er dachte viel nach. Im Januar 1873 kam es über seine religiösen und moralischen Ansichten zu einer ernsten Auseinandersetzung mit seinem Vater:

> Mein Vater stellte mir ein oder zwei Fragen über meinen Glauben [berichtete er einem Freund], die ich offen beantwortete. Mir ist jetzt alle Lüge derart verhaßt – eine neu gefundene Ehrlichkeit, die irgendwie aus meiner letzten Krankheit zu resultieren scheint [Folge eines weiteren feuchten Winters in Edinburgh] –, so daß ich zu dem Zeitpunkt nicht einmal zögerte. Doch hätte ich die Hölle vorausgesehen, die dadurch über mich hereinbrechen sollte, glaube ich fast, ich hätte lügen sollen wie all die anderen Male zuvor . . . Sie verstehen auch nicht, daß ich nicht das Spiel des leichtfertigen Spötters spiele, daß ich kein sorgloser Heide bin (wie sie mich nennen). Ich glaube so sehr wie sie, nur allgemein im entgegengesetzten Verhältnis . . .

Daß Stevenson sich so besorgt über die Heuchelei zeigte, die von ihm erwartet wurde – sein presbyterianischer Vater hätte im Interesse des Familienfriedens offensichtlich eine Lüge vorgezogen –, beweist, wie weit er davon entfernt war, eine „Jekyll-und-Hyde"-Persönlichkeit zu haben. Das für ihn eigentlich Erschütternde an dieser Auseinandersetzung war, abgesehen von der Wut seines Vaters und der Hysterie seiner Mutter, daß er mit 22 Jahren immer noch nicht wirklich ernst genommen wurde, und daß seine Eltern weiterhin den Druck auf ihn ausübten, „mein Leben als eine einzige Lüge zu leben". Seine von der Vorstellung der Höllenfeuer bestimmte Kindheit hatte aus Stevenson einen wahrhaft kompromißlosen Menschen gemacht.

I n seinen Studienjahren hatte Stevenson immer wieder ein seltsames „Traumabenteuer", wie er es nannte. In diesem Traum verbrachte er die Tage damit, in einem Operationssaal zu arbeiten. „Das Herz im Hals, die Nerven zum Zerreißen gespannt, sah er monströse Mißbildungen und die verhaßte Geschicklichkeit der Chirurgen." In den Nächten stieg er in nassen Kleidern eine endlose Treppe irgendwo in der Altstadt hinauf und beobachtete, wie eine Parade von Bettlern und Ausgestoßenen an ihm vorbei die Treppe hinunterging. Wenn er schließlich das Ende der Treppe erreicht hatte, war es an der Zeit, wieder in den Operationssaal mit seinen „Monstrositäten und Operationen" zurückzukehren.

Der Traum, den er mehrmals hintereinander träumte, scheint von dem Ehrgeiz zu handeln, der von ihm erwartet wurde; von Schuldgefühlen über sein relativ privilegiertes Leben und von dem Entsetzen über mißgebildete Körper, die ihn vielleicht ein wenig an seinen eigenen erinnerten. Er reflektierte auch die durch Mediziner dominierte Atmosphäre an der Universität Edinburgh, die Stevenson offenbar zu stören begann. Wir wissen, daß er nach den Vorlesungen viel Zeit mit Kommilitonen von der Medizinischen Fakultät verbrachte. Und schließlich hinterließ dieser Traum „einen großen schwarzen Fleck in seinem Gedächtnis, der nicht verschwinden wollte, so daß er um seinen Verstand fürchtete und sich gezwungen sah, einen bestimmten Arzt aufzusuchen – woraufhin er durch einen einfachen Trank vollkommen wiederhergestellt wurde". Dieser Trank, eine Opiumtinktur, verhalf ihm zu einem ruhigeren Schlaf. Wesentlich später sollte er Dr. Jekylls Labor in einen „alten Sezierraum" verlegen.

Doch während er von Anatomiestunden träumte, hätte er sich eigentlich dem Studium des Ingenieurwesens widmen sollen, das ihn jedoch trotz der romantischen Verbindung zu seinen Vorfahren zutiefst langweilte. Gegenüber seinen Professoren machte er aus seiner Langeweile keinen Hehl, er unterbrach sie einfach oder erschien erst gar nicht zu den Vorlesungen. Als er endlich den Mut aufbrachte, seinem Vater zu sagen, daß er nicht zum Ingenieur geschaffen sei, einigten sie sich auf die Jurisprudenz, die ihn jedoch auch nicht sonderlich interessierte. 1875 erhielt er die Zulassung als Barrister in Schottland und ließ sich mit Perücke photographieren. Doch all das war für ihn nur eine Maskerade.

In dem Essay *A College Magazine* versuchte Stevenson deutlich zu machen, daß er weder faul noch wertlos sei. Begierig verschlang er Bücher auf der Suche nach „Vorbildern", an denen er seine eigene Entwicklung als Autor messen konnte, und lernte zu erkennen, wann er in seinen Arbeiten bloß andere kopiert hatte. Während er sich auf diese Weise selbst sein Handwerk beibrachte, fühlte er sich – wen nimmt es Wunder – zu den Edinburgher Legenden hingezogen. Vor allem zu „häßlichen Taten an häßlichen Orten, [die] über echte romantische Qualitäten verfügen und zu einem unsterblichen Erbe ihrer Schauplätze werden":

> In den verkommenen Löchern und den eleganten Mansarden von Edinburgh können die Menschen durch dunkle Gassen zu den Abenteuern der Stadt zurückkehren und sich bis ins Mark erschüttern lassen von des Schriftstellers Märchen über das Feuer.

Legenden wie die über den Zunftmeister Brodie, die „liebevoll lebendig erhalten" wird, oder die Geschichte über William Burke und William Hare aus Ulster, die in den 20er Jahren des 19. Jahrhunderts dem außerhalb der Universität lehrenden Dr. Robert Knox gegen Bezahlung 16 frische Leichen für seinen Anatomieunterricht geliefert hatten. Andere, die unter dem Namen „Auferstehungsmänner" bekannt wurden, zogen es vor, zu diesem Zweck Gräber auszurauben. Burke und Hare hingegen beschritten einen direkteren Weg: Sie suchten sich lebende Opfer und erwürgten sie. Damit lieferten sie die frischesten erhältlichen Leichen. Nachdem Burke am 28. Januar 1829 öffentlich gehängt worden war, wurde sein Leichnam von dem Anatomieprofessor der Universität seziert und sein Skelett der Sammlung des Instituts übergeben. Während Stevensons Studienzeit sprachen die Leute noch immer „hinter vorgehaltener Hand über Burke und Hare, über Drogen und geschändete Gräber und über die Auferstehungsmänner".

Als Stevenson schließlich das Schreiben zu seinem Beruf gemacht hatte, verarbeitete er diese Legende in seiner Kurzgeschichte *The Body Snatcher (Der Leichenräuber)*, in der der ehrgeizige und wetteifernde Arzt der eigentlich Schuldige ist. Die Geschichte erschien im *Pall Mall Gazette Christmas ‚Extra'* von 1884. Teile davon hatte Stevenson bereits drei Jahre zuvor, im Juni und Juli 1881, in Pitlochry geschrieben, sie dann aber beiseite gelegt – „mit berechtigtem Abscheu, da die Geschichte furchtbar ist". Später holte er sie wieder hervor, weil die Gazette ihren

Lesern „eine lebhafte GEISTERGESCHICHTE" versprochen hatte, „und wenn die Geister umgehen, dann ist Mr. Stevenson in seinem Element". Der Autor hoffte, seine Geschichte würde sich für diesen Zweck als „haarsträubend genug" erweisen: „sie dürfte selbst das Blut eines Grenadiers erstarren lassen", schrieb er einen Monat vor ihrem Erscheinen. Doch diese Form der reißerischen Reklame war Stevenson peinlich. Besonders, als Plakate, auf denen mit einer finsteren Illustration für seine Geschichte geworben wurde, von der Polizei mit der Begründung beschlagnahmt wurden, sie seien zu „sensationslüstern".

ls *Body Snatcher* veröffentlicht wurde, lebte Stevenson bereits seit fünf Monaten in wechselnden Hotels, Pensionen und Wohnungen in Bournemouth. Bei ihm war seine Frau Fanny Vandegrift (später Van de Grift) Osbourne, die er viereinhalb Jahre zuvor geheiratet hatte. Im Sommer 1873 hatte er die „unfreundliche Stadt" Edinburgh mit gemischten Gefühlen verlassen. Das Klima, das ihn umzubringen schien, dürfte er kaum vermißt haben und auch nicht das verbissene Festhalten an den Fallstricken der Respektabilität, das ihn zum Lügen ermutigt hatte. Was er mit Sicherheit vermißte, war das Gefühl von Romantik und Tradition, das die Stadt ihm vermittelte und das er immer dann am stärksten empfand, wenn er nicht in Edinburgh war.

Seine Essaysammlung *Edinburgh; Picturesque Notes* war zu kritisch, um von den unbeugsamen Honoratioren und Bürgern wohlwollend aufgenommen zu werden. Und bis heute haben ihm einige Schotten nicht verziehen, was er über seine Heimatstadt schrieb. Seit 1873 hatte er Frankreich, England und Amerika bereist und eine Reihe von Reiseberichten geschrieben. Das Reisen schien seiner Gesundheit förderlich zu sein. Daneben hatte er sich den Ruf eines geachteten Essayisten verdient, der für einige populäre literarische Periodika schrieb. Und er hatte Fanny kennengelernt, die beinahe elf Jahre älter war als er.

Fanny stammte aus Indianapolis und hatte eine fast zwanzigjährige Ehe hinter sich. 1878 reiste sie von Frankreich, wo Louis sie kennengelernt hatte, nach Kalifornien. Stevenson folgte ihr. Auf der Reise hatte er nicht nur gravierende Gesundheitsprobleme, sondern erlebte auch, was bittere Armut bedeutet. Nach Fannys Scheidung von ihrem Mann heiratete das Paar am 19. Mai 1880. Drei Monate später trafen sie in England ein, Fannys zwölfjährigen Sohn Lloyd Osbourne im Schlepptau. Damit begann Stevensons produktivste Phase, in der er es ihm gesundheitlich jedoch schlechter ging als je zuvor.

er Küstenbadeort Bournemouth hatte mit Ausnahme Londons mehr Hotels aufzuweisen als jede andere Stadt in Großbritannien. Die Eröffnung einer direkten Bahnverbindung mit der Hauptstadt hatte die Bevölkerung der Stadt innerhalb kürzester Zeit verzehnfacht und von 1 700 auf 17 000 Einwohner anwachsen lassen. Die Pier, die es einem ermöglichte, trockenen Fußes in das Meer hinauszugehen, war kurz vor Stevensons Ankunft eingeweiht worden. Ein Londoner Kritiker, der Stevenson 1887 in

PRICE SIXPENCE.

PALL MALL CHRISTMAS "EXTRA"

R. Louis Stevenson's
THE BODY SNATCHER

Twenty Guinea Prizes.
FOR PARTICULARS SEE CONTENTS.

OFFICE, 2, NORTHUMBERLAND STREET, STRAND, LONDON, W.C.
1884.

Illustration zu Stevensons Geschichte Der Leichenräuber, *die 1884 in der Weihnachts-
ausgabe des* Pall Mall Magazine *erschien. Plakatwände mit diesem Bild wurden von
der Polizei als zu „sensationslüstern" angesehen und beschlagnahmt.*

Bournemouth besuchte, schrieb über die Stadt, sie sei zu einer „Kolonie der Gesundheitssuchenden" geworden, die von der Seeluft und dem Duft nach Stechginster und Heide angezogen wurden. Sie sei das „Heim der britischen Hinfälligkeit und des britischen Spießbürgertums".

Zwei Gründe bewogen die Stevensons, 1884 nach Bournemouth zu ziehen. Zum einen besuchte Lloyd in der Nähe der Stadt ein Internat. Und zum anderen waren die meisten von Louis' Ärzten der Ansicht, das Klima an der Küste Südenglands sei gut für seine Lunge. Doch sie täuschten sich: Zwischen 1884 und 1887 war Stevenson ständig krank. Er litt nicht nur unter den üblichen Erkältungen, Hüftweh und Grippe, sondern auch unter schweren Lungenblutungen und Blutandrang. Fanny war vollauf damit beschäftigt, den chronischen Invaliden vor Besuchern zu schützen, die ihn zum Reden verführen und Bazillen mitbringen würden, und für eine Atmosphäre zu sorgen, in der er schreiben konnte.

Wenn der „Bluidy Jack", wie er den Blutandrang in seiner Lunge nannte, besonders schlimm war, sah er sich gezwungen, seine Mitteilungen auf einer kleinen Schiefertafel zu machen. Doch trotz allem brachte er es fertig, für gewöhnlich sechs Stunden am Tag produktiv zu arbeiten und bis zu 3 000 Worte zu schreiben.

Während der Zeit in Bournemouth veröffentlichte Stevenson *Child's Garden of Verses,* er schrieb *Dr. Jekyll und Mr. Hyde, Kidnappers* und eine ganze Reihe von Kurzgeschichten, Essays und Gedichten. Die Verbindung von Ungestörtheit, Bettlägrigkeit und dem beinahe beständigen Gefühl von Elend und Depression schien ihn in die Lage zu versetzen, sich auf die verschiedensten Dinge zu konzentrieren. Verständlicherweise „verdüsterte" es aber auch seine ohnehin „melancholische Stimmung".

Der Kontrast zwischen dem „Heim der britischen Hinfälligkeit und dem britischen Spießbürgertum" einerseits und dem Bohemien, den es zufällig in diese Stadt verschlagen hatte, konnte kaum stärker sein.

Und trotzdem blieb immer der nagende Verdacht, daß die Stadt und die wohlhabenden Leute, die Robert Louis Stevenson anzuziehen schien, ihn zu einem verhaßten Bourgeois machen könnten. „Die soziale Revolution", schrieb er an den Kritiker William Archer, „wird mich wahrscheinlich auf meinen Misthaufen zurückwerfen." Er sei sicher, fügte er hinzu, daß er „in die Hölle kommen werde (falls es denn diese exzellente Einrichtung geben sollte) für den Luxus, in dem ich lebe".

Fanny war anderer Ansicht. Sie genoß es, von Mitgliedern des Adels gefeiert zu werden, und sie wußte es zu schätzen, daß sie endlich seßhaft geworden waren. Doch Louis fühlte sich wie ein „Gefangener", um die Worte seines Stiefsohns zu benutzen.

T homas Stevenson kaufte Fanny zu Beginn des Jahres 1885 ein Haus in einem von der Mittelklasse bewohnten Stadtviertel von Bournemouth. Das Haus lag am Alum Chine, einer jener Rinnen, die am Rande von Westbourne steil durch die Kreidefelsen zum Meer führen. Es war ein verspätetes Hochzeitsgeschenk an seine Schwiegertochter, die er sehr schätzte, und es bot die Sicherheit, daß Louis auf absehbare Zeit blieb, wo er war. Zusätzlich gab er Fanny noch 500 Pfund, um das Haus einzurichten.

Da das Gebäude bei einem Bombenangriff während des Zweiten Weltkriegs am 16. November 1940 völlig zerstört wurde, sind heute nur noch die Grundmauern zu sehen. Aber man bekommt eine vage Ahnung davon, wie der einen halben Hektar große Garten, Fannys „besondere Aufgabe und Freude", ursprünglich ausgesehen haben mag.

Ostern 1885 zogen Louis, Fanny und Lloyd mit ihrem französischen Dienst- und Kindermädchen Valentine Roch und dem Hausmädchen Mary Anne ein. Sie änderten den Namen des Hauses und nannten es *Skerryvore*, nach dem bekanntesten schottischen Leuchtturm, den ein Onkel von Louis, Alan Stevenson, entworfen und errichtet hatte. Zweieinhalb Jahre wohnten die Stevensons in der Villa. Einer ihrer Nachbarn war Clive Holland, dessen Erinnerungen die BBC in den 50er Jahren dieses Jahrhunderts aufzeichnete:

> Eines Nachmittags besuchte ich sie und wurde in einen kleinen Raum

Die Villa in Bournemouth, in der die Stevensons von 1885 bis 1887 lebten. Sie änderten den Namen von Sea View *in* Skerryvore *(nach einem berühmten Leuchtturm, der von einem Onkel Robert Louis Stevensons entworfen und gebaut wurde).*

> geführt, der neben der Eingangshalle lag und eine Tür zur Treppe hatte. Dieser Raum war wohl als zusätzliches Arbeitszimmer für ihn eingerichtet worden, damit er nicht immer die Treppe hinauf in die Bibliothek gehen mußte, die sich in der ersten Etage befand und eine Menge Bücher enthielt. Ich wartete etwa eine Viertelstunde, bis Mrs. Stevenson herunterkam. Sie sagte „Louis ist heute nachmittag sehr müde. Er hat sich hingelegt. Aber es wird nicht mehr lange dauern, bis er herunterkommt, denn er will Sie nicht enttäuschen." Ich saß still da und war in Gedanken versunken, als ich ein Rascheln hörte. Ich sah durch die Tür auf die Treppe und bemerkte Mrs. Stevenson, die die Treppe herunterkam und Robert Louis auf dem Arm hatte. Sie trug ihn, als wäre er ein Baby, und sein dunkles Haar fiel über ihren Arm. Sie brachte ihn in das kleine Zimmer und legte ihn auf das Sofa und sagte dann: „Sie werden . . . Sie dürfen nicht lange reden" und ging hinaus. Nach etwa zehn Minuten oder einer Viertelstunde kam sie zurück – in ihrer Abwesenheit sprachen wir über Bücher – und sagte: „Sie dürfen jetzt nicht länger reden". Und – äh – Louis stand auf, und ich bemerkte etwas Rebellisches in seinem Lächeln! Und er nahm ihren Arm, nachdem er mir die Hand geschüttelt hatte, und ging nach oben.

oppelporträt von Louis und Fanny Stevenson, das John Singer Sargent im Sommer 1885 in Bournemouth in ihrem Haus Skerryvore malte. Nach Aussage des Künstlers stellt es „ein gefangenes Tier" dar, „das einen Vortrag über das fremde Wesen in der Ecke hält".

Louis Gewicht betrug zu diesem Zeitpunkt etwa 45 Kilogramm, und er nahm stetig weiter ab. Fanny war keine große Frau. Im Gegenteil, jeder, der sie zum ersten Mal sah, war überrascht, wie klein sie war. Aber sie muß sehr stark gewesen sein, sowohl physisch als auch psychisch. Ihre Art, Louis zu beschützen („Sie dürfen . . . Sie werden nicht lange reden . . .") und seine Art, rebellisch darauf zu reagieren, fielen so manchem ihrer Besucher auf. Stevensons alte Freunde hielten Fannys Beschützerinstinkt für übertrieben. Sie glaubten, sie mische sich zu sehr in seine Angelegenheiten ein und wolle Louis von seinem früheren, sorglosen Leben entfremden. Andere, wie zum Beispiel ihre Nachbarin Adelaide Boodle, die die Stevensons kurz nach ihrem Einzug in die Villa kennengelernt hatte, erachteten

Fannys besitzergreifende Art als wesentlich für Louis Wohlergehen und seine Arbeit. Zudem war sie der Ansicht, daß die Rolle, die Fanny in Stevensons Leben spielte, von seinen Biographen und Kritikern sträflich unterschätzt worden ist. Nicht zuletzt um diesen Eindruck zu korrigieren, schrieb sie ihr engagiertes Buch *RLS and his Sine Qua Non* (1926).

Das bekannteste Bild des Ehepaars Stevenson ist ein Doppelporträt, das der amerikanische Maler John Singer Sargent im Sommer 1885 anfertigte. Es war bereits sein zweiter Versuch, Louis bei der Arbeit darzustellen. Als Sargent Fanny vorgestellt wurde, sagte sie zu ihm, daß sie selbstverständlich im Schatten ihres großen Mannes stände und nur seine Gehilfin sei. Folgerichtig ist sie auf dem Bild nur im Hintergrund zu sehen, am äußersten rechten Rand. Ihre Gestalt ist nicht einmal vollständig sichtbar, sondern wird durch den Rahmen abgeschnitten. Sie sitzt in einem großen Sessel, der noch aus der Heriot Row stammte, und trägt einen indischen Sari, unter dessen Saum ihre nackten Füße hervorschauen. Links im Bild steht Louis in einer der Samtjacken, die zu seinem Markenzeichen geworden waren, und zupft an seinem Schnurrbart.

Offenbar hatte Sargent zu wörtlich genommen, was Fanny ihm gesagt hatte – zu wörtlich jedenfalls für ihren Geschmack. Sie konnte das Bild nie besonders leiden. Im Februar 1886 sprach sie über das Porträt als „Sargents Bild von Louis" und zeichnete es in Tinte nach. Auf ihrer Skizze ist Louis ein Strichmännchen und sie selbst ein unförmiger Tintenklecks. Das Bild war für ihren Geschmack „zu merkwürdig, um gut zu sein". Sargent hielt dagegen, er habe „ein gefangenes Tier [darstellen wollen], das einen Vortrag über das fremde Wesen in der Ecke hält".

Wenn die Besucher der Stevensons das Modell des Leuchtturms auf der Veranda passiert hatten, gelangten sie – unter anderen Clive Holland, Adelaide Boodle, Henry James oder der Kritiker William Archer – durch eine getäfelte Eingangshalle in das Eßzimmer, nach dem blauen Porzellan auch „blaues Zimmer" genannt. Über dem Kamin hingen eine Radierung von J. M. W. Turners Gemälde *The Bell Rock Lighthouse*, Drucke bekannter Porträtbilder von Percy Shelley und Mary Wollstonecraft, ein verzierter venezianischer Spiegel, der ein Geschenk von Henry James war, sowie eine kleine Sammlung von Seeräuberwaffen, die Stevenson von begeisterten Lesern seiner *Schatzinsel* verehrt bekommen hatte. Manchmal wurden die Besucher auch in den Salon, in das „zusätzliche Arbeitszimmer", geführt, wo Louis sie empfing, wenn es sein Gesundheitszustand zuließ, und dabei rauchte wie ein Schlot. Mit einem gewissen Trotz hatte er wieder damit angefangen. Dies war sein Lieblingszimmer, in dem er arbeitete, wenn er nicht ans Bett gefesselt war. Dem Raum war „viel deutlicher der Stempel der Stevensonschen Individualität aufgeprägt". Die Möblierung war spärlich: ein paar Korbstühle, eine längliche Couch aus Holzkisten, auf der gelbe Seidenkissen lagen, und neben der Tür ein Eichenschrank, auf dem eine Gipsgruppe von Rodin stand, den er in einem Essay gegen die Nörgeleien der Mitglieder der Royal Academy verteidigt hatte. An der Wand hing das Doppelporträt, das Sargent auch in diesem Zimmer gemalt hatte.

Auf dem Bild sieht man zwischen ihm und seiner Frau, wie Stevenson schreibt, „eine offene Tür, durch die man meine palastartige Eingangshalle und einen Teil meiner geschätzten Treppe sieht". Die „geschätzte Treppe" führte zu der Bibliothek hinauf, vor allem aber zu Louis' Schlafzimmer mit dem „Seeblick" nach Süden. Hier verbrachte er die meiste Zeit, umgeben von Medizinfläschchen aus der örtlichen Apotheke, mit einer kleinen Tafel auf den Knien. Und in diesem Raum schrieb er nach einer besonders unangenehmen Fieberattacke und damit einhergehender Lungenblutung den größten Teil von *Dr. Jekyll und Mr. Hyde*.

obert Louis Stevenson hatte schon seit geraumer Zeit über Charaktere nachgedacht, die ein Doppelleben führen. Über Menschen, die sich nach außen hin einen moralisch korrekten Anstrich geben, deren geheime Gedanken sie aber in die Amoralität führen. Zu Beginn des Jahres 1885 hatte er die Kurzgeschichte *Markheim* geschrieben, in der ein reueloser Mörder einer teufelsgleichen Gestalt begegnet, einer Figur, die aussieht „wie er selbst". Seit er mit der Arbeit an *Deacon Brodie* begonnen hatte, wurden seine fiktiven Texte – und sein Leben – von „Dualismen" durchzogen. Als er im September 1885 seinen Alptraum träumte, hatte er „schon seit langem versucht, eine Geschichte über dieses Thema zu schreiben, eine geeignete Gestalt, ein Vehikel zu finden für jenes starke Empfinden von der Doppelnatur des Menschen". Der Traum war ein Indiz dafür, daß sich sein Unterbewußtes in diese Suche eingeschaltet hatte.

Fanny zufolge war ihr Mann „zutiefst beeindruckt von einem Artikel über das Unterbewußte, den er in einem französischen Wissenschaftsjournal gelesen hatte und der der Keim für seine Idee war". Doch auch andere zeitgenössische Forschungen könnten Stevenson angeregt haben.

Was Dr. Jekylls Experiment betrifft, so hatten die Zeitungen den Eindruck erweckt, als ob aufgrund der neuesten Entdeckungen über Keime und Immunisierung „die Ärzte" zu nahezu allem fähig waren. Zu Beginn der 80er Jahre des letzten Jahrhunderts waren entscheidende Fortschritte in der Erforschung der Tuberkulose und Diphtherie gemacht worden. Wahrscheinlich kannte Stevenson sowohl diese Forschungen als auch die daraus resultierende Diskussion. Außerdem schrieb er zu einer Zeit, in der die Psychologie noch als Domäne „der Ärzte" angesehen wurde.

Über das „Tier im Menschen" hatte Charles Darwin in *The Origin of the Species* (1859) seine Evolutionstheorie dargelegt. „Animalische Leidenschaften" waren demnach so natürlich wie ihre menschliche Variante. Mr. Hyde stand einfach ein paar Stufen weiter unten auf der Leiter der Evolution; in Jekylls Augen ist er „affengleich", in den Augen Uttersons ein „Höhlenwesen".

Über die „Doppelnatur des Menschen" forschten zu dieser Zeit der französische Neurologe Charcot und sein Kollege Pierre Janet. Sie analysierten die Beziehung zwischen Hypnose, Hysterie und bestimmten Teilen des „Bewußtseins" (noch ging es nicht um das „Unbewußte"), die sich vom normal funktionierenden Verstand gelöst hatten. Mittels der Hypnose, so glaubte man, könne man zur Hysterie vordringen, die den Verstand des Patienten nach und nach überwältigte. Was also der „Verstand" zu sein schien, war in Wirklichkeit das Produkt von mindestens zwei entgegengesetzten Empfindungen, Gefühlen, die durch Hypnose isoliert und beschrieben werden konnten.

Dr. Jekyll entstand 1885, dem Jahr, als der junge Sigmund Freud den Wissenschaftler Charcot bei einer öffentlichen Demonstration der Hypnose in Paris beobachtete. Doch das Konzept des „Unterbewußten", das Fanny in ihrem in den 20er Jahren unseres Jahrhunderts geschriebenen Text erwähnt, war zu diesem Zeitpunkt noch nicht virulent. Es entstand erst, als die Psychoanalyse aufhörte, eine rein beschreibende Disziplin zu sein.

Und was schließlich den „immergleichen Kampf zwischen meinen Gliedern" anbetrifft, so wurde die Erzählung von *Dr. Jekyll und Mr. Hyde,* die wie eine „Fallstudie" daherkommt, im gleichen Jahr veröffentlicht wie Krafft-Ebings *Psychopathia Sexualis,* in der der Versuch unternommen wurde, den Konflikt zwischen „animalischen Instinkten" und „Moral" auf der Basis von bizarren Fällen sexueller Perversion zu beschreiben.

Jeder neuen Auflage der *Psychopathia* fügte der Autor immer weitere Anekdoten hinzu, wobei er die Passagen über Perversionen auf Latein schrieb, in der höchst fragwürdigen Annahme, der klassische Gelehrte sei nicht korrumpierbar. Die frühen Beiträge zu der neuen „Wissenschaft" der Sexologie scheinen ausschließlich mit der Beschreibung von pathologischen Manifestationen, „Perversionen" und kriminellen Abweichungen wie dem „Lustmord" beschäftigt gewesen zu sein, die der Norm gegenübergestellt wurden. Das Tier lauerte irgendwo im Innern, aber es lag im Interesse aller, es nicht aus seinem Käfig herauszulassen. Manchmal nährte es sich von Männern, die glaubten, „ohne die Hilfe von Frauen" auszukommen – Männern wie aus Stevensons Erzählung.

In gewisser Weise gehört *Dr. Jekyll und Mr. Hyde* eindeutig in die Reihe der von Krafft-Ebing beschriebenen Fallstudien. Doch in dem Kontext, in dem das Buch geschrieben wurde, ist vielleicht der eigenartigste Aspekt die vollkommene Abwesenheit von Sex, zumindest von explizitem Sex. Mr. Hyde verhält sich eben *nicht* wie einer von Krafft-Ebings Perversen. Er rennt ein kleines Mädchen um und prügelt unvermittelt einen bekannten Abgeordneten zu Tode. Einige Kritiker bemerkten, daß angesichts der Stärke der Erzählung Hydes Verhalten eigenartig „inadäquat" sei.

Stevensons Antwort auf diesen Vorwurf war alles andere als eindeutig. Der Schriftsteller John Addington Symonds, ein Homosexueller ohne Möglichkeit zum Coming-Out und wenig später Koautor der *Studies in the Psychology of Sex,* schrieb am 3. März 1886 an Stevenson, er halte *Dr. Jekyll* für „ein literarisches Kunstwerk . . . das beste, das Sie je geschrieben haben". Aber: „Ich frage mich, ob ein Mensch das Recht hat, so weit in ‚die Abgründe der Persönlichkeit' einzudringen. Es ist in der Tat ein schreckliches Buch . . ." Unverzüglich antwortete Stevenson: „*Jekyll* ist schrecklich, ich gebe es zu. Aber das einzige, was ich daran schrecklich finde, ist das verdammte alte Geschäft des Kampfes zwischen den Gliedern. Dieses Mal kam er heraus; ich hoffe, in Zukunft wird er verborgen bleiben."

Dr. Jekyll und Mr. Hyde handelt also teilweise von Sex, und die zahlreichen Anspielungen auf verschlossene Türen, Schränke und Geheimzimmer haben etwas mit der Hoffnung zu tun, daß „er" auch „in Zukunft" verborgen bleibt. Das Thema Sex wird nicht offen angesprochen, aber latent ist es vorhanden.

Einem Rezensenten, der auf eine „Konfusion der Ethiken" in *Dr. Jekyll* aufmerksam gemacht hatte, entgegnete Stevenson, daß er mit seiner Kritik nur

„allzu recht" habe. Ethische Fragen faszinierten ihn, doch ihre tiefere Bedeutung brächte ihn „aus der Fassung": „Dort, wie Sie sagen, fehle ich und bin mir meines Fehlens durchaus bewußt. Ich leide angesichts dieser Fragen unter den alten schottisch-presbyterianischen Vorurteilen; in sich morbide; daneben trage ich in mir ein zweites, vielleicht mehr, vielleicht weniger morbides Element – die erschreckende Unfähigkeit zu wählen, in einem Zeitalter der Übergänge."

Und einem Theaterrezensenten, der über die Erzählung in der Bühnenfassung geurteilt hatte, sie sei „häßlich" und Mr. Hyde „ein bloßer Lüstling", gab Stevenson Mitte November 1887 in einem mit dem Vermerk „privat" versehenen Brief donnernd zurück: „Großer Gott! [Hyde] war nicht nur ein bloßer Lüstling . . . Jekyll trug die Schuld, weil er ein Heuchler war – nicht weil er Frauen mag, er sagt das selbst; aber die Leute sind so voller Lasterhaftigkeit und verdrehter Lust, daß sie an nichts anderes als Sexualität denken können. Der Heuchler hat das Tier Hyde aus dem Käfig gelassen – der auch nicht geschlechtlicher ist als jeder andere, sondern der Inbegriff von Grausamkeit und Boshaftigkeit, Selbstsucht und Feigheit; das sind die teuflischen Eigenschaften im Menschen, nicht dieser große Wunsch nach einer Frau, dessentwegen sie ein solches Geschrei erheben . . ."

Dr. Jekyll und Mr. Hyde handelte dem Autor zufolge also von „diesem verdammten alten Geschäft des Kampfes zwischen den Gliedern", „den alten schottisch-presbyterianischen Vorurteilen" über Ethik und Sünde und der Schwierigkeit zu verstehen, was an der Wurzel ethischer Fragen in „einem Zeitalter der Übergänge" lag. Zugleich handelte es nicht im mindesten von „dem sexuellen Bereich", sondern von Heuchelei und der zerbrechlichen Fassade der Zivilisation, die sowohl ein soziales als auch ein ethisches Problem darstellte. Vielleicht war es aber auch gar nicht Aufgabe des *Autors,* zu sagen, wovon sein Buch handelte. Vielleicht war das ja die Aufgabe der Kritiker.

Daß er nicht wußte, welcher „Kategorie" er Mr. Hyde zuordnen sollte, hat Stevenson selbst eingestanden. Die *Psychopathia Sexualis* konnte er vor Abschluß seines Buches nicht gelesen haben; doch Krafft-Ebing weist in seiner Einleitung darauf hin, daß Fragen über die „Pathologie des geschlechtlichen Lebens" in der Mitte der 80er Jahre in der Luft lagen. In *Dr. Jekyll und Mr. Hyde* gibt Stevenson sich alle Mühe, jede Verbindung zwischen dem „sexuellen Bereich" und dem „Inbegriff von Grausamkeit und Boshaftigkeit", der auf einer anderen Ebene der Ethik angesiedelt ist, zu leugnen. Doch als das Buch in den Sog des öffentlichen Interesses geriet, *nach* der Veröffentlichung der *Psychopathia,* hegten viele Leser und Theaterbesucher nicht den geringsten Zweifel, daß es in *Wirklichkeit* von Sex handelte – gleich, was der Autor dazu sagte.

tevensons Alptraum, dem Andrew Lang zufolge ein „reichhaltiges Abendessen mit Brot und Marmelade" vorausgegangen war, verdichtete seine Gedanken über die „Doppelnatur des Menschen" und seine Kenntnisse über die neuesten medizinischen und psychologischen Forschungen zu zwei klaren Bildern: „die Szene am Fenster und die später in zwei Abschnitte geteilte Szene, in der Hyde, der wegen eines Verbrechens gejagt wird, vor den Augen seiner Verfolger das Pulver nimmt und sich verwandelt." In der ersten dieser Szenen überraschen Utterson und Lanyon Dr. Jekyll, der an einem offenen Fenster sitzt („mit unendlich trauriger Miene wie ein Gefangener"). In der Literatur des 19. Jahrhunderts wurden häufig Spiegel und Porträts eingesetzt, um auf das Motiv des Doppelgängers hinzuweisen. Hier ist es also ein Fenster, das enthüllt, wie die „freiwillige[n] Wandlung . . . zunehmend unfreiwillig wird":

> „Ich würde dich und Mr. Enfield gerne heraufbitten, jedoch die Räumlichkeit ist wirklich nicht dafür geeignet."
> „Na schön", entgegnete der Anwalt gutmütig, „dann bleiben wir am besten hier unten und unterhalten uns von da aus mit dir."
> „Eben dies wollte ich gerade vorschlagen", erwiderte der Doktor mit einem Lächeln. Aber kaum hatte er das gesagt, als das Lächeln auf seinen Zügen erlosch und von einem Ausdruck solch abgrundtiefer Angst und Verzweiflung ersetzt wurde, daß den beiden Herren unten das Blut zu Eis erstarrte.

In der zweiten Szene, die Teil von *Dr. Lanyons Bericht* ist, trifft Lanyon den flüchtigen Mr. Hyde in seinem Sprechzimmer am Cavendish Square an und gibt ihm eine Dosis des so überaus wichtigen „Pulvers" sowie eine Phiole „etwa halbvoll mit einer blutroten Flüssigkeit", die er aus Dr. Jekylls Schrank entnommen hat:

> Er setzte das Glas an die Lippen und trank es in einem Zug aus. Ein Schrei folgte; er wankte, taumelte, griff nach dem Tisch und hielt sich daran fest . . . und während ich ihm noch zusah, vermeinte ich eine Veränderung an ihm festzustellen – er schien aufzuschwellen – sein Gesicht wurde jählings schwarz, seine Züge schienen sich aufzulösen und zu wandeln – und im nächsten Augenblick war ich aufgesprungen und stürzte rückwärts gegen die Wand, den Arm erhoben, um mich vor jenem Ungeheuer zu schützen, mein Geist in Schrecken versunken.

Diese Szene wird noch einmal aus dem Blickwinkel Dr. Jekylls in seinem *Vollständigen Bericht* wiedergegeben. Zu keinem Zeitpunkt vollzieht Hyde den Wechsel vor den Augen seiner Verfolger. Lediglich Dr. Lanyon beobachtet ihn dabei, erleidet darauf einen Zusammenbruch und stirbt, vollkommen traumatisiert, keine zwei Wochen später.

Der Prozeß, in dem aus diesen fragmentarischen Bildern zwischen Ende September bis Ende Oktober 1885 der *Seltsame Fall des Dr. Jekyll und Mr. Hyde* wurde, ist beinahe so bekannt wie das Buch selbst. Der erste Bericht erschien 1901, sieben Jahre nach Stevensons Tod, im 2. Band von Graham Balfours Biographie *The Life of Robert Louis Stevenson.* Balfour war ein Cousin zweiten Grades von Stevenson und hatte mit Fanny Stevenson und Lloyd Osbourne korrespondiert, bevor er seine Darstellung der Ereignisse niederschrieb:

> . . . derart lebhaft war der Eindruck [seines Traumes], daß er die Geschichte wie im Fieber niederschrieb, genau so, wie er sie im Traum gesehen hatte.
> „Frühmorgens", sagt Mrs. Stevenson, „wurde ich durch einen Schreckensschrei von Louis aufgeweckt. Da ich glaubte, er habe einen Alptraum, weckte ich ihn

auf. Ärgerlich sagte er: ,Warum hast du mich aufgeweckt? Ich habe gerade ein
wunderbares Lügenmärchen geträumt.' Ich hatte ihn aufgeweckt, als er die erste
Verwandlungsszene träumte."

Mr. Osbourne führt weiter aus:

. . . Die Entstehung des Dr. Jekyll war eine literarische Heldentat, die ihres-
gleichen sucht . . . Louis kam wie im Fieber nach unten, las uns fast die Hälfte
des Buches vor, und während wir noch fassungslos dasaßen, war er schon wieder verschwunden, um weiterzuschreiben. Für den ersten Entwurf dürfte er keine
drei Tage gebraucht haben.

Kurz zuvor hatte er eine Lungenblutung erlitten, so daß ihm jede längere Unterhaltung oder Aufregung streng untersagt war. Das Vorlesen verstieß ohne Zweifel gegen die Anweisungen des Arztes; wie dem auch sei, der Gewohnheit fol-
gend, die sie zum damaligen Zeitpunkt angenommen hatten, schrieb Mrs.
Stevenson daraufhin ihre detaillierte Kritik auf und machte ihren Hauptein-
wand an der Geschichte deutlich, daß sie eigentlich eine Allegorie sei, er sie aber
als reine Geschichte behandelt habe. Im ersten Entwurf war Jekyll noch durch
und durch schlecht, und die Verwandlung in Hyde diente ihm nur als Maske.
Sie brachte ihrem Mann ihre Kritik und verließ sein Zimmer. Nach einer Weile
hörte man seine Klingel; als sie wieder in sein Zimmer kam, saß er aufrecht im
Bett (das Fieberthermometer im Mund) und wies anklagend auf einen Haufen
Asche. Er hatte den gesamten Entwurf verbrannt. Sobald ihm deutlich wurde,
daß er den falschen Blickwinkel gewählt hatte, daß die Erzählung eine Allegorie und kein zweiter „Markheim" war, hatte er sein Manuskript auf der Stelle
vernichtet . . .

Innerhalb von drei Tagen entstand die zweite Fassung der Geschichte („Ich trei-
be Jekyll voran: den Bankrott auf den Fersen"); doch aus Angst vor dem voll-
kommenen Verlust der Geschichte wurde nicht mehr viel Kritik laut. Das Pulver wurde als ein zu simples, materielles Mittel verurteilt, doch er konnte nicht
darauf verzichten, da es in seinem Traum einen derart starken Eindruck auf ihn
gemacht hatte.

„Allein die körperliche Leistung", fährt Mr. Osbourne fort, „war enorm; und
anstatt ihm zu schaden, wirkte sie äußerst anregend und erheiternd auf ihn."

Fanny Stevensons Darstellung der Ereignisse wurde erstmals 1924 veröffentlicht,
30 Jahre nach Stevensons Tod, und zwar in ihrer Einleitung zu der Neuauflage von
Dr. Jekyll und Mr. Hyde im Rahmen der Werkausgabe.

Zum ersten Mal in seinem Leben litt [mein Mann] unter nervösem und un-
ruhigem Schlaf. Die „Brownies" beschäftigten ihn die ganze Nacht . . . Auf diese
Weise wurde er während einer unfreiwilligen Pause in der Arbeit an einem Thea-
terprojekt [gemeinsam mit W. E. Henley] zu dem *Seltsamen Fall des Dr. Jekyll
und Mr. Hyde* inspiriert. Die Schreckensschreie meines Mannes brachten mich
dazu, ihn aufzuwecken – sehr zu seinem Ärgernis. „Ich habe gerade ein wunderbares Lügenmärchen geträumt", sagte er vorwurfsvoll und erzählte mir in
groben Zügen die Geschichte von Jekyll und Hyde bis zu der Verwandlungsszene, bei der ich ihn geweckt hatte.

Bei Tagesanbruch arbeitete er bereits fieberhaft an seinem neuen Buch. Innerhalb von drei Tagen war der erste Entwurf, der 30 000 Wörter umfaßte, fertig. Mein Mann vernichtete ihn jedoch vollständig und schrieb die Geschichte aus einem anderen Blickwinkel noch einmal neu – aus dem Blickwinkel der Allegorie, der sich offensichtlich anbot und den er wohl nur in der Eile und unter dem zwingenden Einfluß seines Traumes in der ersten Fassung außer acht gelassen hatte. In weiteren drei Tagen war das Buch, abgesehen von ein paar kleineren Korrekturen, fertig für den Druck. Die Kraftanstrengung, die das erforderte, war kaum vorstellbar . . . Er litt unter ständigen Lungenblutungen und durfte kaum sprechen, so daß er sich für gewöhnlich auf einer Schiefertafel mitteilte.

Lloyd Osbournes längerer Bericht erschien in seinem Buch *Intimate Portrait of RLS* (ebenfalls 1924 erschienen) als Teil des Kapitels über *Stevenson at Thirty-Seven*. Er weicht in einigen Punkten von der Erzählung seiner Mutter ab und enthält zudem eine Reihe von ausführlicheren Ausschmückungen. Danach kam Stevenson eines Tages zum Mittagessen herunter, verschlang „geistesabwesend" seine Mahlzeit und erwähnte dabei, er „arbeite gerade mit außerordentlichem Erfolg an einer neuen Geschichte, die ihm im Traum eingefallen sei". Er wolle unter keinen Umständen gestört werden:

> Drei Tage lang lag so etwas wie gedämpfte Stille über „Skerryvore"; wir alle, auch die Diener, gingen nur noch auf Zehenspitzen durch das Haus; jedes Mal, wenn ich an Stevensons Zimmer vorbeikam, sah ich ihn aufrecht im Bett sitzen und Seite um Seite füllen, offenbar machte er nicht eine Pause. Nach Ablauf von drei Tagen war die geheimnisvolle Aufgabe vollendet, und er las meiner Mutter und mir den ersten Entwurf von *Der seltsame Fall des Dr. Jekyll und Mr. Hyde* vor.
> Ich hörte wie gebannt zu . . . das Lob [meiner Mutter jedoch] war zurückhaltend; zunächst schien es ihr schwerzufallen, die richtigen Worte zu finden; doch dann brach plötzlich die Kritik aus ihr heraus. Er habe das Thema verfehlt, sagte sie, er habe die Allegorie verfehlt und lediglich eine Geschichte geschrieben – ein herausragendes Stück Sensationsliteratur, aber kein Meisterwerk. Stevenson war außer sich vor Ärger. [Später hörten meine Mutter und ich] wie Louis die Treppe herunterkam. Wir zitterten beide, während er ins Zimmer stürmte, als ob er den Streit noch heftiger als zuvor fortsetzen wollte. Doch er sagte nur: „Du hast recht! Ich habe die Allegorie vollkommen verfehlt, um die es schließlich geht. Sie ist das Wesentliche." Und mit diesen Worten warf er das Manuskript mit einer Geste in den Kamin, als ob er das Unbehagen meiner Mutter und ihren wirkungslosen Versuch, ihn davon abzuhalten, genoß! . . .
> Zuerst dachte ich, er habe es nur aus Trotz getan. Doch ich täuschte mich. Die Argumente meine Mutter hatten ihn wirklich überzeugt, und mit dieser dramatischen Geste gab er es zu. Als Mutter und ich angesichts der Dummheit, das Manuskript verbrannt zu haben, entrüstet aufschrien, rechtfertigte er sich vehement. „Es war alles falsch", sagte er. „Wenn ich versucht hätte, Teile davon zu retten, hätte ich mich hoffnungslos verirrt. Meine einzige Chance war, die Versuchung außer Reichweite zu schaffen."

> Es folgten weitere drei Tage, in denen er fieberhaft arbeitete . . . Das Ergebnis
> war der *Jekyll und Hyde*, den jeder kennt . . .

Diese Ereignisse sind Teil der Legende geworden, die sich um *Dr. Jekyll und Mr. Hyde*
rankt. Leider aber entspricht keine dieser Schilderungen den Tatsachen. Eine Reihe
von unveröffentlichten und bisher unbekannten Dokumenten, die in der National
Library of Scotland aufbewahrt werden, die *Notes and papers of Sir Graham Balfour*,
geben Aufschluß darüber, wie es zur Entstehung dieser Legende kommen konnte.

Den Alptraum hatte Stevenson aller Wahrscheinlichkeit nach tatsächlich gehabt.
Louis veröffentlichte einige Jahre später einen ausführlichen Essay darüber. Zudem
bestätigen zwei Anfang Oktober 1885 geschriebene Briefe diesen Teil der
Geschichte. Der erste stammt aus der Feder Fanny Stevensons und ist an einen
Freund und Gönner der Familie, Sidney Colvin, gerichtet:

> Louis geht es wieder besser, und er ist von einer Geschichte besessen, an der zu
> arbeiten er versuchen will . . . Ich fürchte, er wird vergeblich seine Energie ver-
> schwenden, wie in all seinen letzten Arbeiten. Seit ein paar Tagen scheint er die
> Dinge allerdings wesentlich klarer zu sehen, aber er leidet nachts unter schreck-
> lichen Alpträumen und Kopfschmerzen.

Der zweite Brief ist von ihrem Sohn Lloyd an Mrs. Margaret Stevenson und wurde
von Graham Balfour kopiert. Er ist auf den 4. Oktober 1885 datiert:

> Louis geht es wesentlich besser, auch wenn er noch sehr schwach ist. Er hat eine
> schreckliche Geschichte geschrieben, die ihm, wie er sagt, in der Nacht einge-
> fallen ist. Es ist wirklich die unheimlichste und unangenehmste Geschichte, die
> ich je gehört habe. Er arbeitet noch daran.

Die Ereignisse um den fieberhaft niedergeschriebenen ersten Entwurf, Fannys
Kritik und die Verbrennung des Manuskripts werden allerdings in keinem
Dokument aus dieser Zeit erwähnt. Geschildert wird dies erst in der autorisierten
Biographie, die in den Jahren 1899 bis 1901 unter Fannys aufmerksamen Augen
entstand. „Sollte ich Fehler entdecken", schrieb sie an Balfour, „hält mich nichts
davon ab, meine Katzenkrallen auszufahren." In den *notes and papers* finden sich
überall detaillierte Kommentare und Korrekturen von ihrer Hand. Im September
1900, während Balfour noch das Material zusammentrug und mit Fanny
verhandelte, erschien in der amerikanischen Ausgabe von *The Bookman* ein Artikel
mit einem ebenso forschen wie verwirrenden Bericht über die Entstehung des *Jekyll:*

> Als Mr. Stevenson [die erste Fassung seines Manuskripts] beendet hatte, gab er
> sie seiner Frau und fragte sie, was sie davon hielte. Zwei Tage verstrichen, bis
> Mrs. Stevenson ihm die Geschichte zurückgab und auf ein paar Stellen hinwies,
> die ihrer Meinung nach geändert werden sollten. Und damit verließ sie das Zim-
> mer. Als sie ein paar Minuten später wiederkam, stellte sie zu ihrem Erschrecken
> fest, daß der Autor das ganze Manuskript zerrissen und ins Feuer geworfen hatte.

Dieser Bericht, so fügte der Autor des Artikels hinzu, sei mit Hilfe von Mrs. Isobel
Strong entstanden, also Fannys Tochter Belle, die in den Jahren 1892 bis

Reliefmedaillon des amerikanischen Bildhauers Augustus St. Gaudens von 1887, das Stevenson im Bett arbeitend zeigt, in der rechten Hand eine Zigarette. Das Motiv diente als Vorlage für das nach Stevensons Tod angefertigte Bronzerelief an der St. Giles Kathedrale. Allerdings wurde dort die Zigarette durch einen Federkiel ersetzt.

1894 in Vailima auf Samoa mit Graham Balfour Freundschaft geschlossen hatte.

Offensichtlich war Balfours Material über diesen Abschnitt in Stevensons Leben ein wenig dünn, und so bat er Fanny und Lloyd, einige der Lücken aufzufüllen. Fanny schrieb ihm zu Beginn des Jahres 1900 eine „eigene Antwort auf Ihren Fragenkatalog". Dieser Brief, der hier nur auszugsweise wiedergegeben wird, ist bisher nicht veröffentlicht worden:

> Louis vollendete *Jekyll und Hyde* sehr rasch nach den Vorgaben seines Traums. . . Er hatte bereits vorher den Plan für eine Geschichte über das Doppelleben gefaßt, die allerdings nicht mit seinem Traum identisch war. Wie üblich bat er mich, keine Kritik zu äußern, bevor der erste Entwurf nicht fertig war. Da er sich nicht gern durch Diskussionen über die von mir vorgeschlagenen Änderungen ermüden ließ, pflegte ich ihm meine kritischen Anmerkungen

schriftlich zu geben. Was diese Geschichte anging, hatte ich das Gefühl, und habe es noch immer, daß ihm sein Traum im Wege stand. Das Pulver – welches meiner Meinung nach geändert werden sollte – konnte er nicht aus der Geschichte streichen, weil er es in seinem Traum deutlich vor sich gesehen hatte. In der ursprünglichen Fassung der Geschichte war Jekyll ein durch und durch schlechter Mensch und die Verwandlung in Hyde nur eine Maske. Ich schrieb etliche Seiten voll mit meiner Kritik und wies darauf hin, daß er mit dem Stoff eine großartige moralische Allegorie in Händen hielt, die durch den Traum nur unverständlich gemacht wurde. Mir gefiel der Anfang nicht, er war zu wirr – auch dies Folge des Traums. Ich schlug vor, daß Hyde das Kind umrennen sollte, um sich als böse, unmenschliche Macht zu offenbaren. Ich überließ Louis, der in seinem Schlafzimmer im Bett schrieb, die Seiten. Es dauerte recht lange, bis er nach mir läutete, und Lloyd und ich gingen zu ihm hinauf. Als ich das Zimmer betrat, wies Louis mit einem dramatisch ausgestreckten Zeigefinger (Sie wissen schon) auf ein Häufchen Asche im Kamin und sagte, ich hätte recht gehabt, dort läge seine Geschichte. Ich fiel vor Kummer fast in Ohnmacht, als ich sah, daß alles vernichtet war. Er arbeitete schon an der neuen Fassung, die innerhalb von wenigen Tagen fertig war.

Dies war also der erste Hinweis auf die inzwischen bekannte Darstellung der Entstehungsgeschichte des Buches. Aber Balfour schien noch immer nicht genau zu wissen, worin Fannys Kritik bestanden hatte. Ging es ihr vor allem um das Pulver? Sie antwortete:

Nein, mein Einwand war, daß die Geschichte allegorischen Charakter hatte, und er das in seiner Ausgestaltung übersah. Ich hatte noch einen Einfall zu dem Pulver, doch nachdem er das Manuskript verbrannt hatte, wagte ich nicht mehr, ihn zu erwähnen. Später erzählte er mir, der Traum habe ihn derart gefangengenommen, daß er die Geschichte einfach so niederschrieb, wie er sie im Schlaf gesehen hatte. Doch meine Argumente hätten ihn davon überzeugt, daß es sich um eine Allegorie handele, deshalb habe er den ersten Entwurf verbrannt, um sich nicht davon verwirren zu lassen.

So wurde die Legende geboren, daß die Transkription des Traums ein Fall von *écriture automatique* gewesen sei (für Louis unkontrollierbar und daher so „garstig"), daß das Manuskript verbrannt wurde, weil der Autor das Thema seiner eigenen Geschichte verfehlt habe und daß Fanny, der Schutzengel, der über seine Gesundheit *und* über sein Gewissen wachte, dies erkannt habe und entsprechend tätig geworden sei. Die Legende wurde schließlich noch ausgeweitet, als Fannys Tochter Belle mit beinahe 90 Jahren im April 1944, *fünfzig* Jahre nach Stevensons Tod, eine formelle Notiz diktierte:

Ich hörte RLS diese Geschichte nicht nur mir, sondern auch etlichen anderen erzählen . . . Als [Fanny Stevenson] das Zimmer betrat, zeigte RLS auf den Kamin, und zu ihrem Kummer sah sie, daß er das Manuskript ins Feuer geworfen hatte. Unter Tränen begann sie zu protestieren, als er sagte: „Nein, du hast recht. Es ist eine großartige Geschichte, und ich werde es schaffen." Er arbeitete Tag und Nacht daran, und nach drei Tagen hatte er die Geschichte abgeschlossen. Er gab sie ihr zur erneuten kritischen Lektüre – dieses Mal war sie einverstanden. „Ich habe nur einen Vorschlag – in deiner Beschreibung von Hyde sagst du, er sei schlecht. Der Leser sollte von irgendeiner schrecklichen Tat erfahren, um zu erkennen, wie schlecht er ist." RLS antwortete: „Schreibe du diesen Teil." Louis sagte mir, er habe nicht ein Wort ihrer Schilderung von Hydes schrecklicher Tat geändert.

Nunmehr hatte Fanny nicht nur den ersten Entwurf von *Dr. Jekyll und Mr. Hyde* kritisch gelesen, sie hatte sogar eine der bekanntesten Passagen des Buches geschrieben – die, in der Mr. Hyde das Kind umrennt und schreiend am Boden liegen läßt.

 olgt man Robert Louis Stevensons Briefen, die kürzlich (1995) neu herausgegeben wurden, war er bereits Ende September 1885 dabei, „einen Penny (12 Pennies) Dreadful aufs Papier zu gießen". Am 20. Oktober schrieb er an Fanny, die sich in London aufhielt: „Ich treibe *Jekyll* voran, den Bankrott auf den Fersen"; und acht Tage später berichtete er Henry James, seine „Geschichte" sei „fertig". Am 1. November schrieb er an den Verleger Charles Longman, der Stevenson am 31. Oktober den Eingang des Manuskriptes bestätigt hatte: „Es wird Sie vielleicht interessieren, daß mir die Grundidee in einem Alptraum erschien: Verdauungsstörungen haben also auch ihr Gutes. Ich wachte auf, und bevor ich wieder einschlief, war die Geschichte vollendet."

Ursprünglich war *Dr. Jekyll* offenbar in *Longman's Magazine* als Fortsetzungsroman vorgesehen, doch dann wurde beschlossen, die Geschichte in Buchform als Shilling Shocker herauszubringen. Am 3. November unterschrieb Stevenson einen entsprechenden Vertrag: seine Tantiemen betrugen ein Sechstel des Verkaufspreises, bei einer Vorauszahlung für die „ersten 10 000 Exemplare". Der Verlag kalkulierte allem Anschein nach optimistisch, da man noch davon ausging, daß das Buch rechtzeitig zum Weihnachtsgeschäft in den Handel kam. Zusätzlich sollte er noch die Hälfte der Einnahmen aus dem Verkauf in Übersee erhalten.

Am 12. November war Stevenson dabei, „die Fahnenabzüge zu korrigieren"; Anfang Dezember korrespondierte er mit Andrew Lang über die Bedeutung der Geschichte; und in der ersten Januarwoche verschickte er einige Exemplare an Bekannte. Dies sind die einzigen Angaben, die Stevenson selbst zwischen September 1885 und Januar 1886 zu seiner Erzählung macht. Es finden sich keine Belege für das Verbrennen des Manuskripts oder Fannys Mitarbeit, sondern nur für Phasen des Schreibens, Überarbeitens und der Korrektur, die nicht viel länger als einen Monat dauerte.

Im März 1886 schrieb Stevenson in leichter Übertreibung, daß *Jekyll* innerhalb von zehn Wochen empfangen, geschrieben und gedruckt wurde. Und im Juni 1888 sagte er einem Reporter vom *San Francisco Examiner*, daß er die

Geschichte in drei Tagen entworfen „und in sechs Wochen geschrieben" habe. Eine lange Zeit, um einen akuten Anfall „fieberhafter" *écriture automatique* aufrechtzuerhalten.

Die erhaltenen Manuskripte von *Dr. Jekyll und Mr. Hyde*, die unter den Bezeichnungen „The Notebook Draft" [Entwurf] und „The Printer's Copy" [Verlagskopie] geführt werden, enthalten Hinweise, daß Stevenson einige schockierende Passagen seiner Geschichte bei der Überarbeitung abmilderte. Der erste der erhaltenen Entwürfe ist an manchen Stellen wesentlich drastischer. So gesteht Henry Jekyll zum Beispiel in der ursprünglichen Fassung der *Vollständigen Darlegung des Falls:*

> Bereits in frühester Jugend wurde ich (insgeheim) der Sklave schändlicher Vergnügungen . . . Auf der einen Seite war ich der, den Sie in mir kennengelernt haben, ein Mann von Würde, vertieft in seine Arbeit, offen für großzügig angebotene Freundschaften, der niemals zögerte, den Kampf der Tugend zu unterstützen, nie zurückstand, wenn es um die Förderung einer ehrbaren Sache ging; auf der anderen aber, sobald die Nacht heraufzog und ich meine Freunde abschütteln konnte, tauchte mich die eiserne Hand verhärteter Gewohnheit immer wieder in den Kot meiner Laster. Ich werde Sie nicht weiter mit meinen Ausschweifungen beunruhigen, sondern einzig sagen, daß sie zugleich kriminell in den Augen des Gesetzes und verabscheuungswürdig durch sich selbst waren. Sie trennten mich von den Sympathien derer, die ich ansonsten verehrte.

Und an Stelle des untadeligen Sir Danvers Carew ermordet Mr. Hyde einen „Mr. Lemsome", der „mit der Sorte nach außen gekehrter Anständigkeit gekleidet ist, die sowohl das Fehlen von Mitteln als auch einen Mangel an Geschmack erkennen läßt . . . Er war Mr. Utterson bekannt als übler Geselle und . . . als ein unverbesserlicher Rohling."

Die *Aussage* der Geschichte blieb unverändert, doch die schmutzigen Details wichen nach und nach einer immer deutlicheren Generalisierung des Dargestellten, was zu Stevensons Entschluß paßt, seine Erzählung nicht auf eine Fallstudie aus dem Bereich der sexuellen Pathologie zu reduzieren. Vielleicht hatte Fanny tatsächlich kritisiert, daß Jekyll „durch und durch schlecht" erschien, und vielleicht traf Lloyds Behauptung zu, daß der ursprüngliche Entwurf „verseuchte" Stellen enthielt. Vielleicht war Fanny wirklich der Ansicht, wie der Artikel in *The Bookman* berichtete, daß einige Passagen „geändert werden sollten". Doch alle entsprechenden Veränderungen lassen sich in den erhaltenen Manuskripten nachweisen. Das vorliegende Material legt nicht zwingend nahe, daß es einen anderen „ersten" Entwurf gegeben haben muß, vor allem keinen, der verbrannt wurde.

Mit welchem Interesse aber sollte jemand eine derartige Legende erfinden und ausschmücken? Nun, Fanny Stevenson war bewußt, daß die Leser von Louis Büchern – bis zum Erscheinen des *Dr. Jekyll* – in ihm einen Autor von Abenteuerbüchern (wie *Die Schatzinsel*) und Gedichten für Kinder sehen wollten und nicht den Verfasser schlüpfriger „Sensationsliteratur". Er hatte das Image eines galanten, charmanten, jungenhaften und abenteuerlustigen Schriftstellers, eines kränkelnden, aber waghalsigen Geistes. Sie wußte, daß in ihm – vor allem, wenn „Bluidy Jack" sich austobte – auch eine schwermütige, dunkle Seite die Oberhand gewinnen konnte, die alles zu verderben imstande war. Zudem hatte Fanny einen strikten Moralkodex, wenn es um Veröffentlichungen ging. Deshalb wurde sie mit Erscheinen der autorisierten Biographie zu seinem Schutzengel, der Stevenson nicht nur um seinetwillen vor sich selbst bewahrte, sondern mehr noch, um der Öffentlichkeit willen. Als ihre Schwester Nellie Van de Grift Sanchez 1920 Fannys Biographie, *Life of Mrs. R L Stevenson,* schrieb, fügte sie der Legende eine weitere Facette hinzu:

> Ihre Diskussionen über [sein] Werk waren manchmal hitzig und lang, da keiner von beiden bereit war, kampflos aufzugeben. In einem Brief an ihre Mutter schreibt Fanny: „Sollte ich vor Louis sterben, wird mein letzter, sehr ernst gemeinter Wille sein, daß er nichts ohne die Zustimmung seines Vaters veröffentlicht. Ich weiß, daß das beinahe einem Todesurteil für beide gleichkommt, aber es wird niemand anderen geben.

Wenn also Fanny nicht mehr die Rolle des Schutzengels übernehmen konnte, sollte Thomas Stevenson als Ersatz bereitstehen, ausgerechnet der Mensch, der sich so entsetzt gezeigt hatte über Louis jugendliche Freidenkerei und stets bemüht war, aus ihm einen guten Presbyterianer zu machen. Glücklicherweise starb Fanny nicht vor Louis und konnte ihn so weiterhin „vor der Versuchung bewahren", selbst noch über den Tod hinaus. Dies eben ist das Interesse, das hinter der Legende des verbrannten Manuskriptes steht, für dessen Existenz es *keinen einzigen glaubwürdigen Beleg* gibt.

Eine Frage bleibt: Warum mußte es eine Geschichte über ein verbranntes Manuskript sein? Ist der Grund darin zu suchen, daß in der *Erzählung* Mr. Utterson und Inspector Newcomen „graue Asche" in Mr. Hydes Kamin finden, „als seien zahlreiche Papiere verbrannt worden"? Ist die Legende ein Fall von Übertragung der Literatur in das Leben? Wahrscheinlicher ist, daß Fanny Stevenson *Dr. Jekyll und Mr. Hyde* mit einer anderen Geschichte ihres Mannes verwechselte, *The Travelling Companion.* Diese Erzählung, die ebenfalls von der „Doppelnatur des Menschen" handelt, hatte Stevenson im Sommer 1881 begonnen und im November 1883 wieder aufgegriffen. Zu diesem Zeitpunkt bezeichnete er sie allerdings bereits als „eine unerfreuliche Geschichte". Drei Jahre später, im Juni 1886, nach der Veröffentlichung von *Dr. Jekyll,* schrieb er an einen Verleger:

> Immer weniger sehe ich, wie ich mit dem *Travelling Companion* zu Rande kommen soll . . . In der Geschichte steckt gute Arbeit, aber sie ist häßlich, unheilbar; und anstatt sie Ihnen zu schicken, sollte ich sie besser ins Feuer zu werfen.

Als er im darauffolgenden Jahr sein *Chapter on Dreams* schrieb, ließ er beide Erzählungen miteinander verschmelzen:

> Schon lange hatte ich versucht, eine Geschichte über dieses Thema zu schreiben . . . [und] hatte sogar eine vollendet, *The Travelling Companion,* die ein Verleger ablehnte, weil sie ein Geniestreich und obszön sei, und die ich den nächsten Tag verbrannte, weil sie kein Geniestreich war. Jekyll hat sie ersetzt.

Von *The Travelling Companion* ist kein Manuskript erhalten. Es ist das einzige Werk aus der Skerryvore-Periode, das Stevenson nachweisbar für „unerfreulich" und „häßlich" hielt, für einen „stinkenden, ekelhaften, bitteren, häßlichen Dreckhaufen", und das er verbrannt hat. Vielleicht übertrug Fanny Stevenson die Erinnerung an diese Ereignisse rückblickend auf *Dr. Jekyll und Mr. Hyde*. Die Fakten sprechen dafür.

ls Graham Balfours Biographie erschien, schrieb Stevensons früherer Freund W.E. Henley, der sich 1887 mit Louis und vor allem Fanny überworfen hatte, einen berühmt gewordenen gehässigen Artikel im *Pall Mall Magazine*:

> Ich habe ein eigenes Bild von Stevenson, das nichts mit diesem Schokoladenengel zu tun hat, diesem Gerstenzuckerabziehbild eines Mannes; über den besten und interessantesten Teil von Stevensons Leben wird nie geschrieben werden – selbst von mir nicht; und der Kleine Katechet von Vailima, wie brillant und hervorragend als Geschichtenschreiber, wie anerkannt als Künstler von hoher Moral er auch immer sein mag, ist nicht im mindesten mein alter, rebellischer, unerschrockener, spöttischer Stevenson . . .

Als sie noch miteinander befreundet waren, schrieb Stevenson in einem Brief an Henley, daß in jeder zukünftigen Biographie das Kapitel „. . . ,Jugend in Edinburgh' ein Meisterstück der Kunst der eleganten Umgehung werden dürfte". Tatsächlich deckte Balfour unverkennbar einen Schleier über Stevensons Studienjahre in Edinburgh. Auch über den Streit mit seinem Vater ging er hinweg, nachdem Fanny ihm unmißverständlich deutlich gemacht hatte, daß „Louis diese ganze Sache vergessen hat". Ebensowenig äußerte er sich über die Beziehung, die Fanny und Stevenson bereits vor ihrer Eheschließung hatten, und darüber, daß Mr. Hyde ebenso zu Stevensons Masken zählte wie Dr. Jekyll. Das letzte Fünftel der Biographie widmete Balfour Stevensons Aufenthalt im exotischen Samoa, auch wenn der Autor nicht einmal ein Zehntel seines Lebens dort verbrachte. Mit Recht hat Graham Balfours Sohn Michael darauf hingewiesen, daß sein Vater viele der Probleme, die sich bei der Niederschrift der Biographie ergaben und die zu einem nicht unwesentlichen Teil durch Fanny Stevenson verursacht wurden, „dadurch löste, daß er dem Leser nahelegte, zwischen den Zeilen zu lesen".

Und es besteht kein Zweifel, daß sich dieses sorgfältig ausgearbeitete Bild des Autors – „Gerstenzuckerabziehbild" ist ein *wenig* extrem – durchsetzte. Im Laufe der Jahre schaltete sich auch der Rest von Fannys Familie ein und schmückte die Entstehungsgeschichte von *Dr. Jekyll und Mr. Hyde* immer weiter zu Mrs. Stevensons Vorteil aus. Man gab ihr recht: Die kruden Schrecken dieses Shilling Shockers mußten unterdrückt werden; Louis *mußte* manchmal vor sich selbst bewahrt werden. Die Geschichte wurde immer und immer wieder erzählt, von ihrer Schwester Nellie, ihrem Sohn Lloyd, der Tochter Belle, ihrer Freundin Adelaide, vielen Bekannten und schließlich auch von gänzlich Unbeteiligten, solange sich nur ein Verleger fand. Und das waren nicht wenige in der Zeit der

Stevenson-Manie in den 10er und 20er Jahren dieses Jahrhunderts. Dr. Jekyll war eine Verirrung, das Produkt eines vorübergehend kranken Hirns.

U nterdessen hatte in der weniger dünnen Atmosphäre der Massenkultur Thomas Russell Sullivan seine Bühnenfassung des *Dr. Jekyll und Mr. Hyde* geschrieben. Das Stück hatte am 9. Mai 1887 in Boston Premiere. Der Schauspieler Richard Mansfield, für den es geschrieben worden war, verkörperte beide Figuren. Eine Woche später wurde es in New York aufgeführt, bevor man auf Tournee durch die USA ging und bis zum 25. Juni 1888 jeden Abend vor vollen Häusern spielte. Am 4. August trat die Truppe in Henry Irvings Lyceum Theatre in London auf.

Stevenson hatte angesichts der Vielschichtigkeit der Erzählung Thomas Russell Sullivan vor einer Dramatisierung gewarnt, die „mir ein schwieriges Unterfangen zu sein scheint". Doch als er schließlich die Bühnenfassung hörte, die ihm der verständlicherweise nervöse Autor zu Beginn des Jahres 1888 vorlas, beteuerte Stevenson, daß er zufrieden sei. Er hielt vor allem die Verwandlungsszene am Ende des 3. Aktes für eine gelungene Umsetzung seiner Erzählprosa in Bühnenhandlung. „Gut", sagte er, „Sie haben genau das hinzugefügt, was diese Szene brauchte, um bühnenwirksam zu sein. Sie ist überzeugend." Dann versicherte er noch, daß das Stück auch „Mrs. Stevenson gefiel", die es in New York bereits gesehen hatte.

Das Stück scheint nicht mehr auffindbar zu sein. Doch mit Hilfe der frühen Biographien über Richard Mansfield läßt es sich zumindest annäherungsweise rekonstruieren.

Legt man die über das Stück bekannten Fakten zugrunde, so scheint es erstaunlich, daß Stevenson die Lesung so genoß. Sullivan zufolge rief er aus: „Wissen Sie, es war durchaus nicht ausgeschlossen, daß es mir nicht gefällt. Aber es gefällt mir, von Anfang bis Ende. Und jetzt lassen Sie uns zu Mittag essen." Die Zustimmung kommt deshalb unerwartet, weil in der Bühnenbearbeitung verschiedene Veränderungen an der Geschichte vorgenommen wurden, die Stevenson in seiner Erzählung mit Bedacht vermieden hatte. Dr. Jekyll bekommt eine Freundin angedichtet und damit zugleich Mr. Hyde ein Motiv. Aus Eifersucht auf die Frau ermordet er deren Vater. Das Stück verwandelt Hyde in den lärmenden, liederlichen Bösewicht des Melodramas, es führt eine übernatürliche Dimension ein und macht aus der Szene am Fenster den Abschied eines Liebhabers. Und es hebt die Schranken der exklusiv männlichen Welt von Jekyll, Utterson, Enfield und Lanyon auf.

Doch die wichtigste Veränderung ergab sich aus der Tatsache, daß Mansfield sowohl die Rolle des Dr. Jekyll als auch die des Mr. Hyde spielte und damit eine Inszenierungstradition begründete, die bis auf den heutigen Tag überlebt hat. In der Erzählung ist Hyde kleiner und jünger als Jekyll. Er ist nicht identisch mit dem Arzt, auch wenn er seinem Innern entspringt, und wirkt unter anderem deswegen so grotesk, weil ihm Jekylls Kleider zu groß sind. Im Stück sind Jekyll und Hyde ein und dieselbe Person. Um den Kontrast zwischen den beiden zu verstärken, um ihnen mehr „Individualität" zu verleihen, betonte Mansfield an Jekyll viel stärker den Heiligen und an Hyde den Schurken.

Dennoch war es die Verwandlung von Jekyll in Hyde im 3. und 4. Akt, die die Zuschauer vor allem ansprach. Mansfield begann als der gute, aufrechte Dr. Jekyll, mit modischer Blässe und ausgesuchten Manieren. Ohne sich hinter einer Säule zu verstecken, von der Bühne zu gehen oder ein Double einzusetzen, verwandelte er sich vor den Augen des Publikums in den diabolischen Mr. Hyde. Wie zum Teufel bewerkstelligte er das? Eine Antwort auf diese Frage, die ihm häufig gestellt wurde, verweigerte Mansfield. Sein Berufsgeheimnis gab er nicht preis. Allem Anschein nach veränderte er seine Körperhaltung so, daß aus der aufrechten Haltung ein affengleiches Kauern wurde; die feingliedrigen Hände krampften sich zu Klauen zusammen; die Stimme klang gutural oder „zornig", und er sprach lauter als zuvor. Und durch den Einsatz von farbigem Licht und Make-up gelang es ihm sogar, die Form seines Gesichtes zu verändern. Durch Filter, die langsam vor die Scheinwerfer geschoben wurden, ließ sich so vor allem Magentarot in leuchtendes Grün verwandeln. All das spielte sich hinter einem Gazevorhang ab.

Als Stevenson schließlich einige Kritiken las, wurde er ärgerlich. „Hyde war der *jüngere* der beiden", schrieb er; Jekyll war nicht „gutaussehend"; und Hyde war *nicht nur* „ein Lüstling", der eifersüchtig ist, weil Jekyll sich zu Agnes Carew hingezogen fühlt. Doch es war bereits zu spät. Seitdem ist nahezu jede Bearbeitung von *Dr. Jekyll und Mr. Hyde* den Vorgaben von Sullivans Dramatisierung gefolgt. Dazu gehören auch die Verfilmungen mit John Barrymore (1920), Fredric March (1932), Spencer Tracy (1941) und Boris Karloff in *Abbott und Costello treffen Dr. Jekyll und Mr. Hyde* (1953). Mansfields Interpretation des Hyde als Verkörperung von Jekylls geheimen Wünschen, als unreifer Tölpel, der „aufgrund seines scheußlichen Äußeren nicht in der Lage ist, die Träume seiner scheußlichen Vorstellung Wirklichkeit werden zu lassen", wie der Schauspieler es formulierte, ist zur Norm erhoben worden. Und der Name des Arztes wird schon lange nicht mehr Jeekyll ausgesprochen, sondern Jeckyll.

ugleich haben die akademischen „Kommentatoren", die zu ignorieren Stevenson vorzog, seine Erzählung in Richtungen interpretiert, die er wohl kaum verstanden und erst recht nicht wiedererkannt hätte. Er mochte sich zwar darüber beklagt haben, daß die Leute in den 80er Jahren des letzten Jahrhunderts in jedem Text eine verborgene Sexualität witterten, doch das war noch nichts im Vergleich zu dem, was folgen sollte.

In den letzten zwanzig Jahren ist *Dr. Jekyll und Mr. Hyde* als Geschichte über die Vater-Sohn-Beziehung interpretiert worden, als die Problematik des pubertierenden Jungen im Erwachsenen, der homosexuellen Panik, der Erotisierung des Arbeiters, Impotenz, Misogynie und/oder Angst vor Frauen, die dunkle Seite des Patriarchats, der Vergewaltiger oder allgemein all dessen, was der alleinstehende Gentleman des ausgehenden viktorianischen Zeitalters möglicherweise verborgen

Der Schauspieler Richard Mansfield, der in T. R. Sullivans Bühnenbearbeitung von 1887 sowohl die Rolle des redlichen Dr. Jekyll als auch die des teuflischen Mr. Hyde spielte. Das Stück lief zur Zeit der Whitechapel-Morde in London.

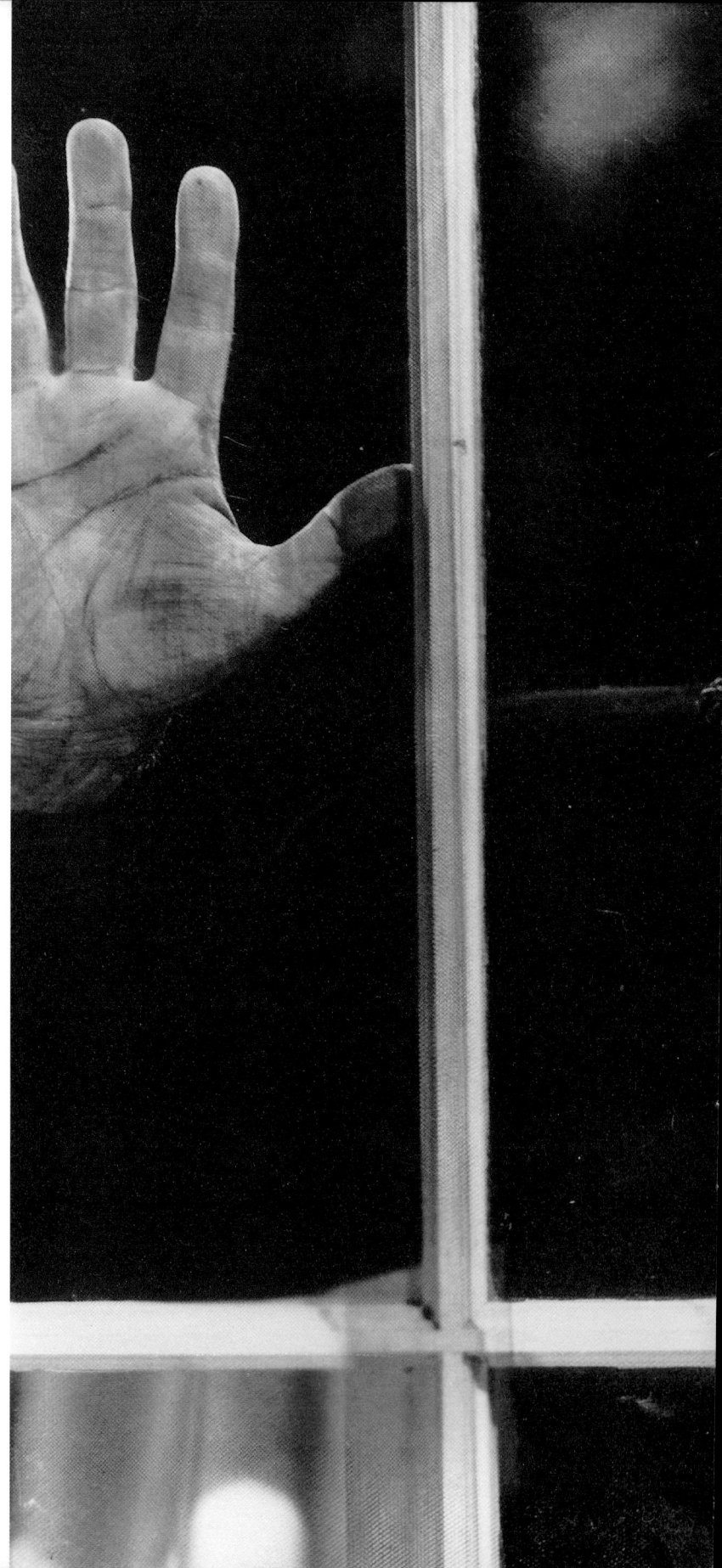

haben mag. Oder es geht um das Bewußte und das Unbewußte. Oder den Kapitalismus und das Proletariat. Oder, der Zeit weit voraus, um persönlichkeitsverändernde Drogen. Und so fort. Eine der überzeugenderen Interpretationen sieht in der Geschichte zwei Seiten von Stevensons eigener Persönlichkeit repräsentiert: den Mann der Tat in seiner Vorstellung und den kranken, behinderten Künstler, den er im Spiegel sah. *Jekyll und Hyde* birgt unzählige Deutungen.

Doch in den Augen der breiten Öffentlichkeit sollte die Reichweite der Deutungen schon bald eingegrenzt werden durch eine Reihe von Ereignissen, die sich im Herbst 1888 im Londoner East End zutrugen. Die Leser der Shilling Shocker mochten sich durch Mr. Hydes Benehmen, das ihnen nicht grausam genug vorkam, betrogen fühlen und darüber hinaus enttäuscht sein über die reine Männergesellschaft des Buches, die ihnen nicht „gothic" genug erschien. Doch nun waren sie dabei, sich genau die Geschichte zusammenzuschreiben, die *sie* lesen wollten.

Zwischen dem 31. August und dem 9. November, innerhalb von zehn Wochen also, waren fünf Frauen in der Gegend um Whitechapel ermordet und aufs grausamste verstümmelt worden. Alle fünf – Mary Ann Nichols, Annie Chapman, Elizabeth Stride, Catherine Eddowes und Mary Jane Kelly – waren Prostituierte. Der unbekannte Mörder erhielt von den Zeitungen den Namen „Jack the Ripper".

Zufällig geschah der erste der Morde zu genau dem Zeitpunkt, zu dem Sullivans Stück am West End lief und die 16. Auflage von Stevensons Erzählung in die Buchläden kam. Noch dazu fielen die Verbrechen in eine Zeit, in der der Berufsstand der Mediziner – die sogenannte „neue Priesterkaste", die Gesundheit über Moral stellte – in der Presse besonders kritisch beurteilt wurde. Es erschienen Artikel, die unnötige Grausamkeiten und Pfuschereien anklagten, und Berichte über Chirurgen mit locker sitzendem Skalpell, die vor den Augen ihrer lüstern gaffenden Studenten die Schwäche verletzlicher Frauen ausnutzten. Im Jahr zuvor war ein Roman erschienen, in dem es um einen skrupellosen Medizinstudenten ging, der in einem Lehrkrankenhaus grausame Experimente an Frauen aus dem Armenhaus vornahm. Das Ergebnis dieser Verkettung von Umständen war, daß die Geschichte von *Dr. Jekyll und Mr. Hyde* im Bewußtsein der Öffentlichkeit mit der Geschichte der Morde von Whitechapel vermischt wurde.

Ein Mitglied eines Nachbarschaftskomitees zur Bewachung des Viertels schrieb an die Polizei, er halte Richard Mansfield für den Hauptverdächtigen, da seine Verwandlung und Darstellung des irren Hyde derart überzeugend sei. Andere glaubten, Jack the Ripper habe bei seinen Verbrechen unter dem Einfluß des „Sensationsdramas" gestanden. Wie konnte man es nur wagen, ein Stück auf die Bühne zu bringen, das zur Folge hatte, daß Frauen sich nicht mehr trauten, abends alleine nach Hause zu gehen?

Die Vorstellung, daß der Ripper ein Arzt sein könnte, vielleicht aus dem London Hospital in der Whitechapel Road, der davon besessen war, Prostituierte zu ermorden, war die beliebteste und einleuchtendste Erklärung. „Jack" war ein

No. 1433.—Vol. 55 · THE · PENNY · NOVEMBER 17, 1888

ILLUSTRATED · PAPER

AND · ILLUSTRATED TIMES

REGISTERED AT THE GENERAL POST-OFFICE AS A NEWSPAPER.

London : Printed and Published at the Office, 10, Milford-lane, Strand, in the Parish of St. Clement Danes, in the County of Middlesex, by THOMAS FOX, 10, Milford-lane, Strand, aforesaid.

THE MILLER-COURT MURDER, WHITECHAPEL: SITE OF MARY KELLY'S LODGINGS.

*U*mschlagillustration der Penny Illustrated Paper, *die die Umstände des Mordes an Mary Jane Kelly durch Jack the Ripper im November 1888 zeigt. Bemerkenswert ist, daß man sich den Mörder mit Zylinder und Arzttasche vorstellte.*

unheimlicher Chirurg, der in der Nacht Stimmen hörte; ein Medizinstudent, der sich bei einer Prostituierten die Syphilis geholt hatte und sich nun an dem ganzen Pack rächen wollte; ein irrer Arzt in einem Lehrkrankenhaus, der sexuelle Befriedigung daraus zog, Frauen auf grausame Weise zu quälen.

Dr. Jekyll und Mr. Hyde, die Erzählung wie das Stück, hatte ein fertiges Modell für pathologisches Verhalten bereitgestellt, ein Modell, mit dem sich das Unerklärbare erklären ließ. Als der Leichenbeschauer bei der Obduktion des grausam zugerichteten Körpers von Annie Chapman die Ansicht äußerte, daß der Mörder über anatomische Kenntnisse verfügt haben könnte („könnte gewußt haben, was er tat"), schien das Bild perfekt.

Umgekehrt förderten die Morde von Whitechapel aber auch eine bestimmte „Lesart" von Stevensons Erzählung. Hyde ist ursprünglich kein „Lustmörder", er verkehrt nicht mit Prostituierten. Er lebt in Soho im West End, und seine nächtlichen Streifzüge unternimmt er in den düsteren Seitenstraßen vornehmer Stadtviertel. Doch von nun an sollte sich das alles ändern: In jeder zukünftigen Bearbeitung von Bedeutung wurde Hyde zum „Lustmörder", der die geheimen Wünsche Jekylls auslebte, zu einem Schlächter der Prostituierten oder zu einem bösen Geist, der durch das nebelverhüllte East End von London spukt. Die visuellen Attribute wie Zylinder, Arzttasche, Spazierstock mit silbernem Knauf und liebenswerte, Cockney sprechende „Bordsteinschwalben" mit großen Brüsten und enganliegenden Miedern gehörten zum festen Repertoire.

Obgleich in Stevensons Erzählung keine Erklärung dafür gegeben wird, warum Hyde in den frühen Morgenstunden durch schmutzige Gassen streift, herrschte seit dem Herbst 1888 über seine Beweggründe kein Zweifel mehr. Zwar war der Schauplatz der Geschichte ursprünglich London, in dem „in den Mitternachtsstunden Nebel über der Stadt" liegt, doch verweisen Atmosphäre und Ton, wie zahlreiche Kritiker bemerkt haben, deutlich auf Edinburgh, eine Stadt, in der Stevensons „schottisch-presbyterianische Vorurteile" noch immer gehegt wurden. Doch nun wurde aus Edinburghs Neustadt das West End (Jekyll) und aus der Altstadt das East End (Hyde). Eine Reise in den Abgrund. Im Dezember 1894 nannte ein Kritiker des *Athenaeum* das Buch als Beispiel dafür, wie „die Kunst die Natur nachahmt":

> *Dr. Jekyll* erschien gerade zu der Zeit des Terrors von Jack the Ripper, und ich habe oft gedacht, daß dies der künstlerische Reflex auf jene mysteriöse Serie von Verbrechen war . . . Im Hintergrund lauert ein Aspekt des großen Problems des Sexuellen, dem Stevenson anderswo immer ausgewichen ist.

In der darauffolgenden Woche, nachdem ihn jemand darauf hingewiesen hatte, daß *Dr. Jekyll* bereits zweieinhalb Jahre vor den Morden von Whitechapel erschienen war, berichtigte er sich, indem er behauptete, dies sei „einer der Fälle, in denen, wie Mr. Oscar Wilde beobachtet hat, die Natur die Kunst nachahmt". Doch das interessierte niemanden: *Dr. Jekyll* war in der Tat zum „künstlerischen Reflex" von Jack the Ripper geworden. Der Autor hatte die Kontrolle über sein Buch verloren. Das Experiment mit dem Pulver war nicht mehr rückgängig zu

machen.

in Jahrzehnt nach Stevensons Tod faßten Mitglieder des Edinburgher Establishments den Entschluß, ihm zu Ehren ein Denkmal im Schatten der hehren, wenn auch ein wenig düsteren Kathedrale von St. Giles zu errichten – als Zeichen dafür, daß sie ihm *beinahe* vergeben hatten. Sie gaben ein riesiges Bronzerelief in Auftrag, das den Schriftsteller, dem Zeitgeschmack entsprechend, als vornehm für seine Kunst leidenden Heiligen darstellt.

Wären die guten Bürger vollständig von ihrem Vorhaben überzeugt gewesen, hätten sie ihm möglicherweise eine bedeutende Statue auf der Princes Street geweiht, wie schon zuvor Walter Scott. Stevensons Bronzerelief, das sich rechts vom Haupteingang der Kathedrale befindet, zeigt den Autor, gestützt durch ein Kissen, auf einer Chaiselongue sitzend, die Beine unter einer mit Quasten verzierten Decke verborgen. In seiner linken Hand hält er einen Stapel Papier und in der rechten einen Gänsekiel. Sein Blick ist ins Leere gerichtet, als sähe er dort den Stoff für sein nächstes Meisterwerk.

Die Darstellung lehnt sich an eine bereits früher entstandene, wesentlich kleinere Skulptur des amerikanischen Bildhauers Augustus St. Gaudens an. Stevenson hatte dem Künstler in New York Modell gesessen, wo er etwa 18 Monate nach der Veröffentlichung des *Seltsamen Falls des Dr. Jekyll und Mr. Hyde* eingetroffen und wie ein Held empfangen worden war. Die Skulptur zeigt Stevenson im Bett sitzend, eine Decke auf den Knien, ein paar Blätter in der linken Hand und in der rechten eine Zigarette, seine typische Pose, wenn er Gäste empfing. Auf dem Relief an der Kathedrale wurde aus dem Bett eine Chaiselongue, der Decke wuchsen Quasten, Stevenson nahm ein paar Pfund zu. Und schließlich gab man ihm den Gänsekiel in die Hand. Großen Künstlern, die in den Pantheon von Edinburgh aufgenommen werden wollten, war es nicht gestattet, im Bett zu rauchen! So zollte man endlich einem Mann Respekt, der trotz des Zustands, in dem sich seine Lunge befand, behauptet hatte, er könne kein einziges Wort ohne die Hilfe einer Zigarette schreiben und der so geschickt im Zigarettendrehen war, daß einer seiner Bekannten sagte, er könne Zigaretten drehen, die so dünn wie sein Arm waren, mit anderen Worten, extrem dünn.

Der Kult um den respektablen, untadeligen Robert Louis Stevenson, dem seine Frau Fanny, die Mehrzahl seiner Freunde und eine kleine Clique von ihn bewundernden, zeitweilig kritiklosen Kritikern Nahrung gegeben hatte, zog ein Problem nach sich: Er wirkte sich nachteilig auf Stevensons literarischen Ruf aus. Denn wenn man das zweifelhafte Vergnügen hat, in den Genuß von etwas derart krankhaft Süßlichem wie der autorisierten Version von RLS's Leben und Werk zu gelangen, den *Garden of Verses* aus dem Kindergarten, die *Entführung* und die *Schatzinsel* aus der Schule und schließlich den *Dr. Jekyll* von der Kanzel zu kennen, beginnt man daran zu würgen.

In gewisser Weise hat sich Stevenson nie mehr von seinem Heiligenimage erholt. Jekyll ohne Hyde ist zu eindimensional, zu sauber und zu sentimental, um wirklich ernst genommen zu werden. Es war, wie Stevenson eine seiner Figuren, einen in London lebenden Schotten, beschreibt, in etwa „so gefühlvoll wie ein Dudelsack". Und das war keinesfalls als Kompliment gedacht.

4 Der Hund von Baskerville

Der Mond schien hell auf die Lichtung, und da lag auch die glücklose Maid, wie sie vor Angst und Erschöpfung entseelt zu Boden gesunken war. Doch nicht ob diesem Anblick packte die drei kühnen Haudegen ein Grauen, wie sie es nie gekannt, und auch nicht, weil nicht weit von ihr Hugo Baskerville lag, sondern weil über seiner Leiche eine gräßliche Kreatur stand, eine gewaltige schwarze Bestie, anzusehen wie ein Hund, doch weit größer als jeder Hund, den je ein sterbliches Auge erblickt hat. Und während sie noch entgeistert standen und schauten, riß er ihm die Gurgel heraus. Und als er ihnen jetzt seine schaurig leuchtenden Augen und seine bluttriefenden Lefzen zuwandte, da schrien die drei vor Angst gellend auf und jagten, immer noch brüllend und schreiend, übers Moor davon... So, meine Söhne, lautet die Mär vom Erscheinen des teuflischen Hundes, der seither unser Haus so grauenhaft heimgesucht haben soll.

ARTHUR CONAN DOYLE

Im Nebel von Dartmoor sehen Holmes und Watson die „dunkle Gestalt und die grausame Fratze" des Hundes von Baskerville. Illustration von Sidney Paget für das Strand Magazine (März 1902).

er Tod des ersten Beratenden Detektivs der Welt, Sherlock Holmes, wohnhaft in der Baker Street 221b, war schon seit beinahe zwei Jahren geplant. Im Dezember 1892 hatte sein Schöpfer Arthur Conan Doyle gesagt, daß „ein Mann wie er nicht an der Grippe oder einem Nadelstich sterben kann. Sein Ende muß gewaltbedingt und hochdramatisch sein." Im darauffolgenden Frühjahr fügte Doyle hinzu, „ich bin seinen Namen leid". Holmes mußte sterben, weil „er meine Aufmerksamkeit von wichtigeren Dingen abzieht"; er hatte zu sterben, „selbst wenn ich mein Bankkonto zusammen mit ihm begraben mußte".

Nach der *Studie in Scharlachrot* (als Buch veröffentlicht im Juli 1888), *Im Zeichen der Vier* (als Buch veröffentlicht im Oktober 1890) und *Die Abenteuer des Sherlock Holmes* (zwölf Kurzgeschichten, die zuerst im *Strand Magazine* 1891/92 erschienen, als Buch im Oktober 1892), war der Detektiv dem Autor lästig geworden. Der Überdruß gipfelte schließlich in der Äußerung: „Wenn ich ihn nicht bald töte, tötet er mich."

Die forensischen Details seines „hochdramatischen Endes" entschieden sich im August 1893, als Conan Doyle und seine Frau Louise an ihrem achten Hochzeitstag von Luzern aus zu dem Dorf Meiringen reisten, dort die nahegelegenen, über 100 Meter hohen Reichenbacher Wasserfälle besuchten und dann weiter ins Rhônetal fuhren. Es sei „einigermaßen grob, einen alten Freund zu ermorden, der Ihnen Ruhm und Reichtum gebracht hat", bemerkte ein Kirchenmann, der sie begleitete. Aber Conan Doyles Entschluß stand fest. Sherlock Holmes letzte Reise würde ihn und seinen Chronisten Dr. Watson weit über die Grenzen der nebligen Umgebung der Baker Street hinausführen. Sie würden eine angemessene *Grand Tour* unternehmen: mit dem Zug nach Newhaven, umsteigen in Canterbury, mit der Fähre nach Dieppe, über Land nach Brüssel und Straßburg, dann nach Genf, eine „bezaubernde Woche lang" eine Wanderung das Tal der Rhône hinauf, schließlich über den Gemmi-Paß und weiter „über Interlaken nach Meiringen".

Dr. Watson sieht Sherlock Holmes zum letzten Mal, als dieser – mit verschränkten Armen gegen die Felswand gelehnt – nach unten auf die hinabstürzenden Wassermassen der Reichenbachfälle starrt. Hinter ihm – oberhalb der Aussichtsplattform – erkennt er die Oberen Fälle. Anschließend geht Watson den Fußpfad hinunter, der auf der linken Seite der beeindruckenden Mittleren Fälle zum Dörfchen Meiringen führt, während Holmes mit dem Kopf des mächtigsten Verbrechersyndikats von ganz Europa, „Professor" James Moriarty, abrechnet.

Das Treffen zwischen Holmes und Moriarty am 4. Mai 1891 endet in einem Ringkampf, der sozusagen hinter den Kulissen stattfindet. Dr. Watson und mit ihm der Leser müssen sich die Einzelheiten also ausmalen. Allem Anschein nach gipfelt der Kampf darin, daß sich die Kontrahenten gegenseitig über den Rand des Felsvorsprungs ziehen und „eng ineinander verkrampft" gemeinsam in den Abgrund stürzen, jenen „grauenhaften Schlund von wirbelndem Wasser und schäumender Gischt". Jeder Versuch, ihre Leichen zu bergen, schreibt Dr. Watson oder vielmehr Arthur Conan Doyle, ist „von vornherein ausgeschlossen". Dort also, irgendwo zwischen den Felsen von Reichenbach, liegen „der gefährlichste

Arthur Conan Doyle im Musikzimmer seines Hauses in Essex (1912). Fotografie von Hoppé. Sherlock Holmes war damals schon seit über zehn Jahren wiederauferstanden.

Verbrecher unserer Zeit und der erste Vorkämpfer für Recht und Gesetz . . . auf ewige Zeiten".

Als *Der letzte Fall* im Dezember 1893 veröffentlicht wurde, zeigten sich in der City von London junge Geschäftsleute, die ansonsten nicht gerade für sentimentale Reaktionen bekannt waren, mit schwarzen Trauerbändern an Ärmeln und Hüten. Aktienbesitzer des *Strand Magazine* erlitten einen Schock, was nicht weiter wundernimmt, da ein paar tausend Leser auf der Stelle ihr Zeitschriftenabonnement

Sherlock Holmes und Professor Moriarty im Kampf am Rande des „gewaltigen Abgrunds" der Reichenbachfälle. Illustration von Sydney Paget zu Der letzte Fall (Dezember 1893).

kündigten. „In dieser Woche mußten wir die Nachricht vom Tode Sherlock Holmes bekanntgeben", berichtete die *St. James Gazette* am 16. Dezember. „Er hat sich seinen Ruhestand redlich verdient, und sofern nicht die Queen Mr. Doyle befiehlt, Sherlock Holmes wiederauferstehen zu lassen, wird er vielleicht in Frieden ruhen dürfen."

Arthur Conan Doyle dagegen befand sich bei bester Gesundheit und notierte mit unverkennbarer Freude in sein Tagebuch: „habe Holmes beseitigt". Doyle war wohl deswegen so gutgelaunt, weil er – ähnlich wie sein Freund Arthur Sullivan – den Verdacht nicht loswurde, daß die Sorte Arbeit, die er am besten beherrschte und die seinen Namen in nahezu jedem englischen Haushalt bekannt gemacht hatte, eines bedeutenden Mannes des viktorianischen Zeitalters in gewisser Weise nicht würdig war. Nun war er sie los.

Als Doyle später, nachdem er das Ansinnen etliche Male abgelehnt hatte, schließlich doch einwilligte, ein Vorwort für die gesammelten Holmes-Geschichten zu schreiben, begann er mit den Worten: „Eine derart elementare Form der Dichtung wie die Detektivgeschichte verdient kaum die Ehre eines Vorworts." Conan Doyle entledigte sich der Figur des Sherlock Holmes, um sich dem Schreiben historischer Romane zu widmen. Die Meinungen darüber, ob dieser Karriereumschwung eine weise Entscheidung war, gehen weit auseinander.

Doch nichts konnte den Detektiv zurückbringen. Dr. Watson hatte endgültig „mit schwerem Herzen" zur Feder gegriffen, „um zum allerletzten Mal von den genialen Gaben zu berichten, die meinen Freund Sherlock Holmes auszeichneten". Nichts konnte ihn je wiederauferstehen lassen; nichts – mit Ausnahme eines besonders grimmigen schwarzen Hundes, der eine alte Moorlandschaft im wilden Westen Englands unsicher machte . . .

Sieben Jahre und drei Monate nach der Veröffentlichung von *Der letzte Fall* beginnt in einem Hotel in Cromer, Norfolk die Geschichte, in deren Verlauf Arthur Conan Doyle zum ersten Mal die Legende von diesem Hund hörte. Das Royal Links war ein kleines Hotel mit einem Achtzehn-Loch-Golfplatz und nannte sich „Royal", weil Cromer einer von Prince Eddies bevorzugten Badeorten war. 1940 wurde es durch einen Brand vollkommen zerstört. Heute erinnert nur noch eine Ruine an das Hotel, auf dessen Gelände ein Ferienpark errichtet worden ist.

Conan Doyle war im März 1901 zu einem kurzen Erholungsurlaub in das Hotel gekommen. Hinter ihm lag ein schwieriger Lebensabschnitt, und er fühlte sich niedergeschlagen. Im Monat zuvor hatte man ihn aufgefordert, an der Beerdigungsprozession für Königin Victoria teilzunehmen, und er hatte sich in eine Kontroverse um einige unschöne Anspielungen auf die römisch-katholische Kirche im Krönungseid eingeschaltet. Als getaufter Katholik war er von den Jesuiten erzogen worden, hatte sich dann aber mit Anfang Zwanzig von der Religion seiner Familie und jeder anderen institutionalisierten Religion abgewandt. Im Oktober 1900 war er erfolglos als Kandidat der Liberal Unionist Party für Edinburgh zu den sogenannten „Khaki"-Wahlen angetreten. Die Niederlage und die vorausgegangene Verleumdungskampagne, während der in protestantischen Stadtvierteln Plakate aufgehängt worden waren, auf denen er als Jesuiten-Lakai bezeichnet wurde, hatten ihn davon überzeugt, daß der Wahlkampf einem „Schlammbad" gleichkam.

Dazu kam noch, daß er auch in seinem Privatleben immer mehr unter Druck geriet. Seine Frau Louise Hawkins litt schon seit einiger Zeit an Lungentuberkulose und war inzwischen ans Bett gefesselt. Erste Anzeichen der Krankheit hatten sich bereits während ihrer gemeinsamen Reise zu den Reichenbachfällen im Sommer 1893 gezeigt. Zugleich gestaltete es sich für Doyle immer schwieriger, die Beziehung zu Jean Leckie, seiner eigentlichen Liebe, auf die Ebene des rein Platonischen und „Ritterlichen" zu beschränken. Er litt unter Schlaflosigkeit und hatte leichtes Fieber, möglicherweise eine Folge seines Aufenthaltes in Südafrika, wo er alles daran gesetzt hatte, in die britische Armee aufgenommen zu werden. Doch ohne Erfolg, er war zu diesem Zeitpunkt bereits 41 Jahre alt und konnte keine militärische Erfahrung vorweisen. Statt dessen arbeitete er im Jahr 1900 einige Monate als Freiwilliger am *Langmans Field Hospital* in Bloemfontein, der Hauptstadt des Oranjefreistaates.

In Südafrika schrieb er auch seinen umstrittenen Bericht über den Burenkrieg, *The Great Boer War.* Außerdem arbeitete er an der polemischen Schrift *The War in South Africa. Its Course and Conduct,* in der er den Krieg Großbritanniens gegen die Buren rechtfertigte und den Feldzug Kitcheners wie auch das Vorgehen der englischen Armee gegen die Kritik verteidigte, die sowohl in Großbritannien als auch im Ausland laut geworden war.

Während seines kurzen Ferienaufenthalts im Royal Links wurde Arthur Conan Doyle von Bertram Fletcher Robinson begleitet, einem jungen Journalisten, den er 1901 während der Rückreise von Kapstadt an Bord der *SS Briton* kennengelernt und sich mit ihm angefreundet hatte. Der energische Robinson war als Kriegsberichterstatter von dem erst kurz zuvor gegründeten *Daily Express* nach Südafrika geschickt worden. Nach Abschluß seines Studiums am Jesus College in Cambridge war „Bertie" oder „Bobbles", wie er genannt wurde, Redakteur des *Granta* gewesen, hatte die Zulassung als Anwalt erhalten und begann nun, sich einen Namen als talentierter Journalist zu machen.

An einem Sonntagnachmittag, als eine kräftige Brise von der Nordsee her verhinderte, daß Conan Doyle und Fletcher Robinson ihre übliche Runde Golf spielen konnten, saßen sie in einem Privatsalon des Royal Links und plauderten miteinander. Im Laufe der Unterhaltung erzählte Robinson eine Legende von einem wilden, schwarzen Hund, der angeblich in diesem Landstrich herumspukte.

Überall auf den Britischen Inseln trifft man auf Legenden von Geisterhunden, die von den Volkskundlern unter dem Sammelbegriff „Schwarze Hunde" zusammengefaßt werden, ungeachtet der Farbe, die die Tiere in den jeweiligen Sagen haben. Einige Legenden erzählen von einzelnen Hunden, andere von ganzen Rudeln, und in zahlreichen Dörfern kann man noch heute auf Straßen und Gasthäuser stoßen, deren Namen – wie „Black Dog Lane" oder „Black Dog Inn" – auf ein solches Tier verweisen. Die meisten dieser sagenhaften Hunde sind recht harmlose Tiere, die durch ihr Erscheinen vor einem bevorstehenden Unglück warnen oder Orte heimsuchen, an denen ihrem Besitzer oder dessen Familie etwas Furchtbares zugestoßen ist. Sie tragen, von Region zu Region verschieden, so phantasievolle Namen wie „Samtpfote", „Kobold", „Würger", „Moddey Dhoo" oder „das Gabriel-Rudel". Eine Ausnahme bildet der „Black Shuck" oder „Alte Shuck von Norfolk", wobei „Shuck" oder „Scucca" im Angelsächsischen den Teufel bezeichnet. Der Legende zufolge taucht der Black Shuck in der Abenddämmerung auf. Er ist ein riesiges, zottiges Tier von der „Größe eines Kalbes, leicht zu erkennen an seinen untertassengroßen Augen, aus denen grünes und rotes Feuer sprüht". Jeder, der ihn einmal gesehen oder seinen eiskalten Atem gespürt hat, ist dem Tod geweiht und wird das Morgengrauen nicht mehr erleben. Der Black Shuck ist einer der wildesten und bösartigsten Hunde im britischen Volksglauben – und er suchte, so erzählte Fletcher Robinson, auch Cromer heim.

Genau ein Jahr nach Conan Doyles Ferienaufenthalt im Royal Links schrieb J. E. Hodder Williams in einem Artikel, daß „Robinson . . . in dem Gespräch eine alte Legende erwähnte, die Doyles Phantasie entzündete. Die beiden Männer begannen, eine Abfolge von Ereignissen aufzubauen, und nach wenigen Stunden war die Handlung einer spannenden Geschichte entworfen . . ."

Auch Max Pemberton war überzeugt, daß Robinson im Laufe dieser Unterhaltung den Black Shuck erwähnt haben mußte. Es war nämlich Pemberton selbst, der Robinson kurz zuvor diese schauerliche Legende erzählt hatte, als „Bertie" zu Besuch bei ihm in Hampstead war. Die Geschichte verfügte über einen ganz besonderen Hauch von Authentizität, denn Pemberton hatte sie nicht in einem Buch über Volkslegenden gelesen, sondern sie aus erster Hand erfahren. Sie war ihm von einem Marschbauern aus Norfolk erzählt worden, einem gewissen Jimmy Farman, dessen eigener Hund von der Erscheinung des Black Shuck zu Tode erschreckt worden war.

Conan Doyle, führte Pemberton weiter aus, mußte sich für diese Legende begeistern, weil „es schon immer das Bizarre und Außergewöhnliche war, das ihn anzog wie der Magnet den Feilstaub". Diese Seite von Dr. Doyles Persönlichkeit war nur deswegen in Vergessenheit geraten, behauptete Pemberton, weil der Autor in den Augen der Öffentlichkeit immer mit dem erzrationalistischen Sherlock Holmes assoziiert wurde.

Er hätte genausogut hinzufügen können, daß die Legende Conan Doyle auch deshalb faszinierte, weil er – urteilt man nach seinen Detektivgeschichten – ohnehin ein Faible für Hunde jeder Art hatte. In der *Studie in Scharlachrot* testet Holmes die Wirkung einer tödlichen Pille an Mrs. Hudsons kleinem Terrier – mit dem Ergebnis, daß das unglückliche Tier „an allen Gliedern konvulsivisch" zuckt und auf der Stelle tot umfällt, während der kaltblütige Detektiv „einen wahren Freudenschrei" ausstößt. Und in den *Blutbuchen* schießt Dr. Watson einem „riesigen, verhungerten Ungeheuer" von einem Mastiff den Kopf weg, als dieser seine „schwarze Schnauze . . . und seine gierigen weißen Zähne" in die Kehle seines Herrn gräbt. Die Hunde in den Holmes-Erzählungen sind zumeist „Scheusale", „Ungeheuer" und „Teufel" – und damit charakterisiert er erst die *Haustiere!*

Wie dem auch sei, in der ersten Begeisterung schrieb Conan Doyle noch aus dem Hotel an seine Mutter Mary, die er bezeichnenderweise „The Ma'am" nannte:

Der Hund von Baskerville

DIE HANDLUNG

Sherlock Holmes und Dr. Watson erfahren vom unerwarteten Ableben von Sir Charles Baskerville. Steht sein Tod vielleicht in einem Zusammenhang mit der Legende vom schwarzen Hund der Baskervilles? Sir Charles scheint zwar an einer Herzattacke gestorben zu sein, aber in der Nähe seiner Leiche wurden die „Spuren eines riesenhaften Hundes" entdeckt. Sir Henry Baskerville, Charles Neffe und Erbe, berichtet Holmes, daß er gewarnt worden sei, sich dem Moor zu nähern. Außerdem erzählt er, daß ihm ein brauner Stiefel abhanden gekommen ist.

Holmes gibt vor, zu beschäftigt zu sein, um mit Sir Henry auf dessen Ländereien nach Dartmoor zu reisen, und so reist nur Watson mit ihm. Nachdem sie Baskerville Hall erreicht haben, erfahren sie, daß der Mörder Selden aus dem Gefängnis von Princetown ausgebrochen ist. In der Nacht hören sie das Schluchzen einer Frau. Am folgenden Tag erkundet Watson das Moor und beobachtet, wie ein wildes Pony im tückischen Grimpener Sumpf versinkt. Er begegnet Jack Stapleton, einem ausgewiesenen Kenner der lokalen Fauna und Flora und dessen schöner Schwester Beryl, die beide im nahegelegenen Merripit House wohnen. Sir Henry fühlt sich auf Anhieb zu Beryl hingezogen, wovon Stapleton wenig begeistert zu sein scheint. John und Eliza Barrymore, Diener auf Baskerville Hall, werden von Watson dabei beobachtet, wie sie des Nachts jemandem mit einer Laterne Zeichen geben. Es stellt sich heraus, daß Mrs. Barrymore die Schwester des entflohenen Häftlings ist. Watson und Sir Henry finden Seldens Versteck und sehen die Silhouette eines Mannes, der auf einer Felszinne steht; Watson erfährt, daß Sir Charles in der Nacht seines Todes den Besuch von Laura Lyons erwartet hatte.

Dann entdeckt Dr. Watson, daß sich Sherlock Holmes in Wahrheit die ganze Zeit in einer Steinhütte im Moor verborgen hatte und nicht – wie vorgegeben – in London war. Holmes hat in der Zwischenzeit ermittelt, daß Beryl nicht Stapeltons Schwester, sondern seine Ehefrau ist und daß Stapleton eine Affäre mit Laura Lyons hat, die nichts davon weiß, daß er verheiratet ist. Auf dem Rückweg zum Anwesen der Baskervilles finden sie Selden, der – in Sir Henrys alte Sachen gekleidet – scheinbar von dem Hund getötet worden ist.

Holmes fällt eine bemerkenswerte Ähnlichkeit zwischen Stapleton und einem Porträt von Hugo Baskerville aus dem Jahre 1647 auf. Er sorgt dafür, daß Sir Henry in der Nacht von einem Abendessen in Merripit House allein über das Moor nach Hause geht, und zusammen mit Watson und dem inzwischen aus London angereisten Inspektor Lestrade erschießt er den riesigen pechschwarzen Hund. Dieser ist also sterblich, obendrein war sein Kopf mit einer Phosphorlösung bestrichen. Stapleton stirbt im Großen Grimpener Sumpf, und dort findet Sherlock Holmes schließlich auch Sir Henrys verschwundenen braunen Stiefel.

Fletcher Robinson hat mich hierher begleitet, und wir werden zusammen ein kleines Buch schreiben . . . etwas wirklich Gruseliges. Dein A.

Anscheinend stand von Anfang an außer Frage, daß jenes „wirklich gruselige" Buch eine echte Horrorgeschichte werden sollte, an deren Ende deutlich wird, daß der Hund keine Geistererscheinung, sondern ein Tier aus Fleisch und Blut ist. Ein ähnliches Muster hatte Conan Doyle bereits in der Kurzgeschichte *The King of Foxes* (veröffentlicht in *The Windsor Magazine* im Juli 1898) mit Erfolg ausprobiert. Dort stellt sich heraus, daß der sagenhafte gespenstische Fuchs in Wahrheit ein aus einem Wanderzirkus entlaufener sibirischer Wolf ist.

Während also „die beiden Männer begannen", für ihr Buch „eine Abfolge von Ereignissen aufzubauen", dürften ihnen mit großer Wahrscheinlichkeit auch einige Nummern der Zeitschrift *Strand Magazine* vorgelegen haben, die sie mit weiteren Anregungen versorgten, etwa die Ausgabe vom Dezember 1900. Darin findet sich eine Kurzgeschichte der irischen Krimiautorin L. T. Meade mit dem Titel *Followed*, die sie, wie bereits andere Geschichten zuvor, unter beratender Mithilfe des Arztes Dr. Robert Eustace geschrieben hatte. Die Geschichte spielt in dem herunter-gekommenen, halb zerfallenen Landgut Longmore in Salisbury. Unter anderem geht es um einen zwielichtigen Diener, einen alten Fluch und um einen teuflischen Plan, eine junge Frau um ihr Erbe zu bringen. Dreh- und Angelpunkt der Handlung stellt ein riesiges, schwarzes Tier dar, das scheinbar über magische Kräfte verfügt. Doch in diesem Fall ist es kein Hund oder Wolf, sondern eine tasmanische Giftschlange mit dem Namen Darkey, eine *Pseudechis Porphyriacus,* deren Biß innerhalb von sechs Minuten tödlich wirkt.

Die Handlung gipfelt darin, daß die Schlange mit „ihren gigantischen Windungen, schwarzglänzend wie Ebenholz" die Heldin, eine zarte englische Knospe namens Flower Dalrymple, über die Ebene und bis zu dem Opferstein des alten Tempels von Stonehenge verfolgt. Das wird möglich, weil man dem Reptil einen der Stiefel des Mädchens gegeben hat, der mit einem Pulver präpariert ist, das Schlangen anzieht.

> Plötzlich blieb ich stehen und sah zurück . . . Was auch immer es war, es kam auf mich zu, und während es sich mir näherte, glänzte es im Lichte des Mondes. Was mochte es sein? . . . Es kam direkt auf mich zu. Im nächsten Moment zit-terte jede Faser meines Körpers vor Furcht, denn was da mit erhobenem Kopf in großen Bögen auf mich zuglitt, war eine riesenhafte Schlange!

Am Ende wird das Tier genau in dem Moment erschossen, in dem es Stonehenge erreicht, eine Szene, die einer der Hauszeichner des *Strand Magazine,* Sidney Paget, eindrucksvoll illustrierte. Und alle, außer der boshaften Burgherrin Lady Sarah, leben glücklich bis an ihr Lebensende.

Conan Doyle hatte eine besondere Vorliebe für Geschichten, die von grauenvollen Bestien handelten und die selbstgefälligen Bewohner der englischen Provinz aus ihrer Behaglichkeit aufschrecken konnten, weil sie ihnen Alpträume verursachten. Ersetzt man die Schlange durch einen Hund, hat man nahezu die gesamte Handlung des *Hund von Baskerville* vor sich.

In einer anderen Nummer des *Strand,* der vom Juli 1898, war in der Rubrik *Kuriositäten,* die Conan Doyle wegen der Rätsel immer mit besonderem Vergnügen las, die Reproduktion eines Briefes abgebildet. Es handelte sich um das Schreiben einer Insassin des königlichen Frauengefängnisses von Milbank an ihre Tante, in dem jeder Buchstabe „einzeln aus der Bibel ausgeschnitten und die erforderlichen Worte mit viel Geduld und Beharrlichkeit zusammengesetzt" worden waren. Dieses „köstlich erfinderische Puzzle" hat starke Ähnlichkeit mit einem anderen „kleinen Rätsel", nämlich der Nachricht, die Sir Henry Baskerville im Northumberland Hotel zugestellt wird: „Um Leben und Verstand zu bewahren, vom Moor fernhalten!"

Wenn Conan Doyles Phantasie erst einmal „Feuer gefangen" hatte, wurde die daraus entstehende Geschichte häufig durch Zeitungsartikel, Ereignisse und Nebensächlichkeiten wie auch durch Vorschläge und Anekdoten seiner Freunde angeregt und beeinflußt.

ach seinem kurzen Ferienaufenthalt in Norfolk kehrte Conan Doyle für ein paar Wochen nach London zurück und fuhr dann weiter nach Ipplepen, in der Nähe von Newton Abbot in Devon, wo er im Park Hill House Gast der Familie Robinson war. Im nahegelegenen Newton Abbot war „Bertie" zur Schule gegangen.

Kutscher und Diener in Park Hill war der junge Henry (oder Harry) Matthews Baskerville, der seit seinem fünfzehnten Lebensjahr in den Diensten von Bertrams Vater, Joseph Fletcher Robinson, stand. Er putzte die Stiefel, polierte das Silber, hackte Holz und pflegte den Krocket-Rasen. Nach seiner Heirat war er in ein kleines Cottage mit dem Namen Park Lodge gezogen, das am Ende der Zufahrt zum Haupthaus lag. Baskerville erinnerte sich später:

> Mr. Doyle blieb acht Tage und Nächte. Ich hatte ihn und Bertie durch das Moor zu fahren. Und ich sah ihnen zu, wenn sie sich im Billardzimmer des alten Hauses aufhielten, manchmal blieben sie bis spät in die Nacht auf und schrieben und redeten miteinander.

In einem 1905 veröffentlichten Artikel schrieb Fletcher Robinson später:

> [Doyle] machte die Reise [nach Devon] in meiner Begleitung, kurz nachdem ich ihm die Geschichte erzählt und ihm den Vorschlag für einen Stoff unterbreitet hatte, aus dem schließlich *Der Hund von Baskerville* entstand. Die große Sumpflandschaft von Dartmoor, die Devonshire in zwei Teile teilt, beflügelte seine Phantasie. Aufmerksam hörte er sich meine Geschichten über Geisterhunde, kopflose Reiter und in Höhlen lauernde Teufel an – Legenden, mit denen ich aufgewachsen war, da mein Elternhaus am Rande des Moors liegt. Wie gut er seine Eindrücke wiederzugeben vermochte, wird jeder Leser des *Hund* in Erinnerung haben.

Harry Baskerville, der bei ihnen saß und aufmerksam lauschte, während er ihre Stiefel putzte und über den Stiefelblock zog, behauptete später, der Sohn seines Herrn habe große Teile des *Hund* in Ipplepen selbst geschrieben: vor allem das fiktive Manuskript von 1742, in dem vom Fluch der Baskervilles berichtet wird, und die Passagen über das teuflische Verhalten Hugo von Baskervilles, die einen großen Teil des 2. Kapitels ausmachen.

Folgt man den Äußerungen Harry Baskervilles, war die Figur des Henry Baskerville ihm nachempfunden. Obendrein nannte er sich der stolze Besitzer einer braun eingebundenen Erstausgabe des *Hund von Baskerville,* die die Widmung trug: „Für Harry Baskerville, mit der Bitte um Nachsicht für die Verwendung des Namens, Fletcher Robinson". Auffällig ist, daß es „des" und nicht „Deines" Namens heißt.

Zu guter Letzt vertrat Harry die Ansicht, daß die Rolle, die er und der Sohn seines Herrn bei der Entstehung der Geschichte gespielt hätten, im Laufe der Jahre bewußt unterschlagen worden sei, so daß am Ende einzig Arthur Conan Doyle den Ruhm dafür erntete. Er habe einer Verwendung seines Namens zugestimmt, und als Dank dafür mußte er lesen, daß der Kutscher, der Dr. Watson und Sir Henry am Bahnhof erwartet, ein „knorriger kleiner Kerl mit harten Gesichtszügen" ist. Da Harry Baskervilles Behauptungen und damit die Entstehungsgeschichte des *Hund von Baskerville* noch immer Anlaß zur Kontroverse bieten, lohnt es sich, näher darauf einzugehen.

1959 gaben die Hammer Films Pressematerial heraus — „geschrieben und zusammengetragen von Colin Reid, Publizist, und Dennis Thornton, Werbeleiter" —, mit dem für die Verfilmung des Buches mit Peter Cushing und Christopher Lee in den Hauptrollen geworben werden sollte. Es war das erste Remake seit der Version von 1939 (mit Basil Rathbone und Nigel Bruce) und die erste Baskerville-Verfilmung in Farbe. Unter der Überschrift *Empfohlen zur Auswertung durch die Presse* zitierte die Werbeabteilung auch einen Zeitungsartikel über Harry Baskerville:

DIE GESCHICHTE DES 88JÄHRIGEN KUTSCHERS, DER DEM HUND VON BASKERVILLE SEINEN NAMEN GAB

In Ashburton in Devon lebt . . . Mr. Harry Baskerville, der aus der Tatsache, daß er dem *Hund von Baskerville* seinen Namen gab, ein gewisses Recht auf Unsterblichkeit ableitet. Harry Baskerville ist davon überzeugt, daß der junge „Bertie" Robinson, für dessen Vater er als Kutscher und Diener arbeitete, wesentlich mehr mit Sherlock Holmes' Dartmoor-Abenteuer zu tun hatte als gemeinhin angenommen wird. Harry, der bei der Familie Robinson in Parkhill, dem Landsitz der Familie in Ipplepen, beschäftigt war, wurde eines Tages von „Bertie" gefragt, ob er etwas dagegen hätte, wenn man seinen Namen in einer Geschichte über Dartmoor verwendete. Harry sagte: „selbstverständlich nicht". Da er einmal die Erlaubnis gegeben hatte, dachte der Junge nicht weiter an die Sache . . . Harry erinnert sich noch gut an den Tag, an dem er zum Bahnhof von Newton Abbot geschickt wurde, um „Dr." Conan Doyle in Devonshire willkommen zu heißen. In den darauffolgenden Tagen kutschierte er „Bertie" und den berühmten Besucher mehrfach durch das Dartmoor. Auf diesen Fahrten ließ sich Doyle von Robinson die örtlichen Sagen und Legenden erzählen . . . „Ich habe oft gesehen, wie Dr. Doyle und ‚Bertie' im Haus zusammensaßen und schrieben." . . . [Bei Fletcher Robinsons Tod im Jahr 1907] haben viele Leute das Heulen eines Wolfes aus dem nahen Dartmoor gehört. Die Abergläubischen unter ihnen nickten und sagten, das sei der Hund von Baskerville, der den Verlust des Mannes beklage, der Conan Doyle dazu angeregt hatte, ihn in einer Geschichte unsterblich zu machen . . .

Als eine Kopie dieser Pressemappe in die Hände Adrian Conan Doyles geriet — Arthurs dritter Sohn und zugleich exzentrischer Verwalter des literarischen Nachlasses seines Vaters —, schrieb er aus der Schweiz einen wütenden Brief an den Werbeleiter Dennis Thornton: „Fletcher Robinson spielte nicht die geringste Rolle bei der Abfassung des Baskerville-Romans. Er lehnte das Angebot meines Vaters für eine Zusammenarbeit ab und zog sich bereits zu einem frühen Zeitpunkt aus dem Projekt zurück *(vide* Briefe, Conan Doyles biographische Archive)."

Doch im Fahrwasser der Neuverfilmung ließ sich die Verbreitung – und Ausschmückung! – der Geschichte nicht mehr aufhalten. Unter der Überschrift *Der Name dieses Mannes ist Baskerville: Was er zu sagen hat, erschüttert die Sherlock Holmes-Legende* nahm Peter Evans vom *Daily Express* am 16. März 1959 die Fährte auf:

> Mit seinem rosigen Gesicht sieht Baskerville jünger aus, als seine 88 Jahre vermuten lassen. Mit der festen, angenehmen Stimme des Devonshire-Bewohners erzählte er mir: „Doyle hat die Geschichte nicht allein geschrieben. Große Teile wurden von Fletcher Robinson geschrieben. Doch er hat niemals den Ruhm dafür geerntet, wie er's verdient hätte! Baskerville . . . sagte mir, daß bereits lange vor Doyles Ankunft in Park Hill, Devon, Fletcher Robinson ihm anvertraut habe: ‚'Harry, ich werde eine Geschichte über das Moor schreiben und möchte deinen Namen verwenden' . . . Kurz nach seiner Rückkehr aus dem Burenkrieg gab Bertie mir den Auftrag, Mr. Doyle vom Bahnhof abzuholen. Er sagte, sie wollten an der Geschichte arbeiten, von der er mir erzählt hatte . . . Dann reiste Mr. Doyle wieder ab, und Bertie sagte zu mir: ‚Nun, Harry, wir haben das Buch fertig geschrieben, von dem ich dir erzählt habe und das wir nach dir benennen werden.'" Doch Baskervilles Geschichte wurde gestern abend von Sir Arthur Conan Doyles Sohn Adrian aufs heftigste widersprochen . . . . „Mein Vater hat zu keinem Zeitpunkt in Fletcher Robinsons Haus gewohnt. Er übernachtete im Duchy Hotel in Princetown. Er nahm Robinsons Angebot an, der ihm Kutsche und Kutscher zur Verfügung stellte, und fuhr gemeinsam mit ihm durch das Moor, um einen Eindruck von der Atmosphäre der Gegend zu bekommen . . . Es war Robinson, der meinem Vater von einer im Westen des Landes geläufigen Legende erzählte, aber darauf beschränkte sich auch sein Beitrag zu der Geschichte."

Der Bericht in der Pressemappe der Hammer Films basierte auf einem Interview, das ein Reporter der *Western Morning News* geführt und der Werbeabteilung zum Abdruck überlassen hatte. Es war die *West Country Press,* die die Harry Baskerville-Geschichte acht Jahre zuvor, im Jahr des Festival of Britain, ausgegraben hatte. Ein kurzer Artikel im *South Devon Journal* vom 13. Juni 1951 berichtete, daß ein gewisser Harry Baskerville einen Wettbewerb für Schäferhunde in der Nähe von Ipplepen besucht hatte. Mr. Baskerville war, so hatte es den Anschein, schon seit langem „an Hunden sehr interessiert", nämlich seit Arthur Conan Doyle „Gefallen an dem Namen des Kutschers fand und ihn um Erlaubnis bat, ihn in eine Geschichte aufzunehmen, die er zu diesem Zeitpunkt schrieb". Vier Monate später führte *The Journal* aus:

> [Harry] war der Kutscher von Parkhill House in Ipplepen, als Conan Doyle sich dort aufhielt, um in dieser Gegend Material für seine Bücher zu sammeln. Und als Folge zahlreicher, langer Fahrten durch das Dartmoor, bei denen Mr. Baskerville den Autor zu kutschieren pflegte, entstanden Schauplatz und Hintergrund des *Hund von Baskerville.*

In diesen Artikeln, die die Spekulationen um die Entstehungsgeschichte der Erzählung auslösten, wird mit keinem Wort erwähnt, daß Robinson die Geschichte

To Harry Baskerville
from
B Fletcher Robinson.
with apologies for using
the name!

Der Cricket-Club des Dorfs Ipplepen (1891).
Bertram Fletcher Robinson, dritter von links in
der hinteren Reihe; und Harry Baskerville, zweiter
von rechts in der vorderen Reihe. Zehn Jahre später
schenkte Robinson Baskerville ein signiertes Exemplar der Erstausgabe des Hund von Baskerville; in der Widmung
(kleines Bild) entschuldigt sich Robinson für die Benutzung „des Namens".

geschrieben oder Conan Doyle in unlauterer Weise den Ruhm für sich eingeheimst
habe. Doch sie hatten zur Folge, daß Stuart Black, einer „der bekanntesten
Photographen des South Devon", Harry aufsuchte, um ein Bild von ihm zu
machen. Die Photographie zeigt einen alten, weißhaarigen Mann, der mit
Tweedjacke und Brille ein wenig wie ein Professor aussieht. Das Porträt wurde
weltweit bekannt, als es im Jahr des Festivals of Britain in der Sherlock-Holmes-
Ausstellung in der Baker Street gezeigt und in der Presse abgedruckt wurde. Die
Entdeckung Harrys war einer der aufsehenerregendsten Funde, den die Ausstellung
aufzuweisen hatte, die anschließend auch in den USA gezeigt wurde.

Daraufhin schrieb Stuart Black einen Artikel über Harry Baskerville und seine
Porträtaufnahme für das John O'London's (erschienen am 21. November 1952), in
dem er ausführte:

Die Geschichte hat sich folgendermaßen zugetragen: Conan Doyle hatte einen
Freund, einen jungen Gentleman vom Lande mit Namen Fletcher Robinson,
der am Rande von Dartmoor lebte und den er dort besuchte. Offenbar erzählte
Robinson ihm eine Legende über einen Geisterhund, die von den Leuten des

Moors noch immer in zahlreichen Varianten weitergegeben wird. Doyle war faszeniert von den Möglichkeiten, die diese Sage als Grundlage für einen Roman bot, doch brachte er sie zunächst nicht mit Sherlock Holmes in Verbindung . . . Zu dieser Zeit war der junge Baskerville Robinsons Diener und häufig auch dessen Kutscher. Daher fuhr er Conan Doyle auf vielen seiner Erkundungsfahrten durch das Moor, die lang und mühsam gewesen sein dürften, denn die Dartmoor-Region ist sehr ausgedehnt, und Doyle bereiste sie fast vollständig . . .

Vieles spricht dafür, daß Harry Baskerville – im Jahr des Festival of Britain wie ein nationaler Schatz gefeiert, von Sherlockianern auf der ganzen Welt wie ein Heiligtum verehrt und von der Werbemaschinerie der Hammer Films gehetzt – unter dem Druck der Ereignisse seine Geschichte oder zumindest doch den Teil davon, der an die Öffentlichkeit gelangte, immer weiter ausschmückte. Das ist wohl kaum weiter verwunderlich. Dennoch muß festgehalten werden, daß die erste Version seiner Erinnerungen, wie sie von seiner Lokalzeitung abgedruckt wurde, der Wahrheit wohl am nächsten kommt: Danach hatte Robinson ihm dafür gedankt, daß er seinen „Namen verwenden" durfte (die Widmung in der Erstausgabe beweist das); Robinson erzählte Conan Doyle die Legende vom Geisterhund und lieferte ihm damit die Idee für eine Erzählung; und Doyle wohnte während seines Aufenthaltes in Devon sowohl in Park Hill House in Ipplepen als auch im Rowe's Duchy Hotel in Princetown.

Warum hätte Harry, dieser „ruhige und bescheidene alte Gentleman", gegenüber dem Reporter des *South Devon Journal* in dieser Angelegenheit lügen sollen? Allerdings war ihm – der nicht eine einzige Sherlock-Holmes-Geschichte gelesen hatte, geschweige denn um den Presserummel wußte, der damit einherging – wohl kaum klar, wie groß das öffentliche Interesse an seinen Enthüllungen war, das noch durch die Tatsache verstärkt wurde, daß er der einzige überlebende Zeuge für die Entstehung des *Hund von Baskerville* war.

Bleibt noch Adrian Conan Doyles Bemerkung „*vide* Briefe, Conan Doyles biographische Archive". *Könnte* man sie nur sehen! Viele der Unterlagen sind verstreut oder verloren, andere irgendwo in London weggeschlossen und der Forschung nicht zugänglich. Doch die beiden für den Fall relevanten Briefe, die sich unter den veröffentlichten Dokumenten finden (in dem von der *Sir Arthur Conan Doyle Stiftung* in Lausanne herausgegebenen *Notizbuch 1*), widersprechen in keiner Weise Harry Baskervilles ursprünglichem Bericht über die Ereignisse. Da ist zum einen der Brief an „The Ma'am" aus dem Royal Links Hotel; und dann noch ein späterer Brief an die „Liebste aller Mütter" vom 2. April 1901, der auf Briefpapier des Rowe's Duchy Hotel in Princetown geschrieben wurde. Aus der Tatsache, daß Conan Doyle diesen Brief an seine Mutter nicht in Park Hill House in Ipplepen schrieb, läßt sich allerdings nicht schließen, daß er dort nicht *auch* gewohnt hat.

Wie in dem Nachruf auf Harry Baskerville in der *New York Herald Tribune* vom 2. April 1962 vernünftig und einfühlsam formuliert wird: „Holmes-Forscher . . . schreiben Mr. Baskervilles [nach 1959 aufgestellten] Behauptungen seinem nachlassenden Gedächtnis und großer Loyalität seinem früheren Arbeitgeber gegenüber zu."

Dazu, so könnte man anschließen, trat der Übereifer einiger Journalisten, die entschlossen waren, ein neues Licht auf die Geschichte zu werfen.

ls Ausgangspunkt für ihre mit der Pferdekutsche unternommenen Erkundungsfahrten in den östlichen Teil von Dartmoor wählten Conan Doyle und Fletcher Robinson Ipplepen. Von hier aus besuchten sie aller Wahrscheinlichkeit nach folgende Orte: die Städtchen Bovey Tracey, Ashburton und Buckfastleigh, die etwas größere Stadt Newton Abbot, den kolossalen Felsen von Hound Tor und das nahegelegene Heatree House.

Im Manuskript hatte Conan Doyle seinen Roman ursprünglich in „Newton Abbot" angesiedelt, den Namen der Stadt in der Folge jedoch durch die fiktive Ortsangabe „Coombe Tracey" ersetzt. Harry Baskerville war davon überzeugt, daß das eindrucksvolle Heatree House nahe Manaton mit seiner langen Auffahrt, dem Portal und seinen zwei Stockwerken Vorbild für Baskerville Hall war.

> Die Avenue mündete in eine weite Rasenfläche, und das Haus lag vor uns. In dem schwindenden Licht sah ich, daß der Mittelteil ein schwerfälliger, würfelförmiger Granitbau mit einem vorspringenden Portal war. Die ganze Fassade war von dichtem Efeu verhüllt; nur stellenweise war ein Viereck ausgeschnitten, aus dem ein Fenster oder ein Wappenrelief hervorschaute. Aus diesem mittleren Block ragten die beiden uralten Zwillingstürme, von Zinnen gekrönt und von unregelmäßigen Schießscharten durchlöchert . . . Zur Rechten und zur Linken der Türme schlossen sich moderne Flügel aus dem gleichen schwarzen Granit an. Durch die vielfach geteilten Fenster schimmerte mattes Licht, und aus den hohen Schornsteinen . . . stieg eine schwarze Rauchfahne zum Himmel. „Willkommen, Sir Henry! Willkommen in Baskerville Hall!"

Auch Heatree erreicht man über eine Allee, es hat einen schwerfälligen Mittelteil, ein Portal und neuere Gebäudeflügel. Was allerdings fehlt, sind die Wappenreliefs, zinnengekrönte Türme, „vielfach geteilte" Fenster und eine Taxusallee, wie die, in der Sir Charles den Tod findet. Doch vielleicht hatte Harry seine Gründe, daß er dem Gast gerade dieses Haus zeigte. Einige Generationen zuvor hatte es nämlich seiner Familie gehört, den Dartmoor Baskervilles. Doch das Glücksrad hatte sich gedreht, und „anstatt Herr von Heatree House zu sein", sah Harry sich nun „die Herren von Park Hill, Ipplepen und deren Gäste begrüßen". Sollte er diese Geschichte „Bertie" und Conan Doyle erzählt haben, so blieb sie ihnen mit Sicherheit im Gedächtnis haften.

Als Ausgangspunkt für die weitere Erkundung der Schauplätze der Erzählung – die Sümpfe, Steinhütten, aufgereihten Felsbrocken, das Gefängnis und die *Tors* [das angelsächsische Wort für „Felsen" oder „Turm"] – wählten Robinson und Doyle das etwa 17 Meilen weiter westlich im Moor gelegene Princetown, wo sie sich im Rowe's Duchy Hotel einquartierten, nur wenige Schritte vom Dartmoor-Gefängnis entfernt.

Von dort schrieb Conan Doyle am 2. April den bereits oben erwähnten Brief an seine Mutter:

> Liebste aller Mütter,
> Hier befinde ich mich nun also in der höchsten aller Städte Englands. Robinson und ich erkunden das Moor für unser . . . Buch. Ich glaube, es wird ganz phantastisch werden – beinahe die Hälfte habe ich bereits geschrieben . . . es ist eine hochdramatische Geschichte – die ich Robinson zu verdanken habe. Heute sind wir 14 Meilen durch das Moor gelaufen und nun angenehm müde. Es ist eine herrliche Landschaft, sehr traurig und wild, hier und da sieht man die Behausungen urgeschichtlicher Menschen, seltsame Monolithen, Hütten und Gräber.

Fletcher Robinson erinnerte sich an ihren Aufenthalt in der Nähe „des berühmten Strafgefängnisses von Princetown" in einem Artikel, den er wenige Jahre vor seinem Tod schrieb:

> Eines Morgens nahm ich Doyle mit, um ihm den großen Sumpf zu zeigen, der im *Hund von Baskerville* eine so bedeutende Rolle spielt. Vierhundert Hektar brodelnden Schlamms, in dem an jeder Stelle ein Pferd mitsamt Reiter verschwinden kann. Doyle zeigte sich amüsiert über die Geschichte, die ich ihm von einem Moorbauern erzählte, der eines Tages am Rande des Sumpfes einen Hut im Morast sah und mit einem langen Stock, den er bei sich hatte, danach stocherte. „Laß meinen Hut in Ruhe!" rief eine Stimme aus dem Sumpf. „Whoi! Sollte dort ein Mensch unter dem Hut sein?" schrie der erschreckte Bauer. „Ja, du Dummkopf, und unter dem Mann ein Pferd!" Vom Moor aus gingen wir weiter nach Osten zu der Steinfestung von Grimspound, die die britannischen Wilden der Steinzeit . . . unter unvorstellbaren Mühen als Fluchtburg gegen marodierende Stämme aus dem Süden errichteten. Der gute Zustand, in dem sich Grimspound noch immer befindet, ist erstaunlich.

Die Ereignisse, von denen Robinson hier berichtet, dürften sich auf der am 2. April unternommenen Wanderung „über das Moor" zugetragen haben, die Conan Doyle in dem Brief an seine Mutter erwähnt: von Princetown zum Moor von Fox Tor (dem „großen Sumpf" mit der nahegelegenen Zinnmine, aus dem im Roman das Moor von Grimpen wird), weiter nach Osten zu den Steinhütten von Grimspound (dem Versteck von Sherlock Holmes) und wieder zurück zum Hotel. In Wahrheit ist dies allerdings eher eine Strecke von 21 als von 14 Meilen.

Fletcher Robinsons Bericht über diese Wanderung ist noch in anderer Hinsicht außerordentlich aufschlußreich. Die Geschichte über den Moorbauern, den Sumpf und den Hut war weder seine Erfindung noch hatte sie ihm jemand aus der Gegend erzählt. Sie stammte aus dem Buch *A Book of Dartmoor,* das der Reverend Sabine Baring-Gould im vorangegangenen Jahr veröffentlicht hatte. Baring-Gould (1834–1924) war Pfarrer in der abgelegenen Gemeinde von Lew Trenchard, etwa 12 Meilen nordöstlich von Princetown, und ein äußerst produktiver Schriftsteller. Sein vielfältiges Werk umfaßt Kirchenlieder, einige recht schlüpfrige Romane, Bücher über Brauchtum, Legenden und Märchen des West Country, Reiseführer

erlassene Hütten der Zinnmine von Whiteworks. Das Bild wurde vom Fox Tor Mire aus gemacht, den Conan Doyle und Fletcher Robinson im April 1901 besichtigten und der im Roman zum „Großen Grimpener Sumpf" wird.

für die Gegend, theologische Schriften sowie umfangreiche Biographien über Napoleon und einige römische Kaiser.

Bereits 1899 hatte der energiegeladene Pfarrer ein *Book of Devon* veröffentlicht. Auf Betreiben des Verlages Methuen schrieb er das *Book of Dartmoor* als Nachfolgeband, da, wie er sich ausdrückte, „in den Augen [des Verlages] diese wilde und wundersame Region eine ausführlichere Behandlung verdiente, als ich ihr bisher habe angedeihen lassen können". Im 1. Kapitel erzählt er die Geschichte eines Mannes, der versucht, einen der Sümpfe zu durchqueren (allerdings *nicht* den von Fox Tor):

> . . . er stieß auf einen Zylinder, der mit der Krempe nach unten auf dem Schilfgras lag. Er versetzte ihm einen Tritt, woraufhin eine Stimme von unten rief: „Was macht Ihr mit meinem Hut?" Der Mann gab zurück: „Sollte da unten ein Bursche sein?" „So ist es, nehme ich an", war die Antwort, „und desgleichen unter mir ein Pferd."

Mindestens ebenso offensichtlich wie Robinson die Geschichte, „die ich Doyle erzählte", dem *Book of Dartmoor* entnommen hatte, machte Conan Doyle ausführlichen Gebrauch von Baring-Goulds Reiseführer der Region, auf den er möglicherweise in Robinsons Bibliothek in Ipplepen stieß, während er an dem *Hund von Baskerville* schrieb. Der Reiseführer enthielt einen wahren Schatz an Material, das meiste eingehüllt in einen „Nebel, so dicht wie Watte", das mehr oder weniger direkt in den Roman einging: Informationen über die brodelnden Sümpfe, die aus dem Neolithikum stammenden Steinhütten von Grimspound, die erst kurz zuvor von Archäologen entdeckt worden waren, über das Gefängnis („der einzige Gefangene, dem die Flucht gelang . . . wurde zuletzt gesehen, wie er geradewegs auf den Sumpf von Fox Tor zulief") und über Legenden, die von dem brutalen Verhalten der Landbesitzer in der Zeit des englischen Bürgerkriegs erzählten.

Darüber hinaus lieferte das *Book of Dartmoor* Conan Doyle Informationen über Hound Tor, wo die Felsen „durch den Einfluß der Witterung Formen angenommen haben, die den Köpfen von über die natürlichen Befestigungsmauern spähenden Hunden ähneln". Es berichtete von der eigenartigen Silhouette von Black Tor in Meavy, wenige Meilen von Princetown entfernt – eben jenem Black Tor, auf dem Dr. Watson „die Gestalt eines Mannes" im Mondlicht sieht, scharf gestochen wie eine Ebenholzstatue. Doch vor allem konnte Baring-Goulds Buch Conan Doyle eine bestimmte Atmosphäre vermitteln, eine Atmosphäre der ursprünglichen Wildnis „so groß, so öde, so geheimnisvoll", die den gesamten Roman durchdringt. Eine Atmosphäre, in der alles derart in Nebel gehüllt ist, daß „wir in einer halben Stunde . . . nicht mehr die eigene Hand vor den Augen sehen".

Im *Book of Dartmoor* wird das Moor als ein Ort des Zwielichts, der Legende und des Vorzeitigen beschrieben. Das Buch ist ein Plädoyer für eine ganz bestimmte Form der Erhaltung des Moors. Baring-Gould hatte weder etwas übrig für „leichtfertige Touristen", wie er sie nennt (seine Ansichten über sie ähneln denen des exzentrischen und streitsüchtigen Mr. Frankland von Lafter Hall aus Conan Doyles Roman), noch für „Einschließer" (das heißt Leute, die um alles einen Zaun ziehen) oder „Wiederhersteller", und erst recht nicht für die Betreiber der Zinnminen, die „Narben in das Gesicht des Moores graben".

Die größten Zinngruben des Dartmoor, die zu jener Zeit noch in Betrieb waren – Hexworthy, Birch Tor, Vitifer und Golden Dagger –, würdigt das *Book of Dartmoor* mit keinem Wort, wahrscheinlich weil ihre Wasserräder, Schächte, Krangerüste, Schienen, Hütten und nicht zuletzt die Minenarbeiter als „Narben auf dem Gesicht des Moores" nur allzu sichtbar waren. Zu der Zeit, in der Baring-Gould seine Bücher über die Region schrieb, gab es Versuche, die nahe dem Sumpf von Fox Tor gelegenen Minen in Whiteworks wieder in Betrieb zu nehmen, doch in Baring-Goulds Reiseführer erfährt man darüber nichts. Statt dessen beschreibt er den Sumpf von Fox Tor als einen düsteren Ort, an dem entlaufene Sträflinge und Pferde in nebligen Nächten für immer im Moor versinken. Und Dartmoor gleicht in seiner Schilderung einer Landschaft von ungezähmter Ödheit, in der mit wenigen Ausnahmen seit dem Neolithikum kaum jemand zu siedeln wagt – „unbefleckt von der Hand des Menschen". Dies war keine Landschaft, in der man lebte oder arbeitete, wie Baring-Gould in seinem Vorwort schrieb, es war „eine wilde und wundersame Region", ein Ort der Geheimnisse und nicht der Industrie – ein Ort für Romantiker:

> Es gibt eine alte, verlassene Mine, deren Schächte sich mit Wasser gefüllt haben. Das Gebiet, das sie unterhöhlt, ist annähernd einen halben Hektar groß, und die aufgeworfenen Abraumhalden sind an manchen Stellen bis zu 30 Meter hoch. Dem Volksglauben zufolge ist zu bestimmten Zeiten eine Stimme zu hören, die deutlich vernehmbar aus dem Wasser tönt und den Namen desjenigen nennt, der als nächster in der Gemeinde sterben wird. Zu anderen Zeiten ist das qualvolle Heulen eines Geistes zu hören. Diese Geräusche werden zweifelsohne durch den Wind verursacht, der in das Wasserbecken fährt . . . Die „Lautlosen Hunde",

die in der Dunkelheit durch die Lüfte fahren, sind Ringelgänse, die nach Norden fliegen oder auf ihrem Weg in den Süden sind . . .

Auch Conan Doyle fühlte sich von den Geheimnissen des Moors, seiner Romantik und dem Aberglauben der bäuerlichen Bevölkerung angezogen. Er machte sie in seinem *Hund von Baskerville* in einer Weise zu Schlüsselsymbolen, daß die Krimiautorin P. D. James das Buch zu Recht eine „atavistische Studie der Gewalt und des Bösen in den Nebeln von Dartmoor" nannte.

Von dem Augenblick an, in dem Dr. Watson in Dartmoor eintrifft, wird sein Blick durch diese Art der romantischen Sichtweise getrübt:

> In seinen [Sir Henry Baskervilles] Augen war dies alles paradiesisch, doch für mich lag etwas tief Melancholisches über dieser Landschaft, die so deutlich die Zeichen des schwindenden Sommers zeigte . . . Unser Wagen hatte indessen die letzte Steigung erklommen, und vor uns breitete sich die grenzenlose Weite des Hochmoors mit seinen mächtigen, sonderbar zerklüfteten Felsen und Steinmalen aus. Ein kalter Wind fuhr uns entgegen und ließ uns erschauern . . . Es hatte nur noch das gefehlt, um das grimmige Bild der wüsten Landschaft, des eisigen Windes und des dunkelnden Himmels zu ergänzen.

Stapleton, einer von Baskervilles Nachbarn, der sich selbst als „Neuling" bezeichnet, da er erst seit zwei Jahren in der Gegend lebt, aber dennoch behauptet, daß „es wenige Menschen in der Umgegend" gibt, „die sich besser auskennen als ich", nimmt eine ähnliche Sichtweise für sich in Anspruch:

> „Es ist etwas Herrliches um das Moor", sagte er, während er seinen Blick über die grenzenlose Weite der mächtigen grünen Bodenwellen schweifen ließ, die mit ihren Schaumkronen aus zerklüftetem Granit tatsächlich einer erstarrten Meeresbrandung glichen. „Man bekommt es nie satt. Es überrascht einen täglich mit neuen Wundern. Es ist so groß, so öde, so geheimnisvoll."

Als Dr. Watson schließlich „Miss Stapleton" kennenlernt, gibt er offen zu:

> Seit ich hier bin, habe ich das Gefühl, von düsteren Schatten umringt zu sein. Das Dasein gleicht auf einmal dem großen Grimpener Sumpf; überall Stellen, wo man unversehens in die Tiefe versinken kann, und nirgends eine hilfreiche Hand, die einem den Weg weist.

Und als er über den Sumpf von Fox Tor und die Zinnminen von Whiteworks schreibt, die Conan Doyle gemeinsam mit Fletcher Robinson auf ihrer großen Wanderung sah, übertrifft Dr. Watson sich geradezu:

> . . . Von hier aus zeigten vereinzelte Stecken an, wo der Pfad im Zickzack von einem binsenbestandenen Fleck festen Bodens zum nächsten verlief, immer zwischen den algengrünen, faulig riechenden Tümpeln und bodenlosen schwarzen Moraststellen hindurch. Hier konnte kein Fremder eindringen . . . Irgendwo im Herzen des Grimpener Sumpfs, tief unten im stinkenden Schlamm, der ihn hinabgezogen hat, liegt der grausame, heimtückische Mann [Stapleton] auf ewig begraben.

> Manche Spuren von ihm fanden wir auf der sumpfumgürteten Insel, wo er seinen bestialischen Verbündeten verborgen hatte, in großer Zahl. Ein mächtiges, zerbrochenes Triebrad und ein halb verschütteter Schacht zeigten die Lage der verlassenen Zinngrube an. Und daneben sah man die zusammengefallenen Wohnstätten der einstigen Bergarbeiter, die wohl der giftige Atem der umliegenden Sümpfe verjagt hatte . . .

Die Zinnmine von Whiteworks hat sich also in ein verlassenes Dorf verwandelt; Fox Tor wird zu einem Ort der „algengrünen, faulig riechenden Tümpel". Es ist ein alptraumhafter Ort, der allen Versuchen des Menschen, der prähistorischen Ureinwohner wie der modernen Minenarbeiter, die Landschaft zu zivilisieren und zu bändigen, widerstanden hat. Genau so verhält es sich mit Baskerville Hall und allem, wofür das Anwesen steht. Das „alte Geschlecht", der Titel, der Stammsitz einer Familie, der forsche, junge Erbe, der den größten Teil seines Lebens „in den Staaten und in Kanada" verbracht hat, sogar „der Wohlstand dieser ganzen bitterlich armen, öden Gegend" – all das muß um jeden Preis vor dem Untergang bewahrt werden, auf daß es nicht – Edgar Allan Poes *Haus von Usher* gleich – zu Fall gebracht wird und für immer im Moor versinkt. Und wenn das Leben selbst immer mehr dem „großen Grimpener Sumpf" ähnelt, in dem „man ohne einen Führer, der einem den Weg zeigt, versinken kann", richtet sich alle verzweifelte Hoffnung auf die zivilisierte Rationalität des großen Detektivs, des weltlichen Priesters, der die Rettung bringen wird.

In seinem Essay *The Guilty Vicarage* (1948) führt der Dichter W. H. Auden aus, daß es in dieser klassischen Detektivgeschichte darum geht, einen alten Fluch mittels einer rationalen Erklärung aus der Welt zu schaffen und die zerbrechlichen Werte der Zivilisation wiedereinzusetzen. P. D. James fügte hinzu, daß *Der Hund von Baskerville* eines der bedeutendsten Werke des Genres ist, eben weil in ihm „der Große Detektiv, der einen herausragenden Intellekt mit einer bizarren, exzentrischen Persönlichkeit und den heroischen Tugenden eines triumphierenden Individualismus kombiniert", mit dem Atavismus, der Gewalttätigkeit und dem Bösen des Moors konfrontiert wird. Und es ist kaum verwunderlich, daß T. S. Eliot – der im übrigen ein großer Holmes-Fan war und als Dichter besonderen Gefallen an dem Klang der Namen in Conan Doyles Geschichten hatte (an einer Stelle reimt er „musical sound" mit „Baskerville Hound") –, daß T. S. Eliot also Watsons Moor mit dem „wüsten Land" verglich. In *East Coker* schreibt er:

> In der Mitte, nicht auf halbem Weg, nein,
> Den ganzen Weg im dunklen Wald, im Dickicht
> Am Rande des Morasts [im Original: von Grimpen], wo der Fuß keinen Halt hat . . .

Das von Arthur Conan Doyle gezeichnete Bild von Dartmoor ist so stark und überzeugend, daß es bis auf den heutigen Tag die Wahrnehmung der Landschaft beeinflußt. Der aktuelle Streit über die Erhaltung des Moors, in dem sich Vertreter der „Wildnis-Lobby" und Befürworter eines durch Industrie und Handwerk geprägten Landschaftskonzepts gegenüberstehen, reflektiert in gewisser Weise den

ie kreisförmige Anordnung von Behausungen aus dem Neolithikum bei Grimspound, die zu Sherlock Holmes geheimen Versteck im Hund von Baskerville *wurden.*

Kontrast zwischen dem, was Conan Doyle beschrieb und dem, was er tatsächlich vorfand. Selbstverständlich kommt das Bild, das er von der Topographie von Dartmoor zeichnet, nicht ohne Verkürzungen aus, was dazu führte, daß die allzu dicht an den Buchstaben seines Romans klebenden Pilger mächtig verwirrt wurden. Im *Hund von Baskerville* liegen Baskerville Hall, die aufrechten Steinblöcke, die Hütten aus dem Neolithikum und der Sumpf so dicht beieinander, das man sie relativ bequem zu Fuß erreichen kann. In Wirklichkeit hätte Dr. Watson annähernd einen ganzen Tag gebraucht, um in flottem Fußmarsch nur einige dieser Orte zu erreichen. Und das Gefängnis von Princetown, das tatsächlich nur wenige Schritte von dem Hotel entfernt lag, in dem Conan Doyle sich einquartiert hatte, trennt im Roman aus unerfindlichen Gründen eine Distanz von „14 Meilen" von Baskerville Hall, so daß es streng genommen nicht mehr zu Dartmoor gehört. In gleicher Weise verdichtet Conan Doyle die von Baring-Gould aufge- zeichneten Sagen und Legenden, die aus den unterschiedlichsten Teilen der

Region stammten, im Roman aber alle auf das Haus der Baskervilles konzentriert werden.

Doch es geht hier nicht um Landkarten, sondern um Alpträume. Die Vorstellung, in einem Sumpf zu ertrinken, schien Conan Doyle zu beschäftigen. In dem historischen Roman *Micah Clarke* (1889) geht John Derrick im Treibsand zugrunde, und im *Zeichen der Vier* (1890) kämpft Jonathan Small in den Marschen von Plumstead erfolglos um sein Leben.

Und da wir schon von Alpträumen reden – Sir Henry Baskerville ist zwar ein „echter Sprößling dieses wilden, heißblütigen, herrischen Geschlechts", aber es gibt noch einen anderen Anwärter auf diesen Titel, der droht, das Anwesen zu vernichten, um sich selbst zu bereichern, und den Holmes für den „gefährlichsten Menschen" hält, den er je zur Strecke gebracht hat: Es ist der düstere Nachkomme des „Urheber[s] von all unserem Ungemach, der schlimme Hugo, der den Hund von Baskerville auf uns losließ". Als Sherlock Holmes bemerkt, welche Ähnlichkeit zwischen dem Gesicht Stapletons und dem Porträt Hugos aus dem Jahr 1647 besteht, bemerkt er:

> . . . es ist ein interessantes Beispiel von Rückartung, die offenbar sowohl den Körper wie den Geist betrifft. Nebenbei gesagt würde das Studium von Familienbildern genügen, um den Menschen zum Glauben an Seelenwanderung und Reinkarnation zu bekehren. Aber der Mann, der sich Stapleton nennt, ist ein Baskerville – das steht außer Frage.

Auch diese geniale Entdeckung, das letzte noch fehlende Teil im Puzzle des *Hund von Baskerville,* geht auf ein Buch von Sabine Baring-Gould zurück, das im selben Jahr, 1890, erschien und den Titel *Old Country Life* trägt. Unter der Überschrift *Family Portraits* wird in einem Kapitel ausführlich über die physischen Ähnlichkeiten berichtet, die sich in einigen Sammlungen von Familienporträts finden lassen. Baring-Gould stellte die These auf, daß innerhalb einer Familiengeneration Merkmale längst vergangener Generationen wieder sichtbar werden können, die in den Zwischengenerationen verschwunden zu sein scheinen. Eines der Beispiele, die er anführt, ist ein bemerkenswerter „Fall von Atavismus", dem er zum Vergleich einige Illustrationen beifügt. Es handelt sich um ein Porträt, auf das er in einem „alten Rittergut" gestoßen war. Es war auf das Jahr 1672 datiert und zeigte einen gewissen Sir Edward, „einen Dandy mit langen, fließenden Locken" (die eine gewisse Ähnlichkeit mit den „Schmachtlocken" von Hugo Baskerville auf dem Porträt von 1647 zu haben scheinen), dessen Gesicht einen „stolzen, ein wenig verträumten" Ausdruck trug. Neben diesem Bild hing ein Porträt von Sir Edwards älterem Bruder James, der „ebenfalls lang wallendes Haar" hatte, aber einen „offeneren und gutmütigeren Gesichtsausdruck".

Obgleich sich die Familie über den Zweig von James fortgepflanzt hatte, besaß der Nachfahre, den Baring-Gould kennenlernte, eine solche Ähnlichkeit mit dem stolzen Edward, daß „man hätte glauben können, er sei derselbe Mann" (wenn man nur die für die Restaurationszeit typischen Locken, Bänder und die Samtjacke abdeckte, wie Holmes die Locken, den Spitzenkragen und die schwarze Samtjacke auf Hugos Porträt abdeckt). Die Eigenheiten der Gesichtszüge waren über sechs oder sieben Generationen verborgen geblieben, behauptete Baring-Gould, nur um in der gegenwärtigen (1888) wieder zum Vorschein zu kommen.

In einer Zeit, in der die Lehre von der Physiognomik zu den beliebten Methoden der Kriminologen zählte, und in der die Beschäftigung mit dem, was *hinter* den Augen vor sich ging, noch in den Kinderschuhen steckte, und obendrein die Ansicht weit verbreitet war, daß man durch bloßes Hinschauen einen degenerierten, kriminellen „Typus" erkennen könne, dürfte Baring-Goulds These bei Arthur Conan Doyle auf einiges Interesse gestoßen sein. Wie ein versteckter Hinweis des Autors darauf, woher er sein Wissen bezog, liest sich die durchaus amüsante Passage, in der Mortimer das erste Mal zu Holmes in die Baker Street 221b kommt, gleich zu Beginn des Buches:

> „Sie interessieren mich sehr, Mr. Holmes. Ich hätte bei Ihnen nicht diese dolicho-zephale [ausgedehnte] Schädelform und eine so ausgeprägte superorbitale [über der Brauenlinie] Entwicklung erwartet . . . aber ich muß sagen, daß es mich nach Ihrem Schädel gelüstet!"

Mortimer ergänzt seine bizarren Ausführungen durch einen Hinweis auf die neuesten Arbeiten des französischen Anthropologen Alphonse Bertillon – den Holmes, wie bei anderen Gelegenheiten deutlich wird, zutiefst verehrt – auf dem Feld der Schädelvermessung und -klassifikation, der sogenannten „Anthropometrie". Die wahren Schurken des Romans – der „rückgeartete" Stapleton und sein „wilder Hund" – sind beide der Inbegriff einer Biologie, die Amok gelaufen ist. Der Alptraum des *Hund von Baskerville* handelt also nicht nur von der wilden, ungezähmten Natur, sondern auch von der menschlichen Natur.

n dem Brief, den Conan Doyle an seine Mutter aus dem Rowe's Duchy Hotel schrieb, erwähnt er nicht nur seine neue „hochdramatische" Geschichte, sondern fügt auch hinzu, er habe „beinahe die Hälfte . . . bereits geschrieben". In der Zeit zwischen seinem Aufenthalt in Cromer im März und dem 2. April hatte er also etwa 30 000 Wörter zu Papier gebracht. Die erhaltenen Manuskriptseiten des Romans zeigen eine kühne, gut lesbare Handschrift und nur geringfügige Korrekturen und Änderungen in den Tempi, bei Adjektiven oder der Zeichensetzung.

Erhalten ist nur ein einziges komplettes Kapitel des Manuskripts, nämlich das 16 Seiten lange Kapitel 11, *Der Mann auf dem Felsen*, das sich heute in der Berg Collection der New York Public Library befindet. Es enthält einige kleinere Änderungen des Dialogs zwischen Dr. Watson und Mrs. Laura Lyons („eine Passage" wird ersetzt durch „die Nachschrift", „schrieb" durch „gelesen"); in der Beschreibung Mr. Franklands wird aus dem „cholerischen" ein „rotes Gesicht", die wiederholte Erwähnung seines Teleskops wird gestrichen, und das ursprünglich „scheckige Licht" in der prähistorischen Hütte wird ersetzt durch „Dämmerlicht". Eine weitere Änderung findet sich in der Beschreibung von Watsons Gemüts-zustand, während er auf den geheimnisvollen Mann wartet: anstelle des eher kunstlosen „und doch stand ich hier und wartete darauf, daß etwas passierte, wartete mit zitternden Nerven, wohl wissend, daß . . .“ setzt Conan Doyle nun „doch . . . vermochte mein Herz nicht die freundliche Abendstille zu teilen, sondern erbebte vor dem unbestimmten Grauen der entscheidenden Begegnung, die mit jeder Sekunde näher heranrückte“. Darüber hinaus enthält das Manuskript einen Absatz, der in der Druckfassung nicht mehr enthalten ist:

> . . . niedergeschlagen. Entweder war sie eine geschickte Schauspielerin und raffinierte Verschwörerin, oder Barrymore hatte den Brief falsch verstanden. Vielleicht war der Brief aber auch eine Fälschung – möglicherweise lag hier aber auch ein ganz außergewöhnlicher Zufall vor, und es gab eine zweite Dame mit den Initialen L. L., die einen Brief aus Newton Abbot abgeschickt hatte. Im Augenblick konnte ich aber diese Spur nicht weiterverfolgen . . .

Es ist denkbar, daß Conan Doyle die Passage von „Entweder . . .“ bis „. . . abgeschickt hatte“ strich, weil die in ihr geäußerten Spekulationen Watson in einem zu subtilen, für seine Figur untypischen Licht erscheinen lassen.

Neben diesen Korrekturen sind vor allem die Namensänderungen aufschlußreich: Ursprünglich bezog sich Conan Doyle auf reale Personen und Schauplätze – die Stadt „Newton Abbot“, den „Bürgermeister von Plymouth“ –, entschloß sich dann aber, aus der Stadt den fiktiven Ort „Coombe Tracey“ und aus dem Bürgermeister die Figur des „Sir John Morland“ zu machen. Man gewinnt den Eindruck, daß der Autor erst im Prozeß des Schreibens seine Nachforschungen und Erkundungen des Moors in Fiktion verwandelte.

Seine zweite Frau, Jean, erinnerte sich später: „Ich habe erlebt, wie er eine Sherlock-Holmes-Geschichte in einem Zimmer schrieb, das voller Leute war, die sich unterhielten . . . er konnte im Zug, einfach überall schreiben.“ Die Conan Doyle dabei unterlaufenen Fehler und Unstimmigkeiten sind der Anlaß dafür, daß sich inzwischen eine wahre Industrie von Nachforschungsliteratur der auf der ganzen Welt anzutreffenden Holmes-Enthusiasten gebildet hat. War es möglich, daß Stapleton in Dartmoor den Ruf einer „Rohrdommel“ hörte, obwohl dieser Marschvogel beinahe ausgestorben war? Wie um alles in der Welt gelang es Holmes, „dem Tier fünf Revolverkugeln in die Flanke“ zu schießen? Wieso kann Mrs. Laura Lyons „am nächsten Tag in der Zeitung“ von Sir Charles Tod lesen, wenn er doch erst ein paar Stunden zuvor, um Mitternacht gestorben ist? Und so weiter.

Im Laufe der Zeit entstanden zahlreiche „Chronologien“ der Holmes-Fälle sowie eine Reihe von „Biographien“ über den Detektiv, zudem Konkordanzen, Glossare, Enzyklopädien und sogar ein Baker Street Songbook. Das Ganze begann am 23. Januar 1902, als Frank Sidgwick für *The Cambridge Review* einen „offenen Brief an Dr. Watson“ schrieb. Darin wird der Versuch unternommen, im Namen der „literarischen Moral“ eine kohärente Chronologie der Ereignisse des *Hund von Baskerville* zu erstellen – und das, *bevor* noch die letzten Folgen des Romans im *Strand Magazine* erschienen waren. Die Daten und Wochentage, an denen die Geschichte spielt, beginnend mit Watsons erstem Bericht vom 13. Oktober, wurden hoffnungslos durcheinandergebracht. Der eigentliche Begründer der

sogenannten „Sherlockologie“ aber war Frater Ronald Knox, der 1911, während

Der geheimnisvolle Mann auf der Felsspitze, als Silhouette sichtbar vor dem Mond im Ödland von Dartmoor. Illustration von Sidney Paget für die Veröffentlichung im Strand (Dezember 1901).

seiner Studienzeit in Oxford, einen Essay über Sherlock Holmes schrieb, der als Satire auf die Exzesse theologischer Gelehrsamkeit gedacht war. Es wurde erst 1928, als Knox bereits Kaplan an der Universität war, veröffentlicht:

Ich werde nicht meine Zeit mit den (wenig befriedigenden) Argumenten vergeuden, die vorgebracht werden, um die fatalen Fehler im *Hund von Baskerville* zu belegen. Holmes „katzenartige Vorliebe für persönliche Reinlichkeit" steht nicht im strengen Sinne im Widerspruch zu der Aussage in der *Studie in Scharlachrot,* daß er Nadelstiche in der ganzen Hand hatte, die mit Pflaster abgedeckt waren . . . Eine weitaus gewichtigere Frage ist jedoch, wann Watson für gewöhnlich frühstückt. Sowohl in der *Studie in Scharlachrot* wie auch in den *Abenteuern* lesen wir, daß Watson spät zu frühstücken pflegt. Aber . . .

Dieser Essay prägte den Stil, in dem in Zukunft die Beiträge zur „Sherlockologie" gehalten wurden: Die Holmes-Geschichten werden als „Kanon" behandelt und Holmes und Watson als reale Personen. Was als Satire auf die Konventionen der Wissenschaft und der Gelehrtenliteratur begann, wurde in gewisser Weise selbst zu einer Wissenschaft. Am Anfang stand ein Scherz, aus dem sich aber im Laufe der Jahre eine ganze Forschungsindustrie entwickelt hat.

Das Manuskript des *Hund von Baskerville* wurde 1902 buchstäblich in alle Winde zerstreut, als die American News Company einzelne Seiten des Textes einrahmte und an Buchläden im ganzen Land versandte. Sie sollten in den Schaufensterauslagen für das Buch werben. Nur wenige Seiten überlebten diese Werbemaßnahme, die einen Eindruck davon vermittelt, wie sorglos Conan Doyle mit seinen Manuskripten umging. Ein ganzes Kapitel und eine zusätzliche Seite befinden sich heute in New York. Von den fünfzehn anderen noch lokalisierbaren Seiten, die aus verschiedenen Kapiteln stammen, sind vier im Besitz von Universitäten und die restlichen elf in Privatbesitz.

Abgesehen von einigen kleineren Änderungen geben diese Seiten vor allem über zwei Dinge Aufschluß. Zum einen, daß der Text bereits im ersten Arbeitsgang einen endgültigen Charakter hatte und später vom Autor nur geringfügig verändert wurde. Zum anderen weist das Manuskript ausschließlich seine Handschrift auf. Aus dem Kapitel „Der Fluch der Baskervilles" sind 21 Wörter erhalten – „Aufgezeichnet von Hugo Baskerville für seine Söhne Rodger und John, mit der ausdrücklichen Anweisung, ihrer Schwester Elizabeth nichts davon zu sagen" –, und sie stammen *nicht* von der Hand Bertram Fletcher Robinsons. Diese Tatsache steht im Einklang mit dem, was Conan Doyle an den Redakteur des *Strand*, Herbert Greenhaugh Smith, schrieb:

> Ich habe einen Einfall für eine wirklich gruselige Geschichte für den *Strand:* Sie ist voll von Überraschungen und zerfällt beinahe von selbst in angemessene Abschnitte für eine Veröffentlichung in Fortsetzungen. Es gibt nur eine Bedingung. Ich will diese Geschichte gemeinsam mit meinem Freund Fletcher Robinson schreiben, und sein Name muß neben dem meinen erscheinen. *Ich verbürge mich dafür, daß die Geschichte von mir stammt und ganz in meinem Stil, ohne fremde Einflüsse geschrieben wird, da eben das Ihren Lesern gefällt.* Aber er hat den Grundgedanken und das Lokalkolorit beigesteuert, so daß ich der Ansicht bin, sein Name muß auf dem Titel erscheinen.

Die Wendung „etwas wirklich Gruseliges" hatte Conan Doyle bereits in dem in Cromer geschriebenen Brief an seine Mutter verwandt, so daß der Brief an Greenhaugh Smith möglicherweise vor dem Besuch in Dartmoor geschrieben wurde. Vielleicht wurde er aber auch aus Dartmoor abgeschickt. Sir George Newnes vom *Strand* jedenfalls wußte vor Conan Doyles Rückkehr nach London bereits von dem in Arbeit befindlichen Roman. Wir haben gesehen, wie Fletcher Robinson seinem Gast das „Lokalkolorit" vermittelte, sowohl in Norfolk als auch in Devon. Aber was ist mit dem „Grundgedanken", dem Fluch des Geisterhundes? Ging er auf den Black Shuck von Norfolk zurück oder auf eine in Devon vertretene Unterart der Gattung?

Im *Book of Dartmoor* werden Legenden über schwarze Hunde nur am Rande erwähnt. Die einzigen Hinweise liefern die bereits oben zitierten „Whisht Hounds" (die „Lautlosen Hunde") und die Geschichte über den Schneider von Plymouth, der in einem Sumpf in der Nähe der Merrivale Brücke steckenbleibt und glaubt, eine „großes, glutäugiges Monster" zu sehen, das ihn anstarrt. Wie sich schließlich herausstellt, ist es aber nur ein Schaf, das sich verirrt hat! In Baring-Goulds *Book of Devon,* das 1899 erschien, finden sich unter der Überschrift *Aberglaube* weitere Informationen:

> In früheren Zeiten glaubte man, daß Dartmoor des Nachts, wenn der Sturm über das Moor peitschte, von einem schwarzen Jäger heimgesucht wurde, der feuerspeiende Hunde bei sich hatte, die man die „Lautlosen Hunde" nannte. Man konnte ihr schauerliches Heulen hören und in stürmischen Nächten gelegentlich auch das Horn des Jägers. Eines Nachts ritt ein Moorbauer von Widecombe nach Hause . . . Das Pferd kannte den Weg [durch den dichten Nebel] vielleicht besser als sein Herr. Der Reiter hatte die große Kuppe von Hameldon überquert und begann den Anstieg zu einem Sumpf, auf dem ein Steinzirkel steht – angeblich ein Druidenzirkel, der am Weihnachtsabend zu tanzen beginnt –, als er ein Geräusch hörte, das ihn aufschrecken ließ. Es war ein Hornstoß. Gleich darauf flog ein Rudel schwarzer Hunde an ihm vorbei, ohne daß ihre Pfoten auf dem Boden auch nur den geringsten Laut verursachten. Der Moorbauer hatte keine Angst, dazu hatte er zu viel getrunken, und als nur einen Moment später der schwarze Jäger vor ihm erschien, schrie der Bauer ihm zu: „He! Jäger, was habt Ihr erlegt? Gebt mir etwas von Eurem Wild."
>
> „Nimm das", gab der Jäger zurück und warf ihm etwas zu, das der Mann auffing und in seinen Armen hielt. Dann verschwand der geheimnisvolle Reiter.

Als der Moorbauer schließlich zu Hause ankommt, betrachtet er das „Wild, das der Schwarze Reiter erlegt und ihm gegeben hat" und muß feststellen, daß es der Leichnam seines eigenen Kindes ist.

Andere Hinweise auf schwarze Hunde bei Baring-Gould finden sich nur in Schriften, die nach dem *Hund von Baskerville* erschienen sind. Folglich muß Conan Doyle den „Grundgedanken" von Robinson selbst gehabt haben, der die Geschichte vermutlich gehört und nicht irgendwo gelesen hatte. In den verschiedenen Widmungen, die Conan Doyle den einzelnen Ausgaben seines Buches vorangestellt hat, ist zu lesen, daß Robinsons „Bericht über eine West Country Legende" (1901 und 1902) und die Bemerkung, „es habe einen Geisterhund in der Nähe seines Hauses in Dartmoor gegeben", ihn zu dem Projekt inspiriert hätten.

J. E. Hodder Williams führte 1902 aus: „Robinson ist ein Mann aus Devonshire, und in einem Gespräch erwähnte er einmal eine alte Legende, die Doyles Phantasie entflammte." Harry Baskerville wird in den Zeitungsberichten zunächst mit den

Chapter XI
The Man on the Tor.

The extract from my private Diary which forms the last Chapter has brought my narrative up to the 18th of October, a time when these strange events began to move swiftly towards their terrible conclusion. The incidents of the next few days are indelibly graven upon my recollection, and I can tell them without reference to the notes made at the time. I start then from the day which succeeded that upon which I had established two facts of great importance, the one that Mrs Laura Lyons of Newton Abbott had written to Sir Charles Baskerville and made an appointment with him at the very day place and hour that he met his death, the other that the lurking man upon the Moor was to be found among the stone huts upon the hill side. With these two facts in my possession I felt that either my intelligence or my courage must be deficient if I could not throw some further light upon these dark places.

I had no opportunity to tell the Baronet about what I had learned Mrs Lyons upon the evening before, for Dr Mortimer remained with him at cards until it was very late. At breakfast however I informed him about my discovery and asked him whether he would care to accompany me to Newton Abbott. At first he was very eager to come but on second thoughts it seemed to both of us that if I went alone the results might be better. The more formal we made the visit the less information we might obtain. I left Sir Henry behind therefore, not without some prickings of conscience, and drove off upon my new quest.

Die erste Seite des einzigen vollständig erhaltenen Kapitels vom *Hund von Baskerville*, geschrieben in der entschlossenen Handschrift Arthur Conan Doyles. Man beachte, wie aus *„Newton Abbot"* *„Coombe Tracey"* wurde.

Worten zitiert, es habe „keine Baskerville-Legende" gegeben (1951), dann, daß sie
von Bertie „erfunden" worden sei (1957) und in der Pressemappe der Hammer
Films schließlich (1959), daß Robinson nicht nur viele „der in der Region
lebendigen Märchen" erzählte, sondern auch, daß eine davon der Geschichte des
Hund von Baskerville sehr ähnelte.

> Eine Geschichte vor allem entflammte Conan Doyles Vorstellungskraft. Es war
> ein Märchen über einen sagenhaften Geisterhund, von dem man sich erzählte,
> er erschiene in jeder ersten Nacht des Vollmonds auf einem *Tor* über dem Moor.
> Einige abergläubische Bewohner von Dartmoor behaupteten, sie hätten das Tier
> gesehen . . . Der Legende zufolge gehörte der Hund einst einem Mädchen, das
> zu Beginn des 18. Jahrhunderts dort in den Sümpfen von ihrem vor Eifersucht
> rasenden Mann umgebracht wurde, der sie der Untreue verdächtigte. Sie floh
> über das Moor, doch als sie auf dem *Tor* ankam, hatte ihr Mann sie eingeholt und
> tötete sie mit einem Jagdmesser. Der Hund der Frau – ein großer Hund – stürz-
> te sich auf ihren Mörder und tötete ihn. Am nächsten Tag fand man den Hund
> neben seiner Herrin liegen; er war bei dem Kampf tödlich verletzt worden.

Theo Brown, die einen Großteil ihres Lebens dem Sammeln von „Geschichten über
den Schwarzen Hund" aus allen Teilen Großbritanniens gewidmet hat, kommt zu
dem Schluß, daß es kaum irgendwo sonst so viele dieser Legenden gibt wie in
Devon. Für gewöhnlich sind dies Geschichten, in denen der schwarze Hund an
einer Straße oder Bahnstrecke erscheint, um an „eine schreckliche Gewalttat" zu
erinnern oder vor einem „bevorstehenden Unglück" zu warnen.

Keiner dieser Schwarzen Hunde jedoch greift einen Menschen an oder hat sonst
Ähnlichkeit mit „der Legende des teuflischen Hundes, der die Familie verfolgt".
Selbst die „Lautlosen Hunde" waren, zumindest in christlicher Zeit, immer nur
auf der Jagd nach „dem Guten in der Seele der Menschen". Und die Motive des
Pferdes und des Hundes, die vor allem auf Taufbecken zu finden sind,
symbolisieren „die liebevolle Rückforderung unschuldiger Kinder".

Brown kommt zu dem Schluß, daß „die Geschichte des Hundes der Baskervilles
keiner der bisher bekannten Legenden über Schwarze Hunde entspricht und aller
Wahrscheinlichkeit nach ein Konglomerat aus verschiedenen Varianten darstellt".
Ein Cocktail aus der Geschichte von Jan Tregeagle vom Bodmin Moor mit seinem
Rudel diabolischer Hunde, den „Lautlosen Hunden" von Dartmoor und einem
kräftigen Schuß Black Shuck aus Norfolk. Das bekannte Muster der Schwarze-
Hund-Geschichten mit ihrer „gemahnenden" oder „heimsuchenden" Funktion war
abgewandelt worden und heraus kam dabei ein Hund, der um vieles bösartiger
war als alle seine Vorbilder.

Wie auch immer die Geschichte im Detail ausgesehen haben mag, die Fletcher
Robinson seinem Freund Conan Doyle in Cromer erzählte, vom Standpunkt des
Volkskundlers aus läßt sich nur sagen, daß Robinson entweder einiges durch-
einandergebracht hat oder die Geschichte frei erfunden war.

1932 schrieb ein Mr. C. J. Robb an die *Devon and Cornwall Notes and Queries* (Bd.
XVII) und bat den Herausgeber, ihm „die Quelle für das Thema" des *Hund von
Baskerville* zu nennen. In der folgenden Ausgabe antwortete F. Nesbitt, der auf die

Region des West Country spezialisierte Volkskundler, daß die Legende „wahrscheinlich" auf die Geschichte von Richard Cabell (oder Capel) zurückginge, Grundherr von Brook in der Gemeinde Buckfastleigh, das etwa 8 Meilen von Ipplepen entfernt liegt:

> [Cabell] war ein Gentleman, der einen schlechten Ruf genoß, und in der Nacht, als er starb, jagten schwarze, Feuer und Rauch speiende Hunde über das Dartmoor und umringten heulend sein Haus. Auf diese Legende weist bereits Baring-Gould *(Methuen's Little Guide to Devon)* hin, der als Todesdatum von Sir Richard das Jahr 1677 angibt.

Da der *Little Guide* erst 1907 erschien, kann die dort angeführte Version der Legende unmöglich die Grundlage für den Roman gewesen sein, möglicherweise aber für Conan Doyles Erwähnung eines „Geisterhundes in der Nähe von Robinsons Haus in Dartmoor" im Jahr 1929. In seiner Beschreibung des Friedhofes von Buckfastleigh führt Baring-Gould aus:

> Vor dem Südportal befindet sich die Grabkammer von Richard Cabell aus Brooke, der 1677 starb [richtig ist 1672]. Er war der letzte männliche Sproß seines Geschlechts und genoß einen derart schlechten Ruf, daß man nach seinem Tode eine schwere Steinplatte auf sein Grab legte und darüber eine Art Schirmdach mit Eisengittern errichtete, um ihn daran zu hindern, aus seiner Gruft zu steigen und in der Gegend zu spuken. In der Stunde seines Todes, so erzählt man sich, jagten Dämonen und schwarze, feuerspeiende Hunde über das Dartmoor und umringten heulend Brooke-House.

Theo Brown schreibt in ihrer Studie *The Fate of the Dead*:

> [Cabell] stand in dem Ruf, Frauen zu quälen, und hielt seine Opfer angeblich in Hawson Court, etwa eine Meile westlich von seinem Haus, gefangen. Über seinen Tod wird in zwei verschiedenen Varianten berichtet: Der einen zufolge wurde er von den „Lautlosen Hunden" über das Dartmoor gehetzt, bis er tot umfiel; in der anderen heißt es, er sei in seinem Bett gestorben und die „Lautlosen Hunde" hätten die ganze Nacht rund um das Haus geheult. Da man fürchtete, er werde auch nach seinem Tod Ärger verursachen, begrub man ihn sehr tief . . .

Möglicherweise, so ergänzte sie in ihrem Artikel *The Black Dog in Devon*, war Conan Doyles Roman eine „dramatisch zugespitzte Variante der Geschichte über das Hunderudel, das Cabell im 17. Jahrhundert in Buckfastleigh zu Tode hetzte".

Festzuhalten ist, daß all diese Legenden wenig mit der Geschichte zu tun haben, die im *Hund von Baskerville* erzählt wird. Sie scheint eher eine Variation auf die „Lautlosen Hunde" oder die zahllosen „Erinnerungsgeschichten" zu sein, der ein wenig sektiererische Gewalt und nachrevolutionäre Vergeltung beigemengt wurde. Theo Brown zufolge „scheinen Schwarze Hunde eine ausgeprägte Vorliebe für die Stuarts zu haben".

In der Version der Hammer Films beinhaltet die Legende den vor Eifersucht rasenden Ehemann, die Jagd über das Moor, den Mord mit dem Jagdmesser und den treuen Hund, der getötet wird und bei jedem Vollmond wiederkehrt. *Nichts von alledem steht im Roman.* Die Filmfassung ist eine Folge der innerhalb eines Vierteljahrhunderts vorgenommenen Ausschmückungen übereifriger Sherlockianer: Die Legende von Cabell und die im Roman erzählte Legende verschmolzen zu einer allgemeinen, der mündlichen Tradition verpflichteten Geschichte.

Interessanterweise begann diese Verschmelzung bereits in den 30er Jahren in den Vereinigten Staaten. Zum einen stellte zu diesem Zeitpunkt der Schriftsteller Branch Cabell, ein Holmes-Fan und entfernter Verwandter der Familie Cabell, die Behauptung auf, die Verbindung zwischen Richard Cabell und Hugo Baskerville sei ein erwiesener Fakt. Zum anderen kam 1939 in Hollywood die Verfilmung des *Hund von Baskerville* mit Basil Rathbone heraus, der sich später an eine Geschichte erinnerte, die während der Dreharbeiten am Set der 20th Century Fox kursierte:

> Laut Bertram Fletcher Robinson . . . begann die Legende im 17. Jahrhundert mit einem großen Hund, der Sir Richard Cabell getötet hatte, den Grundherrn von Brooke, einen Mann aus dem West Country, dessen schlechter Ruf allen in der Gegend bekannt war. Während sie in Devonshire mit einer Kutsche durch eben jene trostlose Moorlandschaft fuhren, in der die Legende des Hundes ihren Anfang nahm, erzählte Fletcher Robinson Conan Doyle, daß Sir Richard Cabell ein sehr eifersüchtiger Mensch gewesen sei und eines Abends seine Frau beschuldigte, eine Affäre mit einem Mann aus Buckfastleigh zu haben. Lady Cabell leugnete, doch da er ihr nicht glaubte, begann Cabell, erbarmungslos auf sie einzuschlagen. Schließlich gelang es Lady Cabell, sich zu befreien und aus dem Haus zu entkommen. In Todesangst floh sie über das dunkle Moor, über das ein kalter Wind von dem nahe gelegenen, noch weitaus dunkleren Dartmoor hinwegfegte. Schon nach wenigen Augenblicken hatte Cabell sie jedoch eingeholt und erstach sie rasend vor Wut mit seinem Jagdmesser. Dann kam der Hund . . . [Er] gehörte Lady Cabell, ein großer, treuer Hund, der seiner Herrin nachgelaufen war, als Cabell sie über das Moor hetzte . . . In dem darauffolgenden heftigen und brutalen Kampf tötete der Hund schließlich Cabell. Er war aber selbst im Kampf durch Cabells Jagdmesser tödlich verletzt worden . . . Seit jener Zeit, erzählte Fletcher Robinson, ging die Legende um, daß der Geist von Lady Cabells Hund einsam über das Moor streife und in Vollmondnächten heulend nach seiner getöteten Herrin riefe.

Rathbones Bericht enthält bereits alle Elemente, die 1959 von der Presseabteilung der Hammer Films wieder aufgegriffen und dem Zeugnis Harry Baskervilles zugeschrieben wurden: der Streit mit Elizabeth Cabell, die Verfolgungsjagd über das Moor, das Messer und sogar die Wiederkehr des treuen Hundes „in Vollmondnächten". Alles, was die Leute von Hammer hinzufügten, waren zwei werbewirksame Formulierungen: „in *jeder ersten Nacht* des Vollmonds *auf einem ‚Tor'* *über dem Moor"*. Ganz offensichtlich hatte jemand aus der Presseabteilung von Hammer Films das Werbematerial der 20th Century Fox für ihre Verfilmung des *Hund von Baskerville* gelesen. Die Verschmelzung der Legenden von Richard Cabell und Hugo Baskerville fand also in den PR-Büros von zwei Filmgesellschaften statt. Möglicherweise haben ja im 20. Jahrhundert Filme die Funktion übernommen, die früher die Volksmythen innehatten. Oder ist das bloßes Wunschdenken?

Denkbar ist jedenfalls, daß Bertram Fletcher Robinson seinem Freund die ursprüngliche Legende von Richard Cabell (oder eine ihrer Fassungen) erzählte, die durch beständiges Weitererzählen von Buckfastleigh bis nach Ipplepen gelangt war. Conan Doyles lebhafte Phantasie tat dann ein übriges.

Die unter dem Blickwinkel der volkstümlichen Überlieferung wesentliche Veränderung der Legende, die Conan Doyle in seinem Roman vornimmt, ist die Einführung der „Tochter eines Freisassen", die in Baskerville Hall gefangengehalten wird, und aus Furcht, vergewaltigt zu werden, über das Moor flieht. Alle anderen Elemente des fiktiven Fluchs, nämlich der lasterhafte Landjunker, der Hirte, der nachts auf dem Moor seine Schafe hütet und glauben mag, er habe die Meute der „Lautlosen Hunde" gesehen, und der Höllenhund, der nicht der treue Hund des Mädchens ist, sondern ein Schwarzer Hund aus dem Reich der Geister – all diese Elemente waren Teil der volkstümlichen Überlieferung und in der Region verwurzelt. Doch die „Maid, . . . die in Zucht und Ehren aufgewachsen war" ist neu, sie entspringt Conan Doyles Phantasie. Einige Kritiker haben angemerkt, daß Conan Doyle im *Hund von Baskerville* auf eine für ihn untypische, fast hämische Weise immer wieder Gewalt gegen Frauen schildert: Hugos Grausamkeit gegenüber der Tochter des Freisassen; Mrs. Laura Lanyon, die von ihrem Mann, den sie verabscheut, verfolgt wird und sich immer wieder Männern anvertraut, die sie mißhandeln; und vor allem der Sadismus, mit dem Stapleton seine Frau behandelt, die, als sie von Watson und Holmes befreit wird, „auf ihrem Nacken . . . scharfe rote Striemen, die unverkennbar von einer Peitsche herrühren" hat und deren „Arme mit Striemen und blauen Flecken bedeckt waren".

Offensichtlich beschäftigte Conan Doyle im Frühjahr und zu Beginn des Sommers des Jahres 1901 etwas, das in dieser überflüssigen und überflüssig detaillierten Beschreibung der Bestrafung von Frauen zum Ausdruck kommt. War es, wie manche Kritiker vermuten, das Gefühl der Schuld, weil er sich nicht genug um seine Frau Louise gekümmert hatte, bis es schließlich zu spät war? Oder war es die Verwirrung, die er angesichts seiner Liebe zu Jean Leckie empfand? Was auch immer die Ursache gewesen sein mag, das Gefühl, das ihn beherrschte, muß außergewöhnlich stark und zerstörerisch gewesen sein. Es führte dazu, daß aus der Legende, die Fletcher Robinson ihm erzählt hatte, der Fluch der Baskervilles wurde.

Der schwarze Hund verwandelte sich in Conan Doyles Phantasie zum Symbol für die Melancholie und unheilvolle Atmosphäre, die er mit dem Moor verband. Holmes und Watson schützen nicht nur die Zivilisation vor der außer Kontrolle geratenen Wildnis, sie schützen auch „das Weibliche" vor den zerstörerischen Impulsen einer unbeherrschten (männlichen) Natur.

Es ist denkbar, daß auch ein Besuch auf dem Gemeindefriedhof von Buckfastleigh Teil des Besichtigungsprogramms war, das Fletcher Robinson für Conan Doyle aufgestellt hatte. Wenn dem so war, dann fand Doyle dort mit Sicherheit vieles, was die Legende von Richard Cabell bestätigte. Um sicherzugehen, daß der lasterhafte Landedelmann nie wieder zurückkehren würde, hatte man ihm angeblich einen Eisenpflock durchs Herz getrieben, seinen Sarg tief in die Erde versenkt und eine schwere Steinplatte beziehungsweise einen Sarkophag darüber aufgestellt. Der Sarkophag wiederum wurde von einem „Schirmdach" oder pagodenähnlichen Bauwerk umgeben, das nach Norden hin, in Richtung des Kirchenportals, durch massive Eisengitter abgeschlossen wurde und nach Süden hin durch eine kleine Eichentür mit einem großen Schlüsselloch.

Doch selbst nachdem diese Vorsichtsmaßnahmen getroffen worden waren, fühlten sich die Bewohner der Gegend noch nicht sicher vor Cabell. Noch im Zweiten Weltkrieg, als im ganzen Land eiserne Geländer zu Kriegszwecken eingesammelt wurden, gelang es den Einwohnern von Buckfastleigh, die Behörden davon zu überzeugen, daß das Geländer um das Grab Cabells stehenbleiben müsse, um sie vor ihm zu schützen.

Die Pagode, das Eisengeländer und der Sarkophag können noch heute auf dem Friedhof von Buckfastleigh besichtigt werden. Die Eichentür hat sich im Laufe der Jahre jedoch aus ihren Angeln gelöst, so daß man die Gruft mittlerweile betreten kann. Auf einer ringsum verlaufenden Steintafel sind die Namen der im 17. Jahrhundert verstorbenen Mitglieder der Familie zu lesen. Im Jahr 1672 gelang es dem Steinmetz offensichtlich nur, das Wort RICUS vollständig (für Richard) einzumeißeln. Den Nachnamen CABELL hat er aus unerfindlichen Gründen nicht beendet. Wurde er in seiner Arbeit unterbrochen? Haben die Bewohner von Buckfastleigh ihn an der Vollendung seiner Arbeit gehindert? Hat er womöglich ein Rudel feuerspeiender Geisterhunde gesehen, die ihn wütend ankläfften, bevor er alles stehen- und liegenließ und um sein Leben rannte? Sollten Robinson und Doyle tatsächlich Ende März 1901 den Friedhof besucht haben, dürften sie wahrscheinlich genau solche Spekulationen angestellt haben.

I n dem Brief an seine Mutter aus Cromer erwähnt Doyle mit keinem Wort Sherlock Holmes. In diesem Stadium war die Gruselgeschichte, an der er und Fletcher arbeiteten, wahrscheinlich noch nicht als Holmes-Geschichte geplant. In dem Brief aus dem Rowe's Duchy Hotel vom 2. April dagegen schreibt Conan Doyle, daß „Holmes wieder einmal in Hochform ist, es ist eine hochdramatische Geschichte – die ich Robinson zu verdanken habe". Irgendwann zwischen seinem Aufenthalt in Cromer und dem Besuch in Princetown hatte Conan Doyle also die geradezu historische Entscheidung gefällt, aus dem *Hund von Baskerville* einen Sherlock-Holmes-Roman zu machen. Wie J. E. Hodder Williams bemerkt:

> Als er sich daran machte, die Geschichte im Detail auszuarbeiten, stellte er fest, daß er eine überzeugende Hauptfigur brauchte, einen starken Mann, der den Ablauf der Ereignisse beeinflußte. Die naheliegende Überlegung war: „Warum soll ich einen solchen Charakter erfinden, wenn ich ihn bereits in der Gestalt des Holmes habe?"

Vielleicht wurde die Entscheidung in Ipplepen getroffen. Denn um dem Bösen in der Legende, die Robinson ihm erzählt hatte, etwas entgegenzusetzen, benötigte Conan Doyle einen überlebensgroßen und glaubwürdigen Bezwinger des Schicksals. War die Legende stark, so mußte das Gegenmittel noch stärker sein. Seit der Wiedererweckung des Lazarus hatte es kein so aufsehenerregendes

Comeback gegeben wie das von Sherlock Holmes.

Natürlich war er für diesen Fall genau der richtige Mann, jemand, der sich von Legenden nicht beeindrucken ließ:

> „Finden Sie das nicht interessant?"
> „Für einen Sagenforscher zweifellos."

Angesichts von Holmes' Abgebrühtheit merkt Mortimer allerdings an: „Sie reden leichtfertiger über diese Dinge, Mr. Holmes, als Sie es wohl tun würden, wenn Sie damit persönlich in Berührung kämen." Und tatsächlich, als der Detektiv erst einmal in Dartmoor ist, verliert sich schon bald sein „leichtfertiger" Ton:

> Das ist der schwerste Schlag, der mich in meiner Laufbahn getroffen hat. Aber wie konnte ich wissen – wie konnte ich denken, daß er sich allen Warnungen zum Trotz allein aufs Moor hinauswagen würde?

Zum anderen war Holmes genau der richtige Mann, weil er zu einem Teil auch Romantiker und daher für die eigenartige Atmosphäre des Moors empfänglich ist. Schon in den frühen Holmes-Geschichten wird so etwas wie ein Porträt des Künstlers als junger Detektiv gezeichnet, der die Wissenschaft wie eine Kunst behandelt, ohne sich jedoch in letzter Konsequenz auf eine der beiden Disziplinen einzulassen. Obgleich Sherlock Holmes seine Methode als „Wissenschaft der Deduktion" beschreibt und andere sie „logische Deduktion" genannt haben, besteht sie in Wahrheit aus einer Mischung von genauer Beobachtung, einer breitgefächerten Allgemeinbildung, dem Aufbau einer bis zu den Anfängen des Falls zurückgehenden

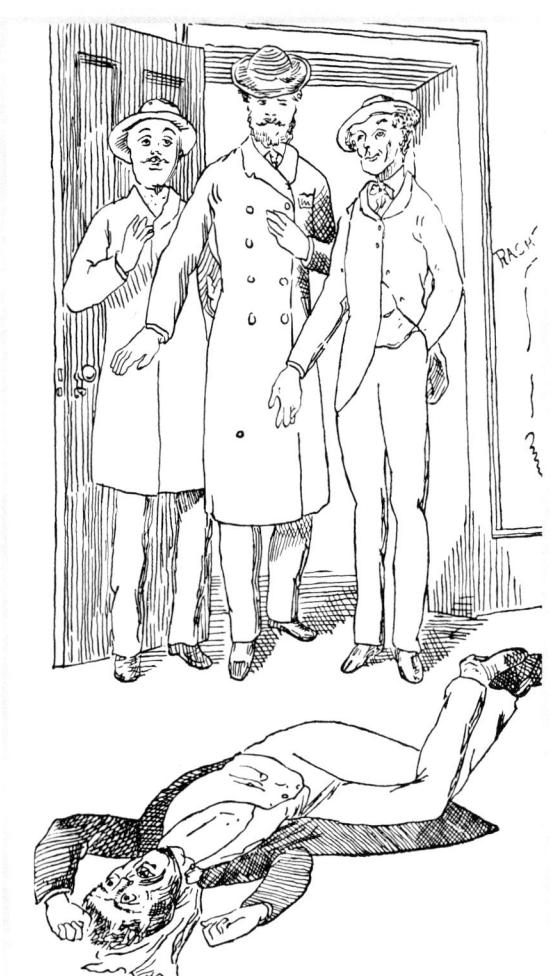

*S*herlock Holmes *(rechts) betritt mit Dr. Watson und Inspektor Lestrade den Schauplatz des Verbrechens. Illustration von Charles Doyle zu* Eine Studie in Scharlachrot *(1888): ein Porträt des Künstlers als junger Detektiv.*

Argumentationskette, freier Assoziation, Intuition und zuweilen „großen" Geistesblitzen.

Holmes vereinigt in sich den Hang zum Bohemien und einen analytischen Verstand – eine „Dualität", die bis zu einem gewissen Grad auch Conan Doyle prägte. Sein Biograph Pierre Nordon stellt die Überlegung an, daß sich in der Figur Holmes die zwei Seiten der Persönlichkeit seines Schöpfers widerspiegeln: die des Mannes der Tat, der sich mit Vorliebe in öffentliche Angelegenheiten mischte, und die des Träumers, der nach einem Ersatz für den aufgegebenen Katholizismus suchte. Daher weiß Holmes eine Stradivari von einer Amati zu unterscheiden, schreibt mysteriöse Monographien, begeistert sich für Geheimgesellschaften, ist kokainsüchtig und ein Liebhaber markiger *mots justes* wie „le mauvais gôut mène au crime. Die Franzosen haben eine hübsche Art, solche Dinge auszudrücken". Die „extreme Genauigkeit und Klugheit" des Detektivs, schreibt Watson, seien eine „Reaktion auf die poetischen und nachdenklichen Stimmungen, denen er von Zeit zu Zeit unterliegt".

Holmes' „doppeltes Wesen", wie Watson es nennt, dient verschiedenen Zwecken. Möglicherweise half es Conan Doyle, das Chaos in seinem eigenen Kopf zu ordnen. Zudem sprach es die Leser des *Strand* an, die sich, wenn auch nur im verborgenen, einen Sinn für das Romantische bewahrt hatten und den Wert der ästhetischen Bewegung innerhalb der Kunst zu schätzen wußten, ohne daß das Bekenntnis zur Wissenschaft grundsätzlich in Zweifel gezogen wurde, das jede der Geschichten wiederholt. Darüber hinaus trägt es zu Holmes' Genie-Image bei und läßt die Denkmaschine interessanter erscheinen. Später, nach dem *Hund von Baskerville*, gelingt es Watson, den Detektiv vom Kokain zu entwöhnen – „sehr zum Schaden der romantischen Färbung, aber zum Wohle von Holmes Gesundheit", wie der Schriftsteller Vincent Starrett trefflich formulierte. Obendrein erklärt diese Dualität, warum sich Holmes dem *kreativen* Denken hingibt und das zweite Gesicht zu haben scheint, während er gleichzeitig eine streng *deduktive* Methode verfolgt.

Ebenso wird dadurch seine Vorliebe für Fälle erklärbar, die andere für „übernatürlich" halten. Es verlangt ihn geradezu nach intellektuellen Problemen, die über das „Gewöhnliche" hinausführen. Aber diese Dualität reicht nicht bis an die Wurzeln seiner Existenz. Weder raucht Holmes Opium, noch trinkt er es, wie etwa Edgar Allen Poe und der Dichter Charles Baudelaire. Statt dessen schreibt er eine Monographie über die 140 verschiedenen Formen der Tabakasche. Er erkundet nicht die sinnbereichernden Möglichkeiten des Parfums oder nutzt den Geruchssinn als Grundlage für ästhetische Experimente, wie Huysmans' Figur Des Esseintes oder Wildes Dorian Grey, sondern rühmt sich statt dessen der Tatsache, daß er 75 Duftvarianten unterscheiden kann.

Als Dr. Watson hinter die Fassade von Holmes blickt, ist er entsetzt: angesichts dieses Mannes, der bereits im zartesten Alter Thomas De Quinceys *Bekenntnisse eines Opiumessers* gelesen hat und „seinen Tabak mit Laudanum tränkte, um eine ähnliche Wirkung zu erzielen", empfindet er „tiefe Furcht und Mitleid". „Ich sehe ihn jetzt vor mir, mit seinem gelben, teigigen Gesicht, hängenden Lidern und stecknadelkopfgroßen Pupillen, zusammengekauert in seinem Sessel, das Wrack und die Ruine eines noblen Mannes." Und das alles ist um so erschütternder, als dieser Mann der Bruder des verstorbenen Prinzipals der Theologischen Fakultät von St. Georges ist.

Doch Holmes' Dekadenz überschreitet nie die Grenzen dessen, was Conan Doyle für gesellschaftlich akzeptabel hielt. Der Detektiv mag zwar behaupten, er verabscheue „jede Form von Gesellschaft" (wobei er allerdings nie eine Einladung zu bekommen scheint, die er ablehnen könnte). Doch Angehörige des Adels und bei einer Gelegenheit sogar Queen Victoria höchstpersönlich ziehen lieber ihn zu Rate, wenn sie ihre Probleme in diskreten Händen wissen wollen, als seine uninspirierten, wieselgleichen Profikollegen von Scotland Yard. Sie geben dem Gentleman den Vorzug vor den Spielern.

D ie Illustrationen der ersten Buchausgabe von *Eine Studie in Scharlachrot* aus dem Jahr 1888 stammten von Charles Doyle, Arthur Conan Doyles kränkelndem Vater. Die erste Zeichnung zeigt die Ankunft des Detektivs am Ort des Verbrechens in Begleitung von Dr. Watson und Inspektor Lestrade. Sherlock Holmes sieht in dieser Darstellung beinahe wie eine Figur von Oscar Wilde aus, mit gewelltem Haar, leicht verlebten Gesichtszügen und einer modisch geschnittenen Jacke, die nicht recht zu den schmalen, etwas hängenden Schultern passen will. Dieses Bild entspricht zwar nicht Conan Doyles Beschreibung von Holmes' äußerer Erscheinung, die eher in den Darstellungen Sidney Pagets realisiert ist. Doch es vermittelt einen Eindruck von der „poetischen und kontemplativen" Seite seines Charakters.

In den Zeichnungen Sidney Pagets wirkt Holmes streng und professoral – hager, mit stechenden Augen, Adlernase, hervortretendem Kinn und Geheimratsecken. Unter den Hunderten von Zeichnungen, die Paget für das *Strand Magazine* anfertigte – zwischen 1891 und 1908 allein 201 für *Die Abenteuer* und *Die Memoiren* –, zeigen nur wenige den Detektiv in der eher „dekadenten" Pose, die Charles Doyle offenbar bevorzugte. Die Vorstellung, die der Leser von Holmes hat, gründete sich – zumindest in Großbritannien – vornehmlich auf die einprägsameren Zeichnungen Pagets.

Conan Doyle selbst fürchtete, daß der Detektiv auf diesen Zeichnungen zu gut aussah, zu sehr einem Idol entsprach und nicht mehr dem „energischen, aber dafür häßlichen Sherlock", den er in seinen Büchern beschrieb. Und er fügte hinzu, daß er sich „ursprünglich" den Detektiv noch größer und noch dünner vorgestellt hatte, mit „einer enormen Hakennase und kleinen, dicht beieinanderstehenden Augen". Für Sidney Pagets Zeichnungen hatte dessen jüngerer Bruder Walter Modell gestanden, und Doyle gestand ein, daß „das aus dem Blickwinkel meiner weiblichen Leser vermutlich auch besser war".

Außerdem erfand Sidney Paget den berühmten „Deerstalker", einen Hut, der in keiner der Holmes-Geschichten erwähnt wird. Conan Doyle spricht lediglich von einer „eng anliegenden Stoffkappe" und einer „Reisekappe mit Ohrenklappen". Dennoch wurden Pagets Darstellungen von Holmes in „Deerstalker" und Pelerine zum festen Bestandteil jeder Visualisierung der Figur. Ähnlich verhält es sich mit der Pfeife: Wenn Holmes von Paget rauchend dargestellt wird, dann fast immer mit einer Pfeife. Dabei greift er in den Erzählungen und Romanen genau so gerne zu Zigaretten oder Zigarren. Die beiden Erkennungszeichen, die wir zuerst mit Holmes assoziieren – „Deerstalker" und Pfeife –, sind also eine Erfindung des Zeichners Paget und nicht des Autors Doyle.

Das Holmes-Bild der amerikanischen Leser dagegen wurde vor allem durch die Illustrationen Frederic Dorr Steeles geprägt. Ihm stand der Schauspieler und

*S*idney Pagets klassische Darstellung von Sherlock Holmes
– mit Deerstalker und Pelerine – in einem 1.-Klasse-
Raucher-Abteil des Zuges nach Dartmoor, um das Rätsel des
Silver Blaze *zu lösen (Dezember 1892).*

Theaterdirektor William Gillette Modell. Mit seinen ernsten Gesichtszügen entsprach er noch mehr als Walter Paget der Vorstellung des Publikums von einem Helden. Eine Mixtur aus den Holmes-Darstellungen von Charles Doyle, Paget und Dorr Steel, wenn es eine solche denn geben könnte, würde der „ursprünglichen Vorstellung" Conan Doyles vermutlich am nächsten kommen – eine Mischung aus Oscar Wilde, Universitätsprofessor und Mann der Tat.

Es war Gillette, der der Holmes-Figur noch ein weiteres Element hinzufügte. In einigen frühen Inszenierungen des *Sherlock Holmes* sagt der Detektiv „Elementar, mein lieber Watson" oder „Elementar, mein lieber Freund". Auch dies ist ein Satz, der so nie in den Geschichten auftaucht. Nach den Erfolgen, die Gillettes Stück sowohl in New York (1899) als auch in London (1901) feierte, wurde die Phrase jedoch in zahlreichen Parodien und Pastiches aufgegriffen.

Während Gillette an einer Bühnenfassung arbeitete, in der er die erste und die letzte Kurzgeschichte Conan Doyles zu einem Stück verschmolz (er wählte *Ein Skandal in Böhmen* wegen der Liebesgeschichte und *Der letzte Fall* wegen Moriarty und seiner Bande), telegrafierte er an den Autor: „Darf ich Holmes verheiraten?" Doyle antwortete, er könne „den Detektiv verheiraten oder ermorden oder sonst etwas mit ihm anstellen". Das Ende des Stückes ließ den Detektiv nach Doyles Ansicht dann jedoch schwach erscheinen, da sich Holmes nie von der Liebe „erweichen" lassen sollte. Wie sich herausstellte, erwies sich aber ausgerechnet dieser Schluß als außerordentlich erfolgreich beim Publikum:

Dignity and Impudence *{Würde und Unverschämtheit} (1839), ein Gemälde von Edwin Landseer, das einen Bluthund und einen Terrier zeigt. Vorläufer von Sherlock Holmes und Dr. Watson in Tiergestalt.*

HOLMES: . . . Glauben Sie mir, ich wollte Sie nicht verletzen – das war rein berufsbedingt. Sie sollten wissen, daß ich für meinen Beruf alles opfern würde. Selbst meine Freundschaft zu Ihnen war ein . . . ein . . . Vorwand . . . nur gespielt.
ALICE: Das glaube ich Ihnen nicht.
HOLMES: Warum nicht?
ALICE: Wegen der Art, wie Sie reden . . . wie Sie mich ansehen . . . aus allen möglichen Gründen! Sie sind nicht der einzige, der es versteht, auch Kleinigkeiten zu deuten.
HOLMES: Ihre Beobachtungsgabe ist außerordentlich, Miss Faulkner . . . und Ihre Schlußfolgerung ist vollkommen korrekt! Ich nehme an . . . in der Tat, ich weiß . . . daß ich Sie liebe. *(Holmes setzt sich auf die Tischkante.)* Ich liebe Sie. *(Alice will sich ihm nähern, doch Holmes bedeutet ihr stehenzubleiben.)* Doch ich weiß auch, wer ich bin . . . und was Sie sind . . . Ich weiß, daß jemand wie ich, ausgetrocknet . . . *(Alice wendet sich ab, um ihre Handtasche zu öffnen und die berühmte „Sherlock-Holmes-Meerschaumpfeife" herauszuholen, die sie ihm als Geschenk überreichen will.)* . . . von Drogen gezeichnet und vergiftet, nie auch nur davon träumen kann, ein Teil Ihres süßen Lebens zu werden. Es gibt tausend Gründe, warum ich Ihnen Lebewohl sagen sollte!! *(Alice*

dreht sich wieder zu ihm um und hält ihm die Pfeife hin.) Tausend Gründe ... (Holmes nimmt die Pfeife in die Hände, sieht sie verzückt an. Er umarmt Alice und küßt sie auf den Mund.)
Vorhang

Offensichtlich ging bei Holmes die Liebe durch die Pfeife.

Am 9. September 1901 hatte William Gillettes Bühnenfassung am Lyceum Theatre in London Premiere, genau einen Monat also, nachdem die erste Folge von *Der Hund von Baskerville* im *Strand* erschienen war. Noch während das Stück am Lyceum lief, gingen bereits vier verschiedene Ensembles damit auf Tournee durch die englische Provinz. Und unter der Mitautorschaft des Theaterkritikers des *Daily Telegraph* entstand eine Parodie mit dem Untertitel *Why D'Gillette Im Off?*

D ie letzte Facette, die das Bild von Sherlock Holmes perfekt machen sollte, ist seine vollgeräumte, unordentliche Wohnung in der Baker Street 221b, die eher einem Museum für Mobiliar des viktorianischen Bürgertums als einer Junggesellenbude gleicht. So jedenfalls sah Michael Wright das Interieur von Holmes Zimmer, das er 1951 für die vom Londoner Stadtbezirk Marylebone veranstaltete Sherlock-Holmes-Ausstellung entwarf und aufbaute. Rund um den Kamin drapierte er beinahe jeden Gegenstand, der je in einer Holmes-Erzählung oder einem Roman erwähnt wurde. In einem offiziellen Organ, der *Justice of the Peace and Local Government Review* vom 1. September 1951, fand Wrights Ansammlung von Reliquien großen Beifall:

> Hier kann sich das Auge eines viktorianischen Interieurs erfreuen, das die Vorstellung von Generationen von Bewunderern geprägt hat – das Zimmer, in dem der Meister lebte und arbeitete. Hier hängt der Schlafrock neben Dr. Watsons Stethoskop an der Tür, dort stehen die Destillierkolben, die Holmes für seine chemischen Experimente brauchte, und hundert andere Gegenstände lassen die faszinierenden Geschichten Arthur Conan Doyles lebendig werden ...
> Und auch die Schwächen des großen Mannes werden nicht verborgen, die Zigarren im Kohlenkasten, der Tabak in der Spitze seiner persischen Pantoffeln und die unerledigte Korrespondenz, die mit einem Taschenmesser an der Holzumrandung des Kamins befestigt ist ...

Deerstalker, Geige, Schlagring und Handschellen, jede Menge Pfeifen, zwei Sessel, ein Sofa, ein Korbstuhl, ein Gipsabdruck von der Pfote des Hundes von Baskerville und ein paar „verblichene" Manuskriptseiten des Romans. Angeblich waren all diese Gegenstände authentisch. Einige fanden sich bereits in Pagets Zeichnungen, und jeder, so wurde behauptet, habe zumindest einmal in den Erzählungen Erwähnung gefunden. Doch natürlich waren sie in keiner Geschichte in ihrer Gesamtheit beschrieben worden. Wir wissen, daß Conan Doyle außerordentlich schnell arbeitete und mehr oder weniger niederschrieb, was ihm gerade einfiel, so daß ihm nicht immer vor Augen gestanden haben dürfte, was er in den einzelnen Erzählungen über die Einrichtung der Räume der Baker Street gesagt hatte. Die

Werbeplakat für die Theatertournee von 1902, mit William Gillette als Sherlock Holmes. Das gleichnamige Stück lief am Lyceum Theatre, während der Hund von Baskerville als Fortsetzungsroman im Strand erschien.

Ansammlung all dieser Objekte auf einem Fleck verwandelte Holmes' Zimmer in der Baker Street 221b in einen viktorianischen Salon im Cinemascope-Format. Kein Wunder, daß nicht nur die Leute von Hammer Films, sondern auch viele Holmes-Fans glaubten und noch immer glauben, Baker Street 221b sei die Adresse eines ganzen *Hauses.*

Doch einen wichtigen Punkt hat die Ausstellung im Jahr des Festivals of Britain deutlich gemacht: Baker Street ist in der Tat die Basis, von der aus Holmes operiert. Er ist durch und durch ein Stadtmensch, der den Kontakt zu den Ressourcen einer modernen Metropole braucht. *Die Abenteuer* und *Die Memoiren* verdeutlichen, daß er sich auf dem Land entschieden unwohl fühlt. Er komme sich dort vor wie „im Exil", heißt es und weiter, es erfülle ihn mit einem „gewissen Schrecken". Die Fassade des Landlebens verschleiert die Aktivitäten von „armen, ignoranten Leuten, die wenig vom Gesetz wissen". Aktivitäten, die für gewöhnlich etwas mit irgendeinem Vierbeiner zu tun haben, der *buchstäblich* eine Bestie ist. Deshalb schickt Holmes im *Hund von Baskerville* Watson zunächst allein nach Dartmoor, um auf Sir Henry Baskerville aufzupassen. Denn obgleich er sich durchaus bereit erklärt, in die Provinz zu fahren, „wenn die Sache eine üble Wende nehmen sollte", reiße er sich nur ungern für mehr als ein oder zwei Tage von der Baker Street los – eine Ausrede, die von allen klaglos akzeptiert wird.

Daß Holmes vorerst in London bleibt und Watson nach Dartmoor schickt, ist nicht nur im Hinblick auf die Figur des Detektivs stimmig. Die daraus für die Handlungsführung erwachsenden Konsequenzen erklären auch den Erfolg dieses Romans. In den vorangegangenen Geschichten hatte Conan Doyle noch zu weit ausholenden und exotischen Rückblenden gegriffen, um die Handlung auszufüllen, wobei er dann allerdings ohne Holmes und Watson auskommen mußte. In der *Studie in Scharlachrot* ist es die Geschichte Jefferson Hopes und *Im Zeichen der Vier* Jonathan Smalls Erzählung über den Schatz von Agra. Im *Hund von Baskerville* erreicht Conan Doyle zum ersten Mal die Einheit einer geschlossenen Erzählung.

Indem er Holmes in den Kapiteln 6 bis 11 nicht in Erscheinung treten läßt, meisterte Conan Doyle darüber hinaus noch ein anderes Problem. Er mußte das erfolgreiche, aber in seinen Bestandteilen inzwischen sattsam bekannte Muster seiner Kurzgeschichten zu einem Roman erweitern. Watsons Berichte aus Dartmoor halten die erzählerische Spannung aufrecht und versorgen zugleich Holmes mit Texten, die er analysieren kann, bis er schließlich persönlich am Tatort auftaucht.

Der Chronist Watson entspricht im *Hund von Baskerville* am wenigsten der Hanswurstfigur, die die Hollywoodfilme aus ihm gemacht haben. In Wahrheit hält sich Sherlock Holmes die ganze Zeit über in einer der vorzeitlichen Hütten versteckt, wovon allerdings der Leser und mit ihm Dr. Watson bis zum Schluß des 11. Kapitels nichts ahnen. Als Watson es schließlich herausfindet, reagiert er verständlicherweise leicht verstimmt:

> „Ich dachte, du wärst in der Baker Street, vollauf beschäftigt mit der Erpressungsaffäre."
> „Eben das solltest du denken."

„Du benützt mich also, aber du vertraust mir nicht!" rief ich mit einiger Bitterkeit. „Ich glaube, das habe ich nicht um dich verdient, Holmes!"

Doch der gewissenhafte Dr. Watson hätte mit Sicherheit Schwierigkeiten gehabt, das eigentliche Geheimnis des Hundes zu enträtseln. Denn neben dem Black Shuck aus Norfolk und den „Lautlosen Hunden" aus Dartmoor kommt noch ein dritter Kandidat als „Original" für Conan Doyles *Hund von Baskerville* in Betracht, der ausgerechnet aus der ländlichen Gegend des walisischen Grenzlandes stammt. Dieses reale Rätsel hätte selbst den großen Detektiv in Erstaunen versetzt.

Weniger als eine Meile von Clyro entfernt, in der Nähe des Dorfes Hay-on-Wye lebte ein weiterer Zweig der Familie Baskerville, und zwar die Hauptlinie, die ihre Herkunft bis auf die normannische Linie zurückführt. Der große Landsitz Clyro Court, erbaut im Jahr 1839, hat starke Ähnlichkeit mit Conan Doyles Baskerville Hall aus dem Roman. Eibenallee, Portal, Pseudotürme, Wappenschilde und eine Doppeltreppe in der Halle. Alles ist da. Das Wappen der Baskervilles zeigt den hochgereckten Kopf eines Wolfs (Theo Brown ist der Ansicht, es könne sich um einen „Wolfshund" handeln), aus dessen Maul ein zerbrochener Speer ragt. Außerdem sind noch fünf Blutstropfen im Familienwappen enthalten. Die Einwohner der Region behaupten, das Wappen bezöge sich auf eine Familienlegende, die sich zur Zeit der Rosenkriege zugetragen haben soll. Damals habe ein treuer Hund versucht, den Erben der Baskervilles zu warnen, als der Feind vor den Toren stand. Baskerville sei so entnervt von dem Gejaule des Hundes gewesen, daß er der unglücklichen Kreatur seinen Speer durch die Kehle gestoßen habe. Zu spät bemerkte er seinen Fehler. Der Feind stand tatsächlich bereits vor den Toren. Vielleicht handelte es sich aber auch um einen Wolf. Oder aber es hat sich alles ganz anders zugetragen . . . Seit jener Zeit kehrt der Hund, immer wenn ein Baskerville stirbt, zurück und spukt nachts mit dem Speer im Rachen durch diese Gegend.

Die Legende hat auffallende Ähnlichkeit mit der populären Ballade *Beth Gêlert or the grave of the greyhound* (1800) von William Robert Spencer, in der die Geschichte des Hundes von Llywellyn erzählt wird. Der Stoff basiert auf einem der bekanntesten Märchen Wales. Danach glaubte im 13. Jahrhundert Prince Llywellyn der Große, sein treuer Jagdhund Gêlert habe seinen Sohn angefallen, während der Hund in Wahrheit das Kind vor einem Wolf rettete. Die tränenreiche Ballade wurde zum Evergreen auf Rezitationsabenden:

> „Du Höllenhund, mein Kind hast du verschlungen",
> Der rasend Vater schrie;
> Und bis zum Heft sein rächend Schwert
> Er stieß in Gêlerts Seite.

Angeblich hielt sich Arthur Conan Doyle 1897 oder 1898 im walisischen Grenzland auf und wohnte in Dunfield-House in Kington oder in Caemwar-House. Er soll dort auch das Wappen der Baskervilles gesehen haben, das über der Tür des

Gasthauses Swan angebracht war. Das Swan heißt seit 1950 „Baskerville Arms",
und in der Gaststätte befindet sich die Gipsfigur eines Schäferhundes. Außerdem
heißt es, daß er Gast in Clyro Court gewesen war, wo er die Baskervilles gefragt
habe, ob sie etwas dagegen hätten, wenn er ihren Namen in seinem Roman
verwendete. Dem einzigen noch lebenden Familienmitglied zufolge willigten sie
unter der Bedingung ein, daß er den Schauplatz des Buches in das West Country
verlegte. Offenbar fürchtete man, daß die Familie ins Gerede kommen könnte und
Scharen von Touristen die Gegend heimsuchen würden. Der Hund der Baskervilles
schien ihrem öffentlichen Ansehen zu schaden. Und von diesem Punkt an werden
die Maschen des Netzes immer dichter.

Denn zwischen den Baskervilles von Eardisley Castle in Herefordshire (die
Familie zog erst 1837 nach Clyro) und ihren Nachbarn, den Vaughans vom
nahegelegenen Hergest Court (für gewöhnlich Hargest ausgesprochen), kam es im
Laufe der Jahrhunderte mehrfach zu Eheschließungen. Dort, wo früher Hergest
Court, eine große mittelalterliche Grenzburg, stand, befindet sich heute nur noch
ein Bauernhaus. Auch die Vaughans hatten eine, wenn auch wenig schmeichelhafte,
Familienlegende, in der es um einen Schwarzen Hund geht. Ihr zufolge peinigte
und drangsalierte Thomas Vaughan, auch der „Schwarze Vaughan" genannt, die
Pfarrer und Bauern der Gegend. Er besaß einen riesigen, schwarzen Hund, den er
zur Wildschweinjagd abgerichtet hatte und der ihm an Bösartigkeit in nichts
nachstand. Nach Vaughans Tod im Jahr 1409 soll dieser Hund als Geist die
Gegend heimgesucht und mit seinem Erscheinen den bevorstehenden Tod eines
Familienmitglieds angekündigt haben.

Thomas Vaughan ist zusammen mit seiner Frau Elena oder Ellen Gethin
(Ellen die Schreckliche) im Südschiff der aus dem frühen 13. Jahrhundert
stammenden Kirche des nahegelegenen Kington in Herefordshire beigesetzt. Die
lebensgroße Skulptur Vaughans auf dem kunstvoll ausgeführten Sarkophag zeigt
jedoch keinen besonders finster wirkenden Mann. An der gegenüberliegenden
Wand befindet sich eine Gedenktafel, die 1846 restauriert wurde. Auf ihr sind
unter anderem auch die Eheschließungen mit den Baskervilles dokumentiert:
Sowohl der Sohn als auch der Urenkel Thomas Vaughans heirateten demnach
in der Zeit der Rosenkriege in die Baskerville-Familie ein. Vielleicht liegt hier die
Erklärung dafür, wie die Legende im Laufe der Zeit von einer Familie auf die andere
übertragen wurde.

Falls Conan Doyle sich wirklich in Kington aufhielt – es existieren keine
Dokumente, die das belegen –, wäre es denkbar, daß er von der Legende der
Vaughans erfuhr und sich für den Namen Baskerville entschied, weil er ihm
romantischer erschien. (Man kann davon ausgehen, daß ihm der Name nicht
unbekannt war, denn der im 18. Jahrhundert lebende *John* Baskerville war der
Erfinder der berühmten Schrift, in der auch einige von Conan Doyles Geschichten
gesetzt wurden.) Die Übereinstimmungen zwischen der Familienlegende der
Vaughans und Conan Doyles Roman sind jedenfalls ganz erstaunlich. Ebenso
erstaunlich wie die Tatsache, daß Harry Baskerville aus Ashburton in Dartmoor
behauptete, er habe weder jemals von den Baskervilles aus Herefordshire noch von
der Legende über ihren Hund etwas gehört und daß er es gewesen sei, der Conan

Doyle den Namen geliefert habe. Auch Major Geoffrey Hopton, der Enkel von Lady Dorothy Nesta Baskerville, nahm für seinen Zweig der Familie das Recht in Anspruch, Vorbild bei der Namensgebung gewesen zu sein, habe es aber vorgezogen, darüber Stillschweigen zu wahren. Die ganze Angelegenheit mochte vielleicht für Harrys Image von Vorteil sein, aber nicht für das der anderen Baskervilles. In das Exemplar für Harry Baskerville hatte Fletcher Robinson immerhin die Worte geschrieben: „mit der Bitte um Nachsicht für die Verwendung des Namens". *Des* Namens, nicht *deines* Namens. Die Sache wird immer merkwürdiger.

Gleichgültig, ob Conan Doyle sich nun tatsächlich drei Jahre, bevor er seinen Roman schrieb, im walisischen Grenzland aufhielt und dort auf die Legenden der Baskervilles und Vaughans stieß oder auch nicht – es gibt einen Beleg für eine Verbindung, der erst vor kurzem entdeckt wurde. Er stammt von keinem Geringeren als dem Herausgeber des *Strand Magazine*. In einem biographischen Artikel für diese Zeitschrift schrieb Herbert Greenhaugh Smith im Oktober 1930, Fletcher Robinsons Beitrag zu der Geschichte habe vor allem darin bestanden, daß er „Conan Doyles Aufmerksamkeit auf die in einem walisischen Reiseführer beschriebene Legende des wilden Hundes lenkte". Folglich muß Conan Doyle gar nicht in Wales gewesen sein: Robinson konnte ihm auch in *Cromer* alles über die Legenden der Familien Vaughan und Baskerville erzählt haben.

Dieser Beleg ist vor allem deshalb interessant, weil er bereits mehr als zwanzig Jahre vor den Nachforschungen und Spekulationen eifriger Sherlockianer erschien, die sich der Sache angenommen hatten. Als Dr. Maurice Campbell beispielsweise 1953 seinen Essay *The Hound of the Baskervilles – Dartmoor or Herefordshire?* veröffentlichte, war Greenhaugh Smiths Artikel noch von niemandem zur Kenntnis genommen worden. Das Vorbild für Conan Doyles Roman war daher wahrscheinlich weder der Black Shuck aus Norfolk noch die Legende der „Whisht Hounds" von Dartmoor, sondern der Hund der Baskerville-Vaughans von Hergest Ridge. Als Conan Doyle aus dem Royal Links Hotel, also bevor er nach Dartmoor fuhr, seiner Mutter mitteilte, „wir werden zusammen ein kleines Buch mit dem Titel *Der Hund von Baskerville* schreiben", war ihm der Name „Baskerville" offenkundig bereits geläufig.

Die Mehrheit der Forscher hält es für wahrscheinlich, daß Fletcher Robinson seinem Golfpartner gegenüber den Namen Harry Baskervilles erwähnt haben muß. Doch genauso plausibel ist die Annahme, daß er den Namen in Verbindung mit der Familie nannte, zu deren Überlieferungen die Legende des Schwarzen Hundes zählte, einer Familie, über die er in einem „walisischen Reiseführer" gelesen hatte. Wenn letzteres der Fall gewesen sein sollte, dann sind die Äußerungen Doyles, in denen er eine Legende über einen Geisterhund in der Gegend von Robinsons „Elternhaus in Dartmoor" erwähnt, als Versuch zu interpretieren, die Spuren zu seinen Quellen zu verwischen und damit dem Wunsch der Baskervilles nachzukommen. Sie sind möglicherweise tatsächlich Teil einer Geschichte über einen walisischen Hund geworden, die in Cromer erzählt, in Dartmoor ausgearbeitet und auf der ganzen Welt zu einem Bestseller wurde.

Schmuckumschlag für die erste Buchausgabe des Hund von Baskerville, *entworfen von Alfred Garth Jones (London, 1902).*

ehr zur Freude der Aktionäre des *Strand Magazine* erschien im August 1901 der erste Teil des *Hund von Baskerville*. Conan Doyle war über Sherborne, Bath und Cheltenham nach London zurückgekehrt und hatte vermutlich spätestens im Juli den Roman abgeschlossen. Als er das Projekt zum ersten Mal gegenüber Greenhaugh Smith erwähnte, bat er noch um „die üblichen fünfzig Pfund pro tausend Worte gegen die Abtretung aller Rechte". Doch mit dem Entschluß, aus der Geschichte einen Holmes-Roman zu machen, steigerte er seine Forderung auf einhundert Pfund. Dies war, wie er sich ausdrückte, „eine besonders günstige Gelegenheit, denn soweit ich sehe, wird Holmes' Wiederbelebung große Aufmerksamkeit erwecken".

In seinem ersten Brief an den Herausgeber des *Strand* hatte er noch eine weitere Bedingung gestellt: Fletcher Robinsons „Name muß neben dem meinen erscheinen". Archibald Marshall, zu jener Zeit eng mit Robinson befreundet, erinnerte sich 1933 in seinen Memoiren *Out and About*:

> [Bobbles] liebte Geschichten und war selbst ein großer Geschichtenerfinder. Er lieferte Conan Doyle die Idee und den Stoff zum *Hund von Baskerville* und schrieb den größten Teil der ersten Lieferung für das *Strand Magazine* [das heißt des Teils, der den „Fluch der Baskervilles" enthielt] . . . Conan Doyle wollte, daß die Geschichte unter ihrer beider Namen erschien, doch nur sein Name war gefragt, weil er so viel mehr wert war. Sie bekamen einhundert Pfund pro tausend Worte, im Verhältnis drei zu eins. Wie ich einmal zu Bobbles sagte: „Wenn ihr also schreibt ‚Er hörte einen Schrei', bekommt Doyle sechs Shilling und du bekommst zwei." Er antwortete, er sei noch nie besonders gut im Rechnen gewesen, aber meine Kalkulation hörte sich gut an, und was er schriebe, sei das Geld wert.

Wenn so tatsächlich ihre Übereinkunft aussah, verdiente Robinson etwa 2 500 Pfund mit dem Handel. Drei Jahre später fügte er seinen in Fortsetzung erscheinenden Kurzgeschichten *The Chronicles of Addington Peace* den Zusatz hinzu: „Koautor von Sir Arthur Conan Doyle bei seiner besten Sherlock-Holmes-Geschichte, *Der Hund von Baskerville*". Doyles Einverständnis, da Robinson sich „Koautor" nannte, war also offenbar auch Teil ihrer Vereinbarung. Marshalls Bericht zufolge wollte das *Strand Magazine* allerdings eine Geschichte, bei der einzig Conan Doyle als Autor zeichnete. Woraufhin sich Robinson mit der keineswegs unattraktiven Alternative arrangieren mußte: ein großzügiges Honorar und der Zusatz „Koautor". Glaubt man dagegen Adrian Conan Doyle, so lehnte Robinson „das Angebot meines Vaters zur Zusammenarbeit" ab. Welche Version auch immer der Wahrheit entsprechen mag, in Robinsons Addington-Peace-Geschichte *The Terror of the Snow* jedenfalls geht es um einen unheimlichen Wolf, der in einer Eibenallee spukt . . .

Als die erste Lieferung des *Hund von Baskerville* erschien – angekündigt als „ein weiteres Abenteuer von Sherlock Holmes" –, fand sich auf der ersten Seite eine ungewöhnliche Fußnote: „Diese Geschichte verdankt ihre Entstehung meinem Freund Mr. Fletcher Robinson, der mich sowohl bei dem Aufbau der Handlung als auch bei der Ausgestaltung der lokalen Details unterstützt hat – A. C. D." In der Buchfassung, veröffentlicht 1902, wurde statt der Fußnote ein offener Brief an

Robinson abgedruckt, dessen Wortlaut in der amerikanischen Ausgabe allerdings eine geringfügige, aber dennoch signifikante Abweichung aufweist:

> MEIN LIEBER ROBINSON:
> Deinem Bericht über eine Legende aus dem West-Country verdankt diese Erzählung ihre Entstehung. Dafür und für Deine Hilfe bei den Details großen Dank.
> Aufrichtig der Deinige, A. CONAN DOYLE

Diese Widmung aus der 1902 von Newnes veröffentlichten Ausgabe erschien in der Folge in fast allen englischen Ausgaben.

Der folgende Brief, dessen Urschrift auf den 26. Januar 1902 datiert ist und sich heute in der New York Public Library befindet, wurde für die von McClure Phillips veranstaltete Ausgabe von 1902 geschrieben und in allen folgenden amerikanischen Ausgaben abgedruckt.

> MEIN LIEBER ROBINSON:
> Es war Dein Bericht über eine Legende aus dem West Country, die mir den Einfall zu dieser Erzählung gab.
> Dafür und für Deine Hilfe während ihrer Entstehung großen Dank.
> Aufrichtig der Deinige, A. CONAN DOYLE

Zu Fletcher Robinsons Lebzeiten war sich Doyle also offenbar nicht sicher, wie er dessen Beitrag zu der Entstehung des Romans bewerten sollte. Welche Rolle hatte er gespielt, die des Zulieferers oder die des originären Schöpfers? Die Widmungen sind offenbar beide von Conan Doyles Hand. Nach Fletcher Robinsons Tod, der im Januar 1907 im Alter von fünfunddreißig Jahren an Typhus starb, äußerte Doyle sich wesentlich eindeutiger. In seinem *Vorwort* zu *The Complete Sherlock Holmes* vom Juni 1929 schreibt er:

> {Der Hund von Baskerville} wurde durch eine Bemerkung Fletcher Robinsons angeregt, jenes feinen Mannes, dessen früher Tod ein Verlust für die Welt ist. Er erzählte mir, daß es in der Nähe seines Elternhauses in Dartmoor einen Geisterhund geben soll. Diese Bemerkung war der Beginn des Buches, doch ich sollte hinzufügen, daß die Handlung und jedes Wort der Erzählung ganz mein Werk sind.

Nun ist also nicht mehr länger von Zusammenarbeit die Rede, sondern nur noch von einer zufälligen Bemerkung; nicht länger von einem Stoff, sondern nur noch von einer Geschichte über einen zotteligen Hund. Noch später, in seinen autobiographischen *Memories and Adventures,* erwähnt Conan Doyle nicht einmal mehr Fletcher Robinson und seinen Beitrag zu dem Roman. Kein Wunder also, daß Harry Baskerville behauptete, Bertie „habe nie die Anerkennung bekommen, die er verdiente" – *gleich, ob er nun tatsächlich Teile des Romans schrieb oder nicht.*

Einer der Gründe, warum Conan Doyle den Beitrag Robinsons mit jedem weiteren Vorwort geringer erscheinen ließ, mag in einer Reihe von Artikeln zu suchen sein, die von Oktober 1901 an in der amerikanischen Zeitschrift *Bookseller* erschienen:

SIR ARTHUR CONAN DOYLE'S

THE HOUND OF THE BASKERVILLES

RICHARD **GREENE** BASIL **RATHBONE** WENDY **BARRIE**

AND NIGEL **BRUCE** LIONEL **ATWILL** JOHN **CARRADINE** BARLOWE **BORLAND** BERYL **MERCER**

MORTON **LOWRY** RALPH **FORBES**

A 20TH CENTURY-FOX PICTURE · DARRYL F. ZANUCK IN CHARGE OF PRODUCTION

DIRECTED BY SIDNEY LANFIELD · ASSOCIATE PRODUCER GENE MARKEY · SCREEN PLAY BY ERNEST PASCAL

Nigel Bruce als Watson und Basil Rathbone als Holmes in der ausschließlich im Studio gedrehten, aber dennoch atmosphärisch dichten Hollywood-Verfilmung von 1939.

DIE NEUE SHERLOCK-HOLMES-GESCHICHTE:

Jeder, der das Eröffnungskapitel des wiederauferstandenen Sherlock Holmes in der Septemberausgabe des *Strand Magazine* gelesen hat, muß zu dem Schluß gekommen sein, daß Dr. Doyles Anteil an diesem gemeinschaftlichen Projekt ein sehr geringer gewesen ist. Der Anfang des *Hund von Baskerville* ist sehr dramatisch und verspricht eine gute Erzählung. Doch der Sherlock Holmes, der uns hier vorgestellt wird, ist ein ganz anderer als der, den wir aus *Eine Studie in Scharlachrot, Das Zeichen der Vier,* aus den *Abenteuern* und den *Memoiren* kennen . . . Wir zögern nicht, unserer Überzeugung Ausdruck zu verleihen, daß die Geschichte fast zur Gänze von Mr. Robinson stammt und Dr. Doyles einziger Beitrag darin bestand, daß er ihm gestattet hat, die Figur des Sherlock Holmes zu verwenden.

Weiter, im April 1902, kurz vor Abschluß des Romans als Fortsetzungsgeschichte:

. . . welchen Anteil an der Geschichte hat Fletcher Robinson und welchen Conan Doyle? Die Diskussionen darüber werden immer hitziger. Die beiden Herausgeber sind außerordentlich erregt.

Und im Juni 1902, in Arthur Bartlett Maurices Rezension der Buchfassung:

. . . wieviel Mr. Fletcher Robinson tatsächlich zur Entstehung und Ausarbeitung des *Hund von Baskerville* beigetragen hat, kann und will der Rezensent nicht sagen. Nur soviel, daß sich dieses Buch in manchem grundlegend von den früheren Detektivgeschichten Dr. Doyles unterscheidet und daß die Methoden Sherlock Holmes hier nicht die Methoden des klugen, rationalen und gebildeten Denkers . . . der *Studie in Scharlachrot* sind . . .

Der Rezensent führt weiter aus, der *Hund von Baskerville* sei mehr ein Schauerroman als eine Detektivgeschichte. Darüber hinaus habe Sherlock Holmes einen „vergleichsweise geringen Anteil" an dem Erfolg der Erzählung. Und wenn er auftauche, „wird unser Glaube an seine Unfehlbarkeit und an seine Ähnlichkeit mit dem Holmes aus Dr. Doyles früheren Geschichten ernsthaft erschüttert". Weiter seien Holmes Erklärungen im letzten Kapitel „erbärmlich unbefriedigend und ungenügend". All dies, schließt Maurice, legt nahe, daß Dr. Doyle kaum den Hauptanteil an der Entstehung des Romans gehabt haben kann.

Wir wissen, daß Conan Doyle das Februarheft des *Bookman* aus dem Jahr 1902 las, in dem ebenfalls ein Artikel über seinen Roman erschienen war, da er sich zu einigen der dort geäußerten Theorien und Spekulationen äußerte. Es wäre also durchaus denkbar, daß Conan Doyle seine Widmung für die amerikanische Ausgabe des Romans änderte, um allzu wilden Spekulationen über die Autorschaft unter den amerikanischen Rezensenten zu begegnen.

onan Doyles Voraussage, daß seine neue Geschichte „einige Aufmerksamkeit erregen" würde, erwies sich als ebenso untertrieben wie Hodder Williams' Vermutung, daß die Leser „noch nicht ganz das Interesse" an Holmes verloren hätten. Zum ersten und einzigen Mal in seiner Geschichte druckte das *Strand Magazine* sieben Auflagen. Bei Erscheinen

jeder neuen Folge des *Hund von Baskerville* bildeten sich vor den Büros des Verlages Schlangen, die um den ganzen Häuserblock reichten. In den USA mußte der Verleger McClure den Veröffentlichungstermin immer wieder verschieben, da es etliche tausend Vorbestellungen für die Erstausgabe des Buches gab. Und Gillettes Stück im Lyceum spielte jeden Abend vor vollem Haus.

Die Zeichen waren nicht zu übersehen. Sherlock Holmes mußte wiederauferstehen. Auch wenn er nie wieder eine so interessante Persönlichkeit wie in den frühen Geschichten werden sollte, konnte er doch die Schaufenster der Buchhandlungen füllen.

Mit der Publikation der Kurzgeschichten, die unter dem Titel *Die Rückkehr des Sherlock Holmes* vereint wurden, begann das *Strand Magazine* im Oktober 1903. Die Buchfassung erschien im März 1905 bei Newnes. 1915 folgte der Roman *Das Tal der Furcht* und 1917 die Sammlung *His Last Bow.* Drei Jahre vor Arthur Conan Doyles Tod schließlich erschien das *Case-Book of Sherlock Holmes.* Seinen in chronologischer Hinsicht letzten Fall löste Holmes Anfang August 1914, dem „schrecklichsten August in der Weltgeschichte":

> . . . wies Holmes zurück auf das mondbeschienene Meer und schüttelte nachdenklich den Kopf.
> „Es ist ein Wind von Osten her im Anzug, Watson."
> „Das glaube ich nicht Holmes. Es ist sehr warm."
> „Guter, alter Watson! Sie sind der einzige Fixpunkt in einer sich wandelnden Zeit. Und dennoch, es ist ein Ostwind im Anzug, ein Wind, wie noch nie einer über England hinweggefegt ist. Es wird ein bitterkalter Wind sein, Watson, und manch einer von uns wird unter seinem Ansturm welken. Aber dennoch ist es Gottes eigener Wind, und ein reineres, besseres, stärkeres Land wird im Licht der Sonne erstrahlen, wenn sich der Sturm gelegt hat."

us dem Trauma des Ersten Weltkrieges zog Conan Doyle die Konsequenz, sich endgültig dem Spiritismus zuzuwenden und dafür auch öffentlich einzutreten. Er war die vielleicht bekannteste Persönlichkeit, die je der Bewegung angehörte. Bereits 1887 – dem Jahr, in dem *Eine Studie in Scharlachrot* erschien – hatte er ein gewisses Interesse für den Spiritismus mit seinen scheinbar „wissenschaftlichen" Beweisen für ein Leben nach dem Tod gezeigt, als er in Southsea, einem Vorort von Portsmouth, an Séancen teilnahm. Und in einem Brief an die Zeitschrift *Light,* der im gleichen Jahr veröffentlicht wurde, bezeichnete er sich sogar als Spiritist. Im November 1893, kurz nach dem Tod seines Vaters, wurde er aktives Mitglied der „Society for Psychical Research" und machte detaillierte Aufzeichnungen über die spiritistischen Sitzungen, an denen er teilnahm. Zugleich schrieb er immer wieder Geschichten, in denen es um Mesmerismus oder Psychometrie (die Kontaktaufnahme mit Erinnerungen speichernden Objekten) ging. Während er den *Hund von Baskerville* schrieb, widmete er sich bereits mit großem Interesse der Erforschung von paranormalen Phänomenen und allen damit zusammenhängenden Fragen und

Debatten. Zu seiner endgültigen „Konvertierung" fehlte bereits damals nicht viel.

Doch es bedurfte des Schreckens der Schützengräben, um ihn vollends zu überzeugen. 1918 schrieb Conan Doyle:

> Im Angesicht einer zugrunde gehenden Welt, in der wir jeden Tag mit dem Tod der hoffnungsvollen Jugend in der Blüte ihres unerfüllten Lebens konfrontiert wurden, in der wir um uns die Frauen und Mütter sahen, die nicht wußten, wohin ihre Lieben gegangen waren, erkannte ich plötzlich, daß dieser Gedanke, mit dem ich schon seit langem gespielt hatte, mehr war als nur das Studium einer Macht außerhalb der Grenzen der Wissenschaft, sondern etwas wahrhaft Erschütterndes . . . ein Ruf der Hoffnung und der Führung für die Menschheit in einer Zeit höchster Not. Die objektive Seite war nicht länger von Interesse, denn wenn man einmal die Wahrheit erkannt hat, bedarf es keiner weiteren Fragen.

Einige Forscher haben die These aufgestellt, daß Conan Doyle deshalb weiter Sherlock-Holmes-Geschichten schrieb, die sich selbstverständlich vor allem mit der „objektiven Seite" beschäftigten, weil sie für ihn so etwas wie ein Gegenmittel zu seinen spiritistischen Neigungen darstellten; daß diese Geschichten eine nicht weniger stark ausgeprägte Facette seiner Persönlichkeit repräsentierten, nämlich die „materialistische Philosophie" des gelernten Arztes und mit Dr. Watsons Kommentaren zu Sherlock Holmes vergleichbar sind. Andere hingegen vertraten die Ansicht, daß *His Last Bow* und das *Case Book* nur geschrieben wurden, um seinen unermüdlichen Kreuzzug für die Sache des Spiritismus zu finanzieren.

Als man im November 1918 Conan Doyle die Frage stellte: „Was hätte Sherlock Holmes zum Thema Spiritismus zu sagen?" gab er zurück: „Ich nehme an, wenn irgend jemand Sherlock Holmes ist, dann bin ich es, und ich sage, daß die Sache des Spiritismus erwiesen ist." Und doch ist es nie zu einer weiteren Annäherung seiner parapsychologischen Studien und der rationalistischen Welt der Baker Street gekommen als im *Hund von Baskerville*. Danach trat die „romantische", die offene Seite Holmes immer mehr in den Hintergrund. Das Spiel war aus . . .

er Horror...

Im August 1914 war nicht nur das Spiel für Sherlock Holmes aus, sondern auch für den viktorianischen Schauerroman. Der Ostwind, den Sherlock Holmes für England vorausgesagt hatte, sollte schon bald zu verheerenden Umwälzungen führen.

Zwei Jahre später wurde an der Somme, einem kleinen Fluß in der Picardie im Norden Frankreichs, eine halbe Million Soldaten der alliierten Truppen auf einer Frontlinie von dreißig Meilen getötet oder verwundet. 60 000 am ersten Tag, davon allein 30 000 in der ersten Stunde der Schlacht. Das Blutvergießen von Samstag, dem 1. Juli 1916, gehörte und gehört zu den größten Opfergängen, die die britische Militärgeschichte aufzuweisen hat. All diese Opfer wurden in Kauf genommen, um die deutschen Linien noch nicht einmal sieben Kilometer zurückzuwerfen.

Dies waren die realen Schrecken des 20. Jahrhunderts, gegen die die großen „Horror-Romane" des viktorianischen Zeitalters – die Alpträume des 19. Jahrhunderts – nicht nur harmlos, sondern sogar eigenartig beruhigend erscheinen. Wie ein Schäferidyll über dem Plüschsofa. Frankensteins Kreatur, die Gestalt des Vampirs, Mr. Hyde und der „Schwarze Hund", die ihren festen Platz im Kanon der viktorianischen Literatur hatten, entwickelten sich zu trivialen Versatzstücken einer Unterhaltungsindustrie, die dem Publikum Ablenkung von den Schrecken des täglichen Lebens bieten sollte.

Hervorgegangen aus Alpträumen und Erfahrungen wurden sie zu Marksteinen auf der „Landkarte der Unerfahrenheit", wie gesagt wurde, und blieben ohne Verbindung zur realen Welt. Auf dem Weg dorthin haben sie die Welt der Literatur verlassen und sind Mythen geworden – Mythen eines modernen Zeitalters. Ihre Bedeutung hat sich bis zur Unkenntlichkeit verändert, ebenso wie der Begriff „Horror". Millionen von Menschen *glauben* diese Romane zu kennen, doch die Geschichten, die sie vor Augen haben, sind nicht die Geschichten, die die Autoren zu Papier brachten.

Diese viktorianischen Schreckensphantasien, entstanden im Schein der Gaslampe, gehören zu Englands größten und dauerhaftesten Beiträgen zur Kultur des 20. Jahrhunderts, des Zeitalters der Massenproduktion, des Massenkonsums und auch der Massenvernichtung.

Ausgewählte Literatur

PROLOG: DER NACHTMAHR

Powell, Nicholas: *Fuseli – the Nightmare.* (Allen Lane) 1973
Schiff, Gert (ed): *Henry Fuseli.* London 1975
Shulman, S.: *Nightmare.* Newton Abbot 1979
Starobinski, Jean: *Trois Fureurs.* Paris 1974
Todd, Ruthven: *Tracks in the Snow.* (Greywalls Press) 1946
Varnedoe, J. (ed): *Graphic Works of Max Klinger.* New York 1977

FRANKENSTEIN
Unveröffentlicht

Korrigierter erster Entwurf des *Frankenstein*-Manuskripts in der Sammlung von Lord
 Abinger in der Bodleian Library (Abinger Dep. c.477/1)
Reinschrift eines Teils des *Frankenstein* (Abinger Dep. c.534/1)
Akten der Genfer Polizei vom Sommer 1816 (Archives d'ètat de Genève; cote Jur Pen
 Juin et Juillet 1816)
Aufenthaltsgenehmigungen für Genf (Registre de permis de séjour; cote D, Etrangers)

Veröffentlicht

Baldick, Chris: *In Frankenstein's Shadow.* (Clarendon Press) 1987
Beer, Gavin de: *Byron's French Passport.* In: Keats-Shelley Memorial Bulletin, 20, 1969
Beer, Gavin de: *Meshes of the Byronic Net in Switzerland.* In: English Studies, XLIII, 5,
 Oktober 1962
Bishop, Franklin: *Polidori.* (Gothic Society, Kent) 1991
Byron, Lord George Gordon: *Childe Harolds Pilgerfahrt.* In der Übertragung von Otto
 Gildemeister. In: ders.: Sämtliche Werke Bd. 1. München 1977
Byron, Lord George Gordon (ed Marchand, Leslie): *So Late into the Night – Letters and
 Journals* 1816–17. London 1976
Cantor, Paul A.: *Creature and Creator.* New York 1984
Clairmont, Claire (ed Stocking, Marion Kingston): *The Journals* 1814–27. London 1968
Engel, C.E.: *Byron et Shelley en Suisse.* Chambéry 1930
Fatio, Guillaume: *Milton et Byron à la Villa Diodati. In: Nos Anciens et Leurs Œuvres.* Recueil
 Genevois d'Art. Genf 1912
Fleenor, Juliann E. (ed): *The Female Gothic.* (Eden Press) 1983
Florescu, Radu: *In Search of Frankenstein.* London 1977
Forgan, Sophie (ed): *Science and the Sons of Genius.* London 1980
Grylls, R. Glynn: *Mary Shelley.* Oxford 1938
Hausermann, H.W.: *Shelley's house in Geneva.* In: *English Miscellany,* ed Mario Prac,
 edizione di ,storia e letteratura', 1950
Holmes, Richard: *Shelley – the Pursuit.* London 1976
Jennings, Humphrey: *Pandemonium.* London 1987
Joseph, Gerhard: *Frankensteins's Dream.* In: Harford Studies in Literature, VII, 1975
King-Hele, Desmond: *The Essential Erasmus Darwin.* (MacGibbon & Kee) 1968
Levine, George/Knoepflmacher, U.C. (eds) : *The Endurance of Frankenstein.* Berkeley 1979
Lyles, W. H.: *Mary Shelley – an annotated bibliography.* (Garland) 1975
Mellor, Anne K: *Mary Shelley.* New York 1988
Moers, Ellen: *Literary Women.* London 1978
Nitchie, Elizabeth: *Mary Shelley.* (Rutgers University Press) 1953
Pirie, David: *A Heritage of Horror.* (Gordon Fraser) 1973

Polidori, J.W. (ed Rossetti, W. M.): *The Diary,* 1816. (Elkin Mathews) 1911

Pollin, Burton: *Philosophical and Literary Sources of Frankenstein.* In: Comparative Literature, 17, 1965

Poovey, Mary L.: *The Proper Lady and the Woman Writer.* Chicago 1984

Rieger, James: *Polidori and the Genesis of Frankenstein.* In: Studies in English Literature, 3, 1963

Shelley, Mary: *Frankenstein oder Der moderne Prometheus.* Aus dem Englischen von Karl Bruno Leder und Gerd Leetz. (Mit dem „Vorwort" von 1831 von Mary Shelley). Frankfurt/M. 1988

Shelley, Mary: *Frankenstein oder Der neue Prometheus.* Aus dem Englischen von Friedrich Polakovics. (Mit der „Vorrede" von 1818 von Percy Shelley). München 1996

Shelley, Mary: *Frankenstein, or the Modern Prometheus.* 3 Bde. (Lackington, Hughes, Harding, Mavor and Jones) 1818

Shelley, Mary: *Frankenstein, or the Modern Prometheus.* 1 Bd. (Colburn and Bentley) 1831

Shelley, Mary (ed Feldman, Paula/Scott-Kilvert, Diana): *The Journals.* Bd. 1 1814–22, Bd. 2 1822-44. (Clarendon Press) 1987

Shelley, Mary (ed Bennett, Betty T.): *The Letters.* 2 Bde. Baltimore 1980–88

Shelley, Percy: Ausgewählte Werke. Dichtung und Prosa. (hg. von H. Höhne) Frankfurt/M. 1990

Shelley, Percy (eds Ingpen, R./Peck, W.): *The Complete Works.* (Ernest Benn) 1926–30

Skal, David J.: *The Monster Show.* London 1994

Skal, David: *Perfekte Geschöpfe.* München 1995

Small, Christopher: *Ariel Like a Harpy.* London 1972

Spark, Muriel: *Mary Shelley.* Frankfurt/M. 1991

St. Clair, William: *The Godwins and the Shelleys.* London 1989

Sunstein, Emily W.: *Mary Shelley.* (Johns Hopkins University Press) 1991

Tropp, Martin: *Mary Shelley's Monster.* Littlehampton 1977

Vasbinder, S. H.: *Scientific Attitudes in Frankenstein.* (UMI Research Press) 1976

Veeder, William: *Mary Shelley and Frankenstein.* Chicago 1986

DRACULA
Unveröffentlicht

Notizen und Hintergrunddaten für *Dracula* von der Hand des Autors. In: The Rosenbach Museum and Library, Philadelphia.

Veröffentlicht

Baudelaire, Charles: *Die Blumen des Bösen.* Deutsch von Friedhelm Kemp. München 1986

Booth, Michael R.: *Victorian Spectacular Theatre* (Routledge & Kegan Paul) 1981

Caine, Hall: *Bram Stoker – the story of a great friendship.* In: Daily Telegraph, 24. April 1912

Coleridge, Samuel Taylor: *Gedichte.* Übersetzt und hrsg. von Edgar Mertner. Stuttgart 1989

Dalby, Richard: *Bram Stoker – a bibliography of first editions.* London 1983

Deane, Hamilton/Balderston, John L.: *Dracula – the vampire play.* (Samuel French) 1960

Dijkstra, Bran: *Idols of Perversity.* Oxford 1986

Drummond, James: *Bram Stoker's Cruden Bay.* In: Scots Magazine, April 1976

Drummond, James: *Dracula's Castle.* In: The Scotsman, 26. Juni 1976

Drummond, James: *The Mistletoe and the Oak.* In: Scots Magazine, Oktober 1977

Farson; Daniel: *The Man Who Wrote Dracula.* London 1975

Frayling, Christopher: *Vampyres – Lord Byron to Count Dracula.* London 1992

Haining, Peter (ed): *The Dracula Centenary Book.* (Souvenir Press) 1987

Haining, Peter: *Das große Gespenster-Lexikon.* Geister, Medien und Autoren. Düsseldorf 1994

Leatherdale, Clive: *Dracula – the novel and the legend.* London 1985

Leatherdale, Clive: *The Origins of Dracula.* (William Kimber) 1987

Ludlam, Harry: *A Biography of Dracula.* (Fireside Press) 1962

McNally, Raymond T./Florescu, Radu: *In Search of Dracula.* New York 1972

Moretti, Franco: *Signs Taken for Wonders.* (Verso) 1983

Nandris, Grigore: *The Historical Dracula.* In: Comparative Literature Studies 3, 4, 1966

Richards, Jeffrey: *Gender, Race and Sexuality in Bram Stoker's Other Novels.* In: Parker, C. (ed): *Gender Roles & Sexuality in Victorian Literature.* (Scolar Press) 1995

Parker, C. (ed): *Gender Roles & Sexuality in Victorian Literature.* (Scolar Press) 1995

Skal, David J.: *Hollywood Gothic.* London 1992

Stoker, Bram: *Dracula. Ein Vampirroman.* Aus dem Englischen von Stasi Kull. München/ Wien 1992

Stoker, Bram: *Dracula.* London 1897

Stoker, Bram: *Dracula.* London 1901

Stoker, Bram: Extracts from the original typed setting copy of *Dracula.* (The Book Sail 16th Anniversary Catalogue, McLaughlin Press, California) 1984

Stoker, Bram: *Personal Reminiscenes of Henry Irving.* 2 Bde. London 1906

Summers, Montague: *The Vampire – His Kith and Kin.* (Kegan Paul) 1928

Twitchell, James B.: *The Living Dead – a Study of the Vampire in Romantic literature.* (Duke University Press) 1981

Viets, Henry: *The London Editions of Polidori's The Vampyre.* In: Papers of the Bibliographical Society of America, 63, 1969

Wolf, Leonard: *The Annotated Dracula.* London 1975

Wolf, Leonard: *A Dream of Dracula.* London 1972

DR. JEKYLL UND MR. HYDE
Unveröffentlicht

Briefe von Mrs. R. L. Stevenson aus dem Herbst 1885, in der Edwin J. Beinecke Collection an der Yale University; außerdem Typoscript „Mrs R.L. Stevenson's part in the writing of Dr Jekyll and Mr Hyde", datiert auf den 12. 4. 1944 und unterschrieben von Isobel Field.

Briefe und Notizen des Autors aus den Jahren 1899–1901, zusammengetragen von seinem Biographen Graham Balfour (Balfour Notebooks 9903; 9895; 9906) in der National Library of Scotland.

Veröffentlicht

Adcock, A. St. J. (ed): *Robert Louis Stevenson – His Work and His Personality.* London 1924

Balfour, Graham: *The Live of Robert Louis Stevenson.* 2 Bde. London 1901

Balfour, Michael: *How the biography came to be written.* In: Times Literary Supplement 15 & 22. Jan. 1960

Bell, Ian: *Dreams of Exile.* New York 1995

Boodle, Adelaide: *R. L. Stevenson and His Sine Qua Non.* London 1926

Calder, Jenni: *R. L. Stevenson – a life study,* Glasgow 1990

Calder, Jenni (ed): *The Robert Louis Stevenson Companion.* Edinburgh 1980

Cunningham, Alison (ed Skinner, Robert): *Cummy's Diary.* London 1926

Davies, Hunter: *The Teller of Tales.* London 1994

Dudley Edwards, Owen: *Burke and Hare.* Edinburgh 1993

Eigner, Edwin M.: *R. L. Stevenson and Romantic Tradition.* (Princeton University Press) 1966

Elwin, Malcom: *The Strange Case of R. L. Stevenson.* (Macdonald) 1950

Frayling, Christopher: *The House That Jack Built.* In: Porter, R./Tomaselli, S. (ed): *Rape, an historical and cultural enquiry.* Oxford 1989

Furnas, J.C.: *Voyage to Windward.* London 1952

Geduld, Harry M.: *The Definitive Jekyll & Hyde Companion.* (Garland) 1983

Gibson, John S.: *Deacon Brodie – father to Jekyll & Hyde.* Edinburgh 1977

Hammerton, John (ed): *Stevensoniana.* Edinburgh 1910

Heath, Stephen: *Psychopathia in Sexualis; Stevenson's Strange Case.* In: Critical Quaterly, 28, 1986

Lucas, E.V. (ed): *The Colvins and their Friends.* London 1928

Mackay, Margaret: *The Violent Friend.* London 1969

Maixner, Paul: *R. L. Stevenson, The Critical Heritage.* (Routledge & Kegan Paul) 1981

Masson, Rosaline (ed): *I Can Remember R. L. Stevenson.* Edinburgh 1922

McLynn, Frank: *R. L. Stevenson – a biography.* (Pimlico) 1994

Miyoshi, Masao: *The Divided Self.* London 1969

Osbourne, Lloyd: *An Intimate Portrait of R. L. Stevenson.* New York 1924

Patterson, David (ed): *Thomas Begbie's Edinburgh.* Edinburgh 1992

Rankin, Nicholas: *Dead Man's Chest.* London 1987

Rumbelow, Donald: *The Complete Jack the Ripper.* London 1988

Sanchez, Nellie: *Live of R. L. Stevenson.* London 1920

Scally, John: *Pictures of the Mind.* Edinburgh 1994

Shakespeare, William: *Der Sturm.* In: Shakespeares sämtliche dramatische Werke in 12 Bänden. Übersetzt von August Wilhelm Schlegel und Ludwig Tieck. Bd. 5. Berlin o. J.

Showalter, Elaine: *Sexual Anarchy.* London 1992

Steuart, John A.: *R. L. Stevenson.* 2 Bde. London 1924

Stevenson, Robert Louis: *Der seltsame Fall des Dr. Jekyll und Mr. Hyde.* Aus dem Englischen übertragen von Wolfram Brenda. München 1996

Stevenson, Robert Louis: *A Child's Garden of Verses.* London 1952

Stevenson, Robert Louis: *Complete Works* (Tusitala edition, 1924; Skerryvore edition, 1924–26)

Stevenson, Robert Louis (ed Harman, Claire): *Essays and Poems.* London 1992

Stevenson, Robert Louis (ed Booth, B.A./Mehew, E.): *The Letters – volume five (July 1884–August 1887) and six (August 1887–September 1890).* London 1995

Stevenson, Robert Louis: *Strange Case of Dr Jekyll & Mr Hyde.* (Longman, Green & Co) 1886

Stevenson, Robert Louis (ed Calder, Jenni): *The Strange Case of Dr Jekyll & Mr Hyde.* London 1979

Strong, Isobel: *R. L. Stevenson.* (Stevenson Society of America, Saranac Lake) 1920

Sullivan, T. R.: *R. L. Stevenson at Saranac.* In: Scribner's Magazine, New York, August 1917

Swearingen, Roger C.: *The Prose Writings of R. L. Stevenson.* London 1980

Twitchell, James B.: *Dreadful Pleasures.* Oxford 1985

Veeder, William/Hirsch, Gordon: *Dr Jekyll & Mr Hyde after One Hundred Years.* Chicago 1988

Wilstach, Paul: *Richard Mansfield, the Man and the Actor.* London 1908

Winter, William: *Life & Art of Richard Mansfield.* Bd. 1. (Greenwood Press, Connecticut) 1910

DER HUND VON BASKERVILLE
Unveröffentlicht

Manuskriptseiten von Kapitel XI (Der Mann auf dem Felsen), in der Sammlung Berg in der New York Public Library; außerdem die einzelne Seite ('may fall in with – purpose I must now') in der Abteilung für seltene Bücher und Manuskripte (Rate Books and Manuscripts Division).

Veröffentlicht

Anonymus: Beiträge in: *The Bookman* (New York, Oktober 1901, Februar, April, Mai 1902)

Baring-Gould, Sabine: *A Book of Dartmoor.* London 1900

Baring-Gould, Sabine: *A Book of Devon.* London 1899

Baring-Gould, Sabine: *A Book of the West.* London 1899

Baring-Gould, Sabine: *Old Country Life.* London 1890

Baring-Gould, W. S. (ed): *The Annotated Sherlock Holmes.* New York 1992

Baskerville, Harry (Interviews): South Devon Journal, 13. Juni und 17. Okt. 1951; John O'London's, LXI, 21. Nov. 1952; Western Times and Gazette, 1. Nov. 1957; Daily Express, 16. März 1959; NY World-Telegram, 28. März 1959; NY Herald Tribune, 2. April 1962

Bigelow, S. Tupper: *The Singular Case of Fletcher Robinson.* In: Baker Street Gasogene, 1, 2, 1961

Bleiler, E. F. (ed): *The Best Supernatural Tales of A. C. Doyle.* Dover 1979

Brown, Theo: *The Black Dog in Devon.* In: Transactions of the Devonshire Association, XCI, 1959

Brown, Theo: *The Fate of the Dead – a study in folk eschatology in the West Country.* London 1979

Cabell, Branch: *Ladies and Gentlemen.* (McBride) 1934

Campbell, Maurice: *The Hound of the Baskervilles – Dartmoor or Herefordshire?* In: Guys Hospital Gazette, 30. Mai 1953

Carr, John Dickson: *The Life of Sir A. C. Doyle.* (Carroll and Graf) 1990

Chapman, Matthew: *The Fiendish Hound of the Baskervilles.* In: Western Mail, 28. Juli 1992

Cox, Don Richard: *Arthur Conan Doyle.* New York 1985

Dakin, D. Martin: *A Sherlock Holmes Commentary.* Newton Abbot 1972

Down, H. J. W.: *A. C. Doyle – an appreciation.* In: Associated Sunday Magazine, 26. Nov. 1905

Doyle, Arthur Conan: *Der Hund von Baskerville.* In: ders.: Sherlock Holmes-Geschichten. Aus dem Englischen übersetzt von Trude Fein. München 1994

Doyle, Arthur Conan: *The Hound of the Baskervilles – another adventure of Sherlock Holmes.* In: Strand Magazine, August 1901 – April 1902

Doyle, Arthur Conan: *The Hound of the Baskervilles – another adventure of Sherlock Holmes.* (Newnes) 1902

Doyle, Arthur Conan: *Eine Studie in Scharlachrot.* Neu übersetzt von Gisbert Haefs. Zürich 1984

Doyle, Arthur Conan: *Die Memoiren des Sherlock Holmes.* Neu übersetzt von Nikolaus Stingl. Zürich 1985

Doyle, Arthur Conan: *Seine Abschiedsvorstellung.* Neu übersetzt von Leslie Giger. Zürich 1988

Doyle, Arthur Conan: *The King of the Foxes.* In: The Conan Doyle Stories. London 1929

Doyle, Arthur Conan/Gillette, William: *Sherlock Holmes – a play in two acts.* (Samuel French) 1976

Eco, Umberto/Sebeok, Thomas (Hrsg.): *Der Zirkel oder Im Zeichen der Drei. Dupin, Holmes, Peirce.* München 1985

Eliot, T.S.: *Vier Quartette.* Deutsch von Nora Wydenbruck. In: ders.: *Gesammelte Gedichte 1909–1962.* Hrsg. v. Eva Hesse. Werke. Bd. 4. Frankfurt/M. 1972

Green, R. Lancelyn: *The Uncollected Sherlock Holmes.* London 1983

Green, R. Lancelyn: *The Sherlock Holmes Letters.* London 1986

Green, R. Lancelyn/Gibson, John Michael: *A Bibliography of A. C. Doyle.* Oxford 1983

Greene, Hugh (ed): *The Rivals of Sherlock Holmes.* (Bodley Head) 1970

Greenhaugh Smith, H.: *Some Letters of Conan Doyle.* In: Strand Magazine, LXXX, Okt. 1930

Greeves, Tom: *Tin Mines of Dartmoor.* Tiverton 1993

Haining, Peter (ed): *Sherlock Holmes Scrapbook.* (New English Library) 1974

Hall, Trevor H.: *Sherlock Holmes and his Creator.* London 1978

Higham, Charles: *The Adventures of Conan Doyle.* London 1976

Holroyd, James Edward: *Baker Street By-ways.* London 1959

Hodder Williams, J. E.: *A. C. Doyle.* In: Bookman, April 1902

James, Clive: *Sherlockology.* In: New York Review of Books, 20. Februar 1975

Jones, Kelvin: *Conan Doyle and the Spirits.* (Aquarian Press) 1989

Jones, Kelvin: *The Mythology of the Hound of the Baskervilles.* Cheltenham 1986

Knox, Ronald A.: *Essays in Satire.* (Sneed and Ward) 1928

Kissane, James und John: *Sherlock Holmes and the Ritual of Reason.* In: Nineteenth Century Fiction, 17, 4. März 1963

Klinefelter, Walter: *Sherlock Holmes in Portrait and Profile.* (Syracuse University Press) 1963

Maurice, Arthur Bartlett: *Seven Novels of Importance.* In: The Bookman, NY, Juni 1902

McNabb, Janice: *The Curious Incident of the Hound on Dartmoor.* (Bootmakers of Toronto) 1984

McQueen, Ian: *Sherlock Holmes Detected.* Newton Abbot 1974

Marshall, Archibald: *Out and About.* London 1933

Nesbitt, F.: *A Reply.* In: Devon and Cornwall Notes & Queries, XVII, Jan. 1932–Okt. 1933

Norden, Pierre: *Conan Doyle.* London 1966

Purves, Shirley (ed): *Hound and Horse – a Dartmoor Commonplace Book* (mit Beiträgen v. Howlett, A. und Green, R.L.). (Sherlock Holmes Society of London) 1992

Reid, Collin/Thornton, Dennis: *The Hound of the Baskervilles publicity manual.* (Hammer Films) 1959

Ruber, P. A.: *Sir A. C. Doyle and Fletcher Robinson.* In: Baker Street Gasogene, 1, 2, 1961

Sidgwick, Frank: *The Hound of the Baskervilles at Fault.* In: Cambridge Review, 23. Jan. 1902

Weller, Philip: *The Dartmoor of the Hound of the Baskervilles.* London 1992

BILDNACHWEIS

Der Verlag dankt allen nachstehend Genannten, die Fotografien zu diesem Buch lieferten oder die Erlaubnis gaben, rechtsgeschütztes Material abzudrucken. Wir haben uns größte Mühe gegeben, alle Inhaber solcher Rechte ausfindig zu machen; sollten uns dennoch Fehler und Versäumnisse unterlaufen sein, bitten wir dies zu entschuldigen.

Seite 2: aus Max Ernst, *Une Semaine de Bonté ou les Sept Eléments Capitaux Roman* (Troisième Cahier, Mardi). Societé des Edition Jean-Jacques Pauvert, Paris, 1963 © SPADEM/ADAGP, Paris & DACS, London 1996/Foto: Eileen Tweedy; 7,The Detroit Institute of Arts. The gift of Mr. & Mrs. Bert L. Smokler und Mr. & Mrs. Lawrence Fleischman; 9, aus *Vom Tode* (Zweiter Teil) Opus XIII, 1889. Courtesy Simon Reynolds (Fine Paintings) London SW13/Foto: Eileen Tweedy; 10, BFI Stills, Posters & Designs/© 1931 by Universal City Studios Inc. Courtesy of MCA Publishing Rights, a divison of MCA Inc. All rights reserved; 15, Mary Evans Picture Library; 17, National Portrait Gallery, London; 20, David South; 23, Bodleian Library, Oxford; 27, National Portrait Gallery, London; 36, Kunsthalle, Hamburg/Bridgeman Art Library; 39, David South; 42, Musée d'Art et d'Histoire de la Ville Neuchâtel; 46, von Francisco *Goya Los Caprichos,* 1799/Foto: Eileen Tweedy; 47, The Kobal Collection/wie Seite 10; 51, David South; 55, Foto von Francis Frith. Frayling Collection; 58, Mander & Mitchenson; 61, BFI Stills, Posters & Designs/The Edison Company; 63, BFI Stills, Posters & Designs/wie Seite 10; 67, Frayling Collection; 69, Mander & Mitchenson; 73 & 74, National Portrait Gallery, London; 76 & 79, Frayling Collection; 87, The Sutcliffe Gallery, Whitby; 91, Rosenbach Museum & Library, Philadelphia, USA; 94, *Tatler,* Oktober, 1902; 97, David South; 102, The British Library/Foto: Eileen Tweedy; 110–111, BFI Stills, Posters & Designs/Friedrich Wilhelm Murnau Stiftung/Transit Films; 112, The Kobal Collection/Hammer Films/© 1958 wie Seite 10; 115, Mary Evans Picture Library; 117, © the Writers' Museum, Edinburgh City Museums; 123, The Trustees of The National Library of Scotland; 127, David South; 130 & 131, City Art Centre Edinburgh; 135, The Trustees of The National Library of Scotland; 137, The Writers' Museum, Edinburgh City Museums; 138, John Hay Whitney Collection, New York/The Bridgeman Art Library; 147, The Writers' Museum, Edinburgh City Museums; 155, Mander & Mitchenson; 156 –157, The Kobal Collection/ Paramount Pictures/© Turner Entertainment Co. All rights reserved; 159, British Library (Colindale); 163, Lancelyn Green Collection/Foto: Eileen Tweedy; 165, The Mansell Collection; 166 & 175, Lancelyn Green Collection; 179 & 183, © Christopher Frayling; 187, Lancelyn Green Collection/Foto: Eileen Tweedy; 190, Berg Collection, New York Public Library; 196 & 199, aus Walter Klinefelter *Sherlock Holmes in Portrait and Profile,* Syracuse University Press, 1963; 200, the Mansell collection; 202 & 207; Lancelyn Green Collection; 210–211, The Ronald Grant Archive/20th Century Fox.

Register

Die halbfett gesetzten Ziffern verweisen auf Bildunterschriften